北京大學圖書館特藏文獻叢刊

老北大燕大畢業年刊

北京大學圖書館藏

㈢ 北大卷

陳建龍·主　編
張麗静·執行主編

北京大学出版社
PEKING UNIVERSITY PRESS

第三册　目録

國立北京大學丙寅畢業同學録（一九二六）

本年畢業同學録封面題名分爲三行：「丙寅畢業同學録／民國十五年／國立北京大學」。書内頁眉題作「中華民國十五年國立北京大學丙寅畢業同學録」，與1925年畢業同學録做法類似，大致可以頁眉所定爲準。干支紀年的丙寅年，即1926年。本册由北京東成印字館於1926年8月印製。

扉頁有贈書者題記：「化學系教授會惠存，北大丙寅畢業同學録籌備會敬贈。十五，八，卅一。」

據《國立北京大學丙寅畢業同學録例言》，「本同學録分爲四編：（一）本校狀況紀要，（二）本校教職員肖像，（三）各系主任教授贈言及本届畢業同學小照，（四）附録」，内容與上年基本一致。編輯體例也與上年保持一貫。《例言》的附白一稱「本同學録封面畫係國立藝術專門學校校長林風眠先生作」，請名家繪製封面，在北京大學畢業同學録的出版史上應屬首例。本册刊登的北京大學相關照片，除了上年相同的全景、各院大門及一院全景、學生軍訓照片外，增加了各院宿舍、實驗室和儀器部照片。此外，還刊登了北京大學1919年8月「授與班樂衛及儒班兩氏名譽博士學位之典禮」的照片，以及「本届畢業同學録籌備員合影」。

本册第一編「本校狀況紀要」，其「本校概略」部分之「本校略史」「現行組織」和「圖書館」内容與上年完全一致。「研究所國學門」則增加了新内容，原有内容也有變化，「古蹟古物調查會」改爲「考古學研究室」，且介紹了最新進展；「整理檔案會」改爲「明清史料整理會」，且内容有更新。此外，增加了

「方言調查會」。

第一編中除了刊登校旗圖片，還增加了「文化之鐘」照片。校旗之後增加了蔡元培校長親自撰寫的《國立北京大學校旗圖説》。蔡校長解釋，北京大學的校旗，是「借作科學哲學玄學的符號」，並從科學、哲學、玄學本身的特點，介紹了北京大學校旗採用顔色，以及各種顔色所占比例的設計思路。「文化之鐘」的圖片，就編者所知，最早出現於1921年的《北大生活》，並配有黄日葵所寫的白話詩，其中有「你勉爲世界的文化而鳴罷，你勉爲不滅的真理而鳴罷」等語。

本年蔡元培校長仍未到校，由蔣夢麟繼續代理，但蔣氏不再擔任總務長，而是兼教育學系主任。1926年4月9日，馮玉祥部將鹿鍾麟發動北京政變，驅逐臨時執政段祺瑞，政局動盪，蔣夢麟避匿，總務長由經濟學系主任余文燦代理，蔣氏所兼教務長之職，則經教務會議公推法律學系主任王世杰代理。

本年各系主任也有變動，化學系主任改爲丁緒賢，哲學系主任改爲徐炳昶。教員部分，刊登照片者70人，其中物理系教授温毓慶、化學系教授李聖章、地質系講師謝家榮、英文系教授陳源等人的照片較爲少見。

蔣夢麟在本年的「臨别贈言」中指出，「在社會上立身的困難，恐怕比在學校裏求學還要加甚」。「立志是砍荆棘的斧斤，奮鬭是勞力。萬不可以希望以最少的勞力，獲最大的成功」。

本年各系臨别贈言比較豐富多彩，頗多值得一讀的内容，且贈言者不限於系主任。

化學系主任丁緒賢的贈言爲：「戰勝環境人各有責，用其所學國家利賴。」

地質學系畢業生照片之前則以該系教授葛利普（A. W. Grabau）所作「Why We Study Geology and Palaeontology」代贈言。照片之後則刊登了該系畢業班班徽圖案及説明，從中可知，此班徽爲該班同學何作霖「仿南口震旦系灰岩内葛氏藻類化石」的斷面紋理而作。

哲學系主任徐炳昶以《論致用》一文作爲畢業贈言，洋洋灑灑滿五頁。此文的主旨在於告誡哲學系畢業生，求學問的人不要太拘泥於致用，否則「我國的學術決没有發達的希望」。

國文系的臨別贈言爲該系教授黄節手跡影印件，内容爲黄氏師祖嶺南大儒朱次琦的語録：「讀書者何也？讀書以明理，明理以處事。先以自治其身心，隨而應天下國家之用。」

英文系的畢業贈言爲徐志摩所作，他在贈言中説，「文學藝術是最純粹的性靈生活的表現，這裏面的秘密是没法傳授的，除了自己靈機的觸悟」，因此希望每個同學「都有單身去冒險的勇敢與決心」，「保持這由文學啓示得來的性靈生活」，「隨時給它營養」。

史學系主任朱希祖在臨別贈言中指出，「現在之歷史，即爲過去之社會，現在之社會，即爲將來之歷史。是故欲了解歷史，必自認識現代之社會始」。他希望史學系畢業生「放眼曠觀活的史料」，「創造一種活史學」。

法律系主任王世杰的臨別贈言，希望畢業生「離校以後不獨不輕棄所學，並且永不拋棄你們繼續爲學的念頭」。除此與上年類似的希冀外，王世杰還希望畢業生不向「社會上既存的思想習慣或制度」妥協，「永遠保持着繼續爲人的宏願」。

此外，還刊登有法律系教授何基鴻爲丙寅級法律系畢業同學録所作的序。

各系「畢業同學小照」，數學系 5 人，物理系 11 人，化學系 12 人，地質系 17 人，哲學系 27 人，教育學系 2 人，國文系 28 人，英文系 30 人，法文系 3 人，德文系 1 人，俄文系 7 人，史學系 12 人，法律系 56 人，政治學系 21 人，經濟學系 89 人。

本册附録部分較之上年内容有所增加和調整，主要包括「校長總務長教務長各系主任暨各系教員通信處」「本届畢業同學一覽表」「北大學生軍章程大綱摘要」「本校現有各學術團體一覽表」。後兩部分爲新增，其中「學術團體一覽表」收録當時北京大學學生學術團體47個，可見當時學術團體之盛。

本册「教職員通訊處」和「畢業同學一覽表」均按姓氏筆畫排列。教職員部分收録中國人135人，外國人14人。畢業同學部分收録畢業生359人。1925年畢業同學録中收録畢業生502人，本年減少143人，其背後的原因，或與自1920年以來的經費短缺有關？

作爲最高學府，歷年北大畢業生都是人才輩出，相信讀者可以從本年畢業同學中找到新的例證。

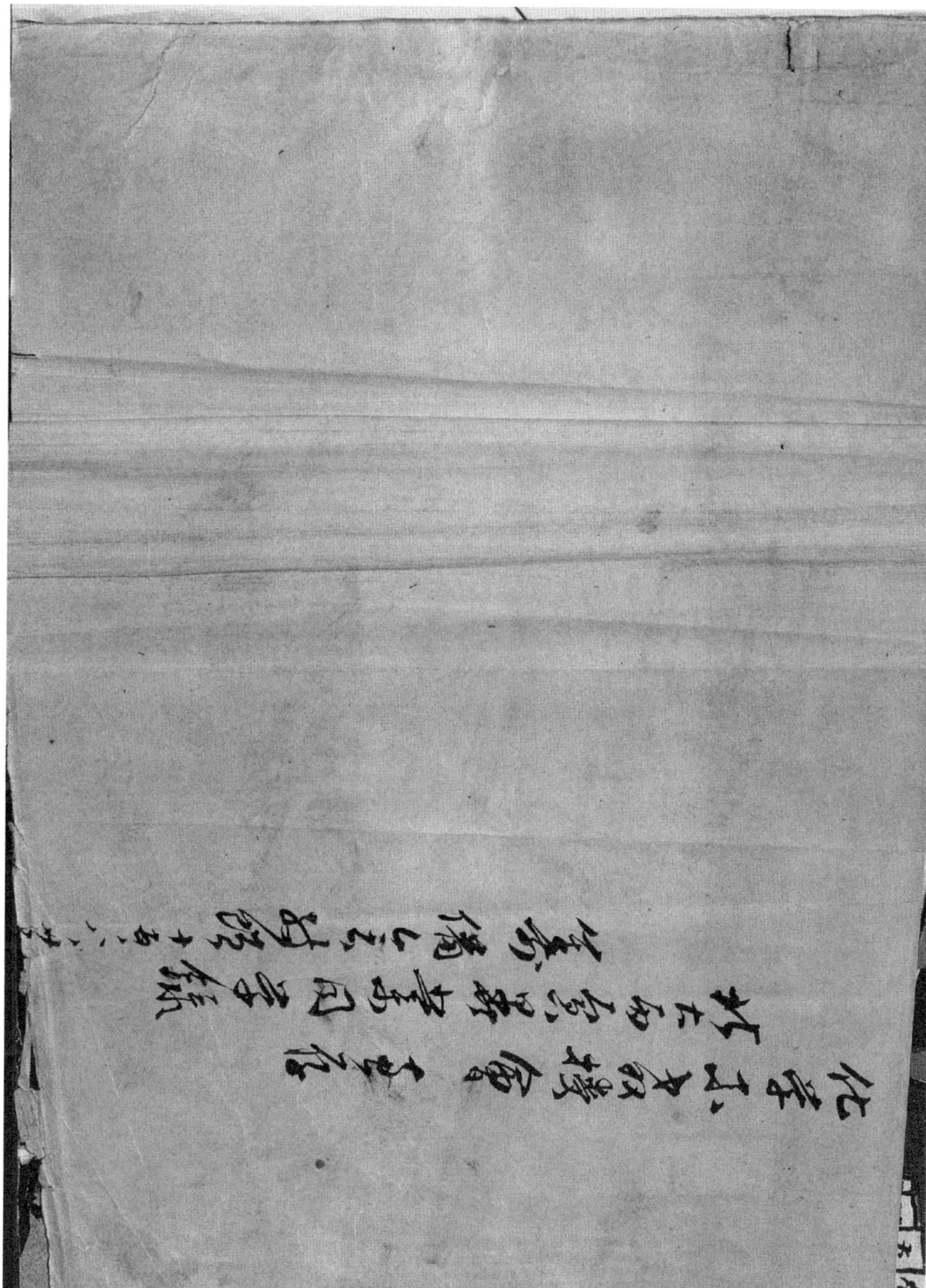

丙寅畢業同學錄
民國十五年
國立北京大學

國立北京大學丙寅畢業同學錄例言

1. 本同學錄分爲四編(一)本校狀況紀要(二)本校教職員肖像(三)各系主任教授贈言及本屆畢業同學小照(四)附錄
2. 各系主任及各教員肖像以交銅版或照片者爲限
3. 校長總務長教務長各系主任及各教員姓名均載卷末
4. 本同學錄以本屆畢業同學爲限其無照片者均見本屆畢業同學一覽表
5. 本同學錄按本校現有畢業同學之十五系依次排列其新成立之生物學系及東方文學系尚無同學畢業故未列入
6. 各系同學小照均按姓字筆畫多少編次以便檢閱
7. 各院宿舍及學生軍照片酌量散見卷中

附白一　本同學錄封面畫係國立藝術專門學校校長林風眠先生作因不宜更製銅版爰用三色石印置於卷首特此聲謝

附白二　此次同學錄因種種關係籌辦倉卒倘有疏漏之處尚希諸師長及同學原諒

中華民國十五年國立北京大學丙寅畢業同學錄

由景山鳥瞰本校第二院及第一寄宿舍

中華民國十五年國立北京大學丙寅畢業同學錄

目　　錄

(一) 本校概略

I. 本校畧史

本校原名京師大學堂，創辦于前清光緒二十四年，計成立至今適二十五載。茲略述其歷史于下。

甲午中日之役，吾國戰敗，士夫恫於國恥，漸知重新學新政。光緒二十二年，康有爲首以公車上書請變法興學，梁啓超又爲侍郎李瑞棻草疏請立大學於京師，御史王鵬運亦疏請興學。于是是年五月得旨允行。但因樞臣之陰厄，遂遷延，凡三稔而未果。後清廷銳意變法，迭加督促，始于二十四年五月由軍機處及總理衙門擬具章程八十餘條，呈請開辦。乃命孫家鼐爲管學大臣，京師大學堂遂由茲成立。以景山下馬神廟四公主府爲大學基址，即今之第二院也。當時僅將原設官書局及新設譯書局併入，置仕學院，令舉人進士出身之各京曹入院學習。二十六年義和團肇變，繼孫爲管學大臣之許景澄，因極諫清廷勿妄信該團而遭冤殺，遂致生徒紛散，校舍封閉，藏書盡失，本校因此停辦凡二年，至二十七年十二月辦學之議復興，張百熙被任爲管學大臣，本校遂復活。但進行方法，與前不同；先設高等學堂爲開辦分科大學之預備。一，當時擬設之分科大學有八：即經學科，法學科，文學科，醫學科，格致科，農科，工科，商科是也。二，並設速成科，分仕學，師範兩舘。外交部之同文館亦歸併本校，後改爲繙譯科。京外各學堂亦皆直隸本校。二十九年本校更增立三舘：(一)進士舘，令新進士皆入館肄業。(二)譯學舘，將原繙譯科併入，其地址即今第三院也。(三)醫學實業舘，教授中西醫學。是年張之洞等奉清廷之命，改訂學堂章程并頒行管理通則，於是管學大臣改爲學務大臣，統轄全國學務，至本校事宜則另設大學總監督專管之。三十年仕學舘併入進士舘。後該舘學生或畢業或被資送出洋留學，遂於三十二年停辦。將原有堂舍改設法政學堂，即今之法政專門是也。三十一年醫學實業館改稱爲醫學館，與施醫局合併，即今之醫學專門也。是年開辦預備科。三十二年本校爲師範生實地練習起見，開辦附屬高等小學堂一所。三十三年三十四年師範生先後畢業。師範科及此小學

中華民國十五年國立北京大學丙寅畢業同學錄

校委任經科，法科，文科，醫科，格致科，（民國成立後改稱理科）農科，工科，商科，八科大學監督，爲開辦各該大學之籌備。又改預備科爲京師高等學堂。次年二月舉行分科大學開學禮式，其中僅醫科大學未能開辦。民國成立，本校改稱北京大學，後又冠以「國立」二字，遂有今稱。至學科方面，除經科歸併文科暫設經學一門外，其他各科大學及預科（即高等學堂之改稱）仍照舊辦理。民國三年農科大學改爲農業專門學校，遂離本校獨立。五年十二月任命今校長蔡公元培爲校長。六年教育部改訂學制，大學預科二年畢業。分科四年畢業，本校各科課程，均從新改訂。廢預科學長，文理法工各預科事宜改歸各科學長辦理。文科增設史學門，理科增設地質學門。是年大學評議會成立，大學日刊出版。七年各科各門研究所均成立，月增經費四千五百元。又於研究所附設編譯處。月增經費二千元。英文法文德文國文哲學數學物理化學法律政治經濟商業各教授會次第成立。先是民國五年借比國儀品公司二十萬元建築預科寄宿舍，是年秋落成，以不合宿舍之用，改爲文法科教室，即今之第一院也。八年採用選科制，廢去文科法科理科之名目，改用分系法；置全校教務處，由各教授會主任推舉教務長一人掌之。五月四日北京學生爲山東問題，發生「五四」運動，本校學生被捕者十餘人。蔡校長因政府對學生無適當之處置，幷將危及大學，不得已於同月九日離校出京。於是評議會與教授會特開聯席會議，組織委員會，維持大學。是時政府對山東問題泛無拒簽之表示，民氣沸騰。全國洶洶。六月三日，本校第三院被軍警圍佔，幽囚各校講演學生千餘人者三日。七月蔡校長以政府再三挽留電促及社會屬望之殷，應允回校，並先派蔣夢麟博士爲代表到校執行校長職務，辦理招生事宜。九月蔡校長回校，改定評議員選舉法，不分科亦不分系，但綜合全校教授，互選五分之一。十一月第三屆評議會成立，爲協助校長調査策畫大學內部組織事務起見，議決設立一組織委員會。十二月新定試行章程産出，事務部份機關之總務處及各行政委員會均成立，委蔣夢麟教授爲總務長。九年夏本校始收女生。八月，本校授予班樂衛，儒班兩氏名譽博

，遂均停辦。三十三年九月本校附設博物實習科簡易班，分製造標本模型及圖畫三類。宣統二年此班畢業，遂亦停辦。宣統元年本

中華民國十五年國立北京大學丙寅畢業同學錄

士學位，在第二院舉行授與典禮。九月，註冊部成立。預科俄文班畢業，本科增設俄文學系。十月蔡校長爲籌畫里昂大學事赴法，呈部請委蔣夢麟教授爲代理校長。十年三月因政府積欠京師教育經費過多，國立八校教職員罷課請願，本校因而停頓。至秋後經費問題解決，始恢復原狀。蔡校長亦於此時歸國，九月底到校。十月預科委員會成立。自上年冬議決改組織研究所，歸併爲四門，至是國學門成立。十一年三月設立學生事業委員會。秋後開學，本校附設音樂傳習所成立。十一月設立體育部。十二月評議會議決現行各系各組及教務會議之組織大綱，設立財務部及財務委員會，而預算審計兩委員會卽行取消。本年一月蔡校長以教育當局干涉司法獨立，痛心於政治清明之無望，憤而辭職。本校自蔡校長任事以來，組織日臻完善，各教授亦均熱心於擁護教育，故本校無校長而得維持不墜者半載。旋經政府及本校教職員及學生迭次挽勸，蔡校長允不辭職，惟仍請假遊歐，現校務由議會援照前例推舉總務長蔣夢麟教授代理校長職務。十月本屆評議會議決裁撤財務部，仍照舊制設會計課辦理出納事宜。

民國十二年五月三十日國立北京大學學生軍檢閱閱兵式　(1)

(3)

II. 現行組織

本校現行組織產生於民國八年十二月，至次年秋，各機關完全成立。近三年間又略有增改，茲就現行者述如下：

校長　校長總轄全校校務，爲一校之領袖，由大總統任命之。校長置校長辦公室，設中文英文法文秘書各一人，辦理校長之往來函件，及校長所囑辦各事，由教授兼任之。

各部　全校組織，現分四部：(一)評議會，司立法；(二)行政會議及各行政委員會，司行政；(三)全校教務會議教務處各組織學系教授會預科委員會，及研究所，體育部等司教務；(四)總務處，司事務，

(一)大學立教

(一)評議會

評議會爲本校立法機關，評議員由全體教授(講師助教及事務員不在內)互選之，約每五人舉一名，本屆評議員爲十六人。校長爲評議長。須經評議會議決之事項如左：

(一)各學系之設立廢止及變更

(二)校內各機關之設立廢止及變更

(三)各種規則

(四)各行政委員會委員之委任

(五)本校預算及決算

(六)教育總長及校長諮詢事件

中華民國十五年國立北京大學丙寅畢業同學錄

（七 授與學位

（八）八關於高等教育事件將建議於教育部者

（九）關於校內其他重要事件

（三）大學行政

二，行政會議

行政會議以各常設之行政委員會之委員長組織之，協助校長規畫推行全校事務。校長爲議長，教務長爲當然會長，總務長爲當然會員兼書記。

三，行政委員會

各行政委員會協助校長規畫推行各部事務。各委員會委員，由校長從教職員中指任，徵求評議會同意。每委員會人數自七人至十三人（但臨時委員會及有特別情形者，亦得酌量增加人數）。設委員長一人，由校長於委員中指任之，以教授爲限。各委員任期一年。凡校長出席委員會時，校長爲當然主席。

（甲）常設委員會

（一）組織委員會　協助校長調查及編制大學內部之組織。

（二）財務委員會　協助校長計畫及監督全校之財務。

（三）聘任委員會　協助校長審查將行聘任之職員之資格。（事務部職員以各部主任及校醫爲限）委員以教授爲限。本委員會非校長或其代表人列席不得開會。

(5)

（四）圖書委員會　協助校長謀圖書館之擴張與進步。

（五）儀器委員會　協助校長謀儀器之擴張與進步。

（六）出版委員會　協助校長審查編譯之圖書。規畫推行出版事務。

（七）庶務委員會　協助校長謀庶務之推行與進步

圖書儀器出版庶務四部之主任爲各該委員會當然委員。

（八）學生事業員委員　協助校長計畫整理學生團體關於學術及公益各事業。

（乙）臨時委員會　臨時委員會以所任事務定其名稱，事畢卽行撤銷。

（三）教務

四，全校教務會議

全校教務會議由各學系主任預科主任組織之，互選教務長一人，任期一年，得連任一次，總務長註冊部主任及體育主任均當然列席，但無表決權。

五，教務處

教務處以教務長與各學系主任組織之，執行教務；置秘書一人。

六，各組教授會及分組會議

各組各設教授會一，由各組全體教授組織之。於每學年開始時，各組開全體教授會一次。

各組各設分組會議一，由各學系主任組織之，互推主席一人。每學期開常會一次，根據全組教授會議議決方針，行使其職權。

七，各學系教授會

每學系設教授會一，由本系之教授組織之，互選學系主任一人，執行本系教授會議決事件，並代表本學系教授會出席分組織會議及教授會議。

八，預科委員會

預科全體教授按國文，外國語，科學，三類科目爲標準，分爲(甲)(乙)(丙)三股，各選分股會議主席一人。再就分股主席三人中公選預科教授會主任一人。合之則爲預科委員會，計畫並執行關於預科功課之事件，預科主任並代表預科教授會出席教務會議。

九體育委員會及體育部

體育委員會協助校長規畫一切關於體育上之事件。體育部則爲執行體育事務之機關，設體育主任一人，爲委員會之當然委員長。教務長總務長體育教員爲體育委員會之當然委員。體育主任及其餘委員由校長遴選經評議會同意委任之。當然委員外之委員任期一年。

十，研究所

本校爲預備將來設大學院起見設立研究所，爲畢業生及本科三年級以上之學生專攻一種專門知識之所。設所長一人，由校長兼任。研究所分爲國學，外國文學，社會科學，自然科學四門。各門各設主任一人，由校長於教授中指任之，任期二年。現已成立者爲國學門，該門又設研究所國學門委員會以規畫該門之一切進行事宜，

(四)事務

十一，總務處

中華民國十五年國立北京大學丙寅畢業同學錄

總務處管理全校之事務設總務長一人，秘書一人，總務委員若干人，總務長兼總務部主任，由校長於總務委員中委任之，以教授爲限（不得由教務長兼任）任期二年，但得續任。總務委員由校長委任，凡由教授兼任者，任期三年，但得續任。總務委員各掌一部或數部之事務，由校長指定之，掌某部之總務委員，稱某部主任，總務長及各總務委員，得組織總務委員會，共商事務進行之程序。總務處現分總務，註冊，圖書，儀器，庶務，六部。部各分課，計：總務部分文牘，會計，日刊三課；註冊部分註冊，編誌，詢問，介紹四課；圖書儀器兩部各分登錄，購置，編目，典藏四課；出版部分印刷（本校自辦有印刷工場一所在第一院）售書，講義三課；庶務部分齊務，（本校現設男生寄宿舍四處，女生寄宿舍一處）衛生，雜務，（兼管學生儲藏室 收發四課。總務處除以上六部外，另有校醫室，以校醫及助手組織之，直隸於總務長。辦理治療疾病事務，現有校醫四人。（本京法國醫院院長及德國醫院克利醫士均爲本校校醫）

民國十三年五月三十弌日國立北京大學學生軍檢閱閱兵式攝影

民國十二年五月三十日國立北京大學學生軍檢閱閱兵式 （2）

III. 圖書館

前清光緒二十四年，大學初立，校內附設譯書局，始行購置中外書籍，但此不過供編譯之用而已。光緒二十八年，正月，續興大學，乃設藏書樓，調取江浙鄂粵贛湘等省官書局各種書籍，並購入中西新舊書籍藏之。是爲本校圖書館之始基。二十九年先後派人赴南方，採辦書籍，所以漢籍甚多，三十年，四月，由外務部，領得圖書集成一部，七月，巴陵方大登氏捐贈所藏書籍，計値銀一萬二千一百九十餘兩，其中多有由日本佐伯文庫等收還之珍本。本校圖書館中之漢文書籍，方氏所捐寔占一大部分。周慕西博士，捐西文書，壹千二百二十七本。阪谷男爵捐東西文書，共四百零七本。亞當士教授捐助西文書，一千零四十五本。黃樹因講師，捐佛學書，共一百六十五本。周博士所捐之書，以宗教，哲學，爲主。亞當士教授，所捐之書，以地質學類爲主。均爲特別藏置，以作紀念。厥後歷年遞增，截至民國十二年九月三十日，合本校自置者與捐贈者，漢文書一共約十四萬冊，西文書，共有二萬陸千叁百百伍拾陸本，日文書，共有二千四百捌拾本，雜誌，東西文及中文，共有一萬五千一百七十二本，總計有十捌萬四千零零八本。館址舊設在第二院後院。民國七年八月，第一院落成，乃遷來第一院，幾占第一層之全部。設有閱覽室，書庫。圖書主任外，分設西文，中文，古物美術三部主任，（西文部主任，由圖書部主任兼任，）此下分登錄，編目，購書，典書，四課。並附設打字處，裝訂處各一。職員約二十人。目錄以杜威十進法爲基礎，而按本館所藏書籍之情形，略有變通。分爲總類，哲學，宗教，科學，工藝，美術，言語，文學 社會，史地十大類，擬先編製三種簡片目錄，（1）以類別者（2）以著者姓氏字母順序別者，（3）以書名字母順序別者。第一種業已編成；第二第三兩種，今在進行中，俟簡片目錄編成，然後印成冊本。至中文書目，第一種，沿用經，史，子集，四大類之舊貫，將來亦擬試行分編，惟以分類法尚在討論中，故未能尅期進行第一閱覽室置漢籍。第二閱覽室置雜誌。第三閱覽室置各種日報。第四閱覽室置東西文籍。此外各學系，均設有分閱覽室，可以隨時調取圖書館之書籍，於一定期間存置該室，

(9)

中華民國十五年國立北京大學丙寅畢業同學錄

以供研究之用。雜誌：中文者，新舊共有三百七十餘種，西文者，新舊共有百七十餘種，日文者，新舊共有四十八種。日報，中文者共有三十餘種，西文者亦有數種；日文者，有二種，每日開館時間：上午八時至十二時，下午一時至六時，晚則七時至九時。購書程序：先由圖書委員會，向本校各系教授徵集應購之書單：再向圖書館檢查本館是否已有是書，如係本館未備之書籍，即由圖書部主任交由購書課購買。從前並未確定每年購書之款項，刻已在預算案上確定年三萬元，專供購書之費，不得移作他用。現在館址，亦屬遷就之計：原來第一院之建築，意在充寄宿舍之用；今以用作圖書館，甚不相宜。圖書館日漸發展，房間已不敷用，現已決計在第一院大操場，建一宏闊之圖書館。或在第三院工字樓上一帶，改建臨時館址，唯一時籌款維艱，建築之業，不能不有待於異日。

民國十三年冬北大學生軍野外演習攝影

民國十二年五月三十日國立北京大學學生軍檢閱閱兵式　(3)

IV. 研究所國學門

國學門自民國十一年開辦以來所進行之各種事業茲略述如下：

（甲）研究生　經國學門委員會審査合格之研究生三十二人。其已報告成績者八人，計成績十二種：尹文子校釋（羅庸），公孫龍子注（張煦），老子校注（張煦），黃河變遷攷（段頤），金文編（容庚；已出版），殷墟甲骨文字類編（商承祚；已出版），三百篇演論（蔣善國），楚辭研究（馮淑蘭），說文讀若攷（方勇），隋代藝文志（李正奮），補後魏書藝文志（李正奮），魏書源流攷（李正奮）。得獎　金者二人；張煦，羅庸。得助學金者二人：李正奮，韋奮鷹。

（乙）編輯室　現擬陸續編印之書。大致可分二類；（一）本所同人自著書。（二）本所編輯書。其中分爲三項；（1）影印本所所藏關于學術參攷用之各種器物，文件，書籍。（2）編纂研究學術參攷用之工具書。（3）擇舊書之必要者，分別編錄爲各種專門的叢書。以上除第二類第（3）項因經濟限制尙未舉辦外；第一類已出版者，有導師陳垣之中西回歷對照二十史朔閏表。其他尙有數種，預備陸續出版。第二類由編輯室所輯者，爲藝文類聚，太平御覽，太平廣記，一切經音義，李善文選注，酈道元水經注，劉孝標世說新語注，十三經注疏諸書；而急待付印者則有藝文類聚引用書籍目錄，太平御覽引用書籍增訂目錄，太平御覽引用書細目，太平廣記引用書籍增訂目錄，慧琳一切經音義引用書細目，希麟續一切經音義引用書目索引，慧琳一切經音義引小爾雅，白虎通，釋名，切韵，唐韵校勘記等十一種。由編輯室所編者爲中國學術年表，現尙未蕆事。研究所國學門一覽，已編就預備付印。此外由其他各部分所編輯者，亦有多種，分載于各部分紀事中。至出版之定期刋物，有研究所國學門週刋。年來國學門各部分搜集及整理所得之材料漸多，以限于資力，不能一一單行出版，故將原有之歌謠週刋擴充範圍，增加篇幅，以便陸續發表各種材料，現已出至第十六期。而本校發行之國學季刋，亦多由同人撰稿。

（11）

中華民國十五年國立北京大學丙寅畢業同學錄

(丙)考古學研究室　自十二年五月二十四日成立考古學會，即著手計畫古蹟古物之調查，發掘，保存等事項。其調查之範圍大致分爲三類：（一）古蹟：如城市，宮室，關隘，營壘，壇廟，墳陵及其他一切之建築物；（二）古器物：如禮器，樂器，兵器，錢幣，符印，簡牘，碑刻及其他一切服用之器物；（三）古美術品：如圖畫，雕刻，摹塑之品皆是。其調查之方法大致分爲五種：（一）記錄以文字記錄所調查之材料及其所在地之歷史與狀況；（二）圖畫；（三）照像；（四）造型，倣作其形式；（五）摹拓，氈拓其文字或圖樣。至於調查時之要點，地域不求其廣博，而考察務期於精詳。已作之事業，則有教授馬衡徐炳昶李宗侗會員陳萬里等之河南新鄭孟津兩縣出土周代銅器之調查，大宮山明代古蹟之調查，洛陽北邱山出土古物之調查，甘肅敦煌古蹟之調查，及參觀朝鮮漢樂浪郡漢墓之發掘。至收禁之器物，有金，石，甲骨，玉，磚，瓦，陶，等類，凡四千零八十七件，金石拓本一萬二千五百五十三種。已經整理及著述即待付印之書籍。有甲骨刻辭，封泥存眞，古明器圖錄，金石書目，綴遺齋彝器欵識考釋，藝風堂所藏金石文字增訂目，大同雲岡石刻甘肅調查古物之照象，西行日記（陳萬里）等九種。

(丁)明清史料整理會　十一年五月間，本校接收清代內閣大庫檔案，即開始整理，其中以題本，報銷冊爲大宗，而雜件中發現之珍貴料，亦頗不少。整理方法；第一步區別種類，分列朝代：第二步摘采事由：第三步內容的研究，分政治，經濟，法律，歷史，風俗………等類，由各系專門學者分類研究。現第一步手續業經完竣，第二步已編成者計有要件陳列室目錄，明季兵部題行稿摘要彙編（內關於關東戰事及流寇事件甚多），九朝京省報銷冊目錄，清代官印譜等書，丞待付印。題本則因樓集太平天國史料，先將咸豐朝者摘由，並按性質分類，現正在進行中。第三步手續，則尚須藉助於全校同人之力。其史料中有與官書所載出入甚多，於史學上頗有重大之價値者，如明宣宗實錄底稿(殘)，明世宗實錄底稿(殘)，明代南京羽林衛世襲圖冊，明史稿殘本，清太宗聖訓底稿(殘)，順治元年冊封攝政王等底冊，雍正七年上諭底稿(殘)等，擬單行付印流傳；至明崇禎四年缺官咨文，清太宗伐明誓師璽諭，乾隆元年賜暹羅國王禮物勅諭等件，雖屬片鱗隻爪，亦擬編輯史料拾零一書行世。

（戊）風俗調查會　本會於十二年五月二十四日成立。對於風俗之調查：一爲文字之記錄，一爲實物之徵集（或物品之模型及照像）。關於前項者，在本會成立後即印發表格，分由各同學於暑假中分頭調查，及寄各省教育廳託其分由各地學校代爲調查，現在陸續繳回者甚多。關於後項者，曾於十三年一月中徵集各地之新年風俗物品，只神紙一項所得已不下數百種；其以各地之服飾，物品捐贈者，亦頗不少。至於由本會自行派員調查者計有妙峯山，東嶽廟，白雲觀及財神殿進香之風俗。關於整理調查所得之材料，一部分預備刋印專書，一部分付週刋發表。

（巳）歌謠研究室　歌謠研究室之進行事項：（一）徵集：十一年登報徵集並刋印簡章分寄各省教育廳，請其轉請各縣學校，並委託私人朋友及各同鄉團體，代爲收集以來，頗得良好之成績。除黑龍江，新疆，熱河尚付缺如外，此外雖遠若雲，貴，亦均有熱心之同志，搜集材料，陸續寄來。計已收到之歌謠，凡一萬三千九百零八首。（二）出版：除將收到之歌謠分省彙錄外，週刋已出至九十六期（分裝合訂本四冊），又增刋一冊。其已裒輯成書亟待付印者，計歌謠叢書八種；吳歌集（顧頡剛輯，甲集已出版），北京歌謠（常惠），河北歌謠（劉經庵），南陽歌謠（白啓明），淮南民歌（臺靜農），山歌一千首（常惠），昆明歌謠（孫少仙），直隸歌謠。歌謠小叢書四種：看見她（已出版），北京謎語，北京歇後語，諺語選錄。故事叢書二種：孟姜女故事的歌曲甲集（顧頡剛輯，分四集，甲集已出版），孟姜女故事研究集（顧頡剛）。

（庚）方言調查會　本會於十三年一月二十六日成立。會務可分三項述之：（一）講演，十三年三月起每週二小時，在本所講演室開「標音原則班」，由林玉堂教授講述擬定之「方音字母」，聽講者校內外共二十七人，五月中結束。（二）調查，在「標音原則」講演時，曾用「方音字母」草案音標調查各地方言，發音者皆係在「標音原則」班聽講人，或本校同人，先後計得十五種方音。十三年暑假，本會擬方音地圖調查表，分發校內外人士分省調查，備編「方言地圖」，以考求中國語音分布情形。十四年秋，本學門懇親會，以調查方言爲餘興，計得方音三十三種。而本年劉復教授在國文系開講之「語音學」，本會將以其講授實驗時所得之材料，積存爲一部分調查成蹟。(三)研究，現尚在收集材料之時，對於研究之工作尚少，僅林玉堂教授關於音標之規定及應用草定「方音字母草案」，及於歌謠八十九期發行一「方言研究號」。

總之，國學門搜集整理所得之材料，完全係公開的貢獻於全校全國以至於全世界的學者，利用作各種之研究，毫無畛域之私見；惟以資力限制，未能使搜集整理所得之成績，從速出版爲憾事耳。

中華民國十五年國立北京大學丙寅畢業同學錄

（二）校旗 附蔡先生所作之國立北京大學校旗圖說

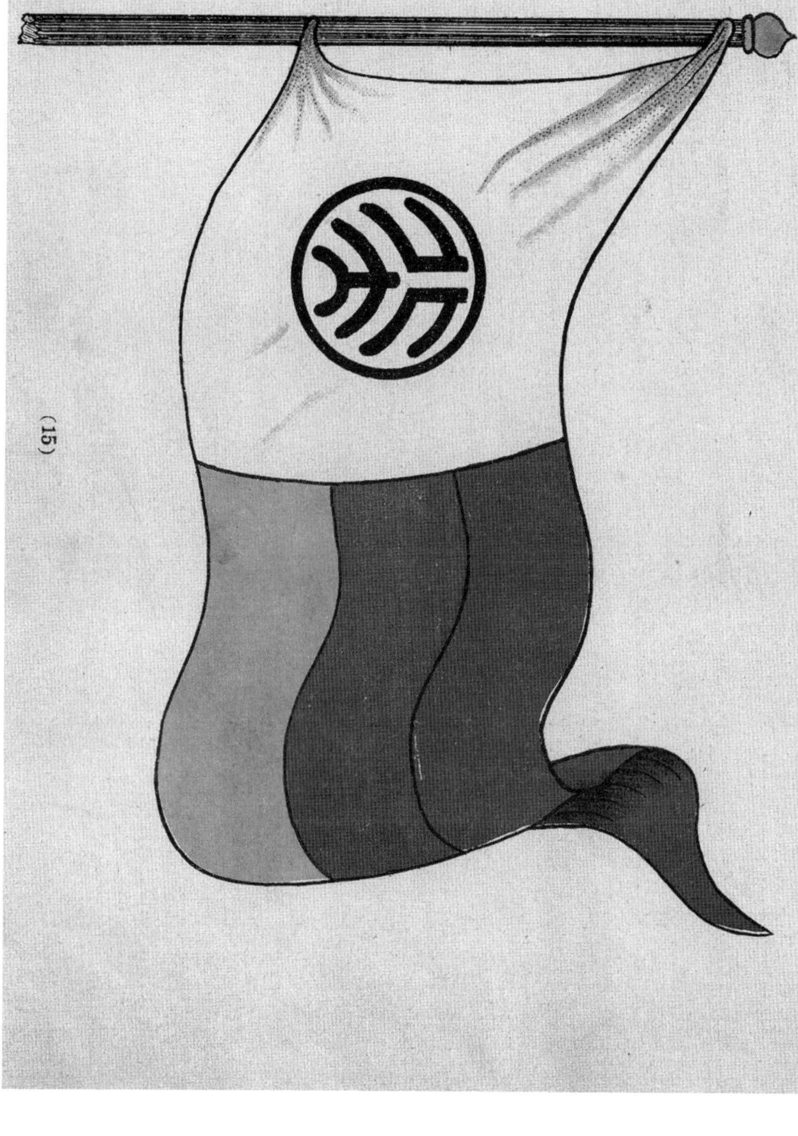

(15)

國立北京大學校旗圖說

各國的國旗，雖然也有採用天象，動物，王冠等等圖案，但是用色彩作符號的占多數。法國三色旗，說是自由，平等，博愛三大主義的符號，是最彰明較著的。我國國旗用五色，說是表示五族共和，也是這一類。我們現在所定的校旗，右邊是橫列的紅藍黃三色，左邊是縱列的白色，又於白色中間綴黑色的北大兩篆文並環一黑圈，這是借作科學哲學玄學的符號。

我們都知道：各種色彩，都可用日光七色中幾色化成的。我們又都知道；日光中七色，又可用三種主要色化成的，現在通行三色印刷術，就是應用這個原理．科學界的關係，也是如是。雖然複雜，總可以用科學說明他們；科學的名目，雖然也很複雜，總可以用三類包舉他們。那三類呢？第一，是現象的科學，如化學物理等等；第二，是發生的科學，如歷史學，生物進化學等等；第三，是系統統的科學，如植物，動物，生理學等等。我們現在用紅藍黃三色，作這三類科學的符號。

我們都知道；白是七色的總和，自然也就是三色的總和了。我們又都知道：有一種哲學，把種種自然科學的公例貫串起來，演成普遍的原理，叫作自然哲學。我們又都知道：有幾派哲學，把自然科學的原理，應用到精神科學，又把各方面的原理，統統貫串起來；如英國斯賓塞爾氏的綜合哲學，法國孔德氏的實證哲學，就是。這種哲學，可以算是科學的總和；我們現在用總和七色的白來表示他。

但是人類求知的慾望，決不能以綜合哲學與實證哲學為滿足；必要侵入玄學的範圍。但看法國當實證哲學盛行以後，還有別格遜的玄學，很受歡迎；就可算最顯的例證了。玄學的對象，叔本華叫他作「沒有理解的意志」；斯賓塞爾叫他作「不可知」；哈特曼叫他作「無意志」；道家叫作「玄」；釋家叫作「涅槃」；總之，不能用科學的概念證明，全要用玄學的直覺照到的，就是了。所以我們用沒有顏色的黑來代表他。

大學是包容各種學問的機關；我們固然要研究各種科學；但不能就此滿足，所以研究融貫科學的哲學；但也不能就此滿足，所以又研究根據科學而又超絕科學的玄學。科學的範圍最廣；哲學是窄一點兒；玄學更窄一點兒。就分門研究說：研究科學的人最多；其次哲學；其次玄學。就一人經歷說：研究科學的時間最多；其次哲學；其次玄學。所以校旗上面，紅藍黃三色所占的面積最大；白次之；黑又次之。

這就是國立北京大學校旗所以用這幾種色，而這幾種色所占面積又不相同的緣故。

學生軍射擊演習（其一）

中華民國十五年國立北京大學丙寅畢業同學錄

第二寄宿舍大門

第一寄宿舍大門

第三寄宿舍大門

(三) 文化之鐘

學生軍野外演習（其二）

（四） 各院大門及第一院大樓

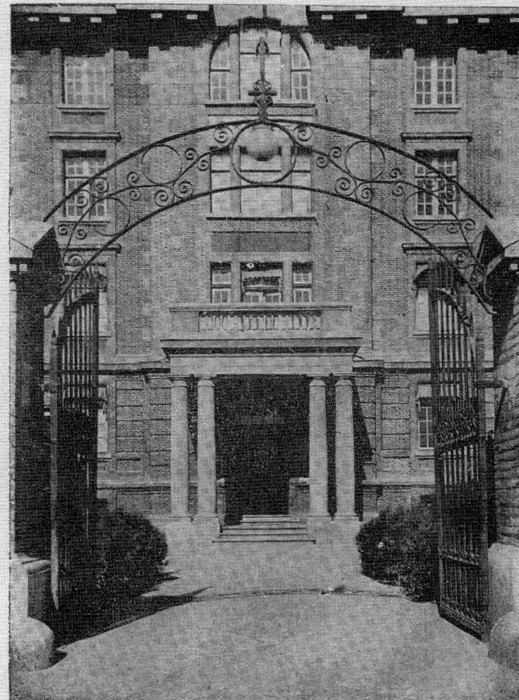

第一院大門

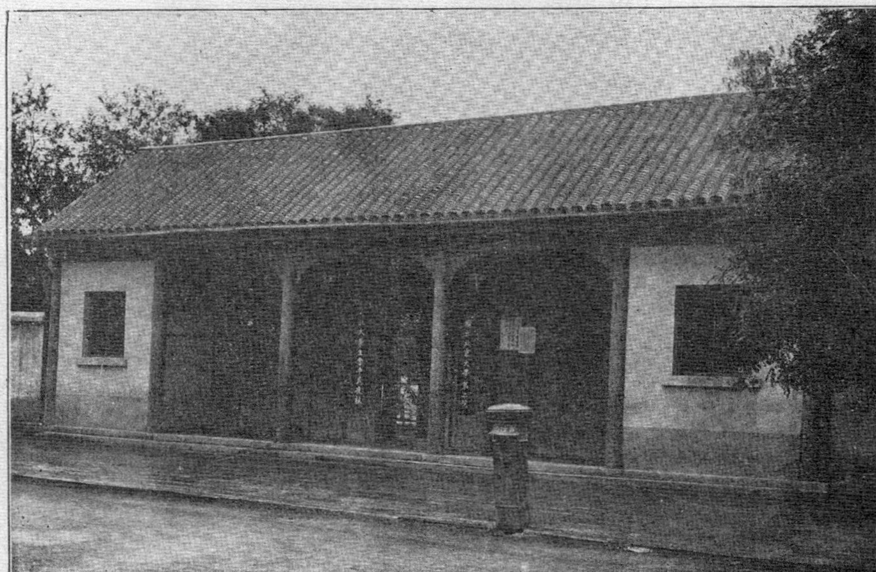

第二院大門

第三院大門

中華民國十五年國立北京大學丙寅畢業同學錄

第一院大樓

（五）校　長

校　長
蔡元培先生

(六) 代理校長兼教務長

教育學系主任兼教務長代理校長
蔣夢麟先生

臨別贈言

蔣夢麟

青年時代，得有求學的機會，在中國現在的狀況之下，是很不易的。諸位同學，在本校研究學問六年了，這六年中，政治的擾亂，學校的困難，一年增加一年。諸君所受的痛苦，實在不少，所虛耗的光陰至少占了百分之二十，這是我們對於諸君很抱歉的地方。前途茫茫，此後學校的困難，不知要比從前增加多少呢？

諸君離學校而去了。在社會上立身的困難，恐怕比在學校裏求學還要加甚。若非立志奮鬬，則以前所受的教育，反足以增加人生的苦惱，或轉爲墮落的工具。這是諸君所當特別注意的。事業的成功，須經過長時間的辛苦艱難——成功的代價——走過了許多荊棘的路，方才能尋獲康莊大道，立志是砍荊棘的斧斤，奮鬬是勞力。萬不可以希望以最少的勞力，獲最大的成功。

(七) 總務長

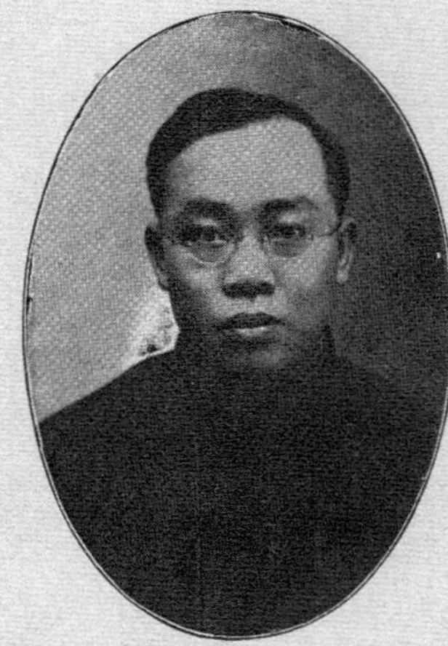

經濟學系主任兼總務長
余文燦先生

(八) 代理教務長

法律學系主任代理敎務長

王世杰先生

(九) 各系主任

數學系主任
王仁輔先生

化學系主任
丁緒賢先生

地質學系主任
王烈先生

中華民國十五年國立北京大學丙寅畢業同學錄

哲學系主任
徐炳昶先生

中國文學系主任
馬裕藻先生

史學系主任
朱希祖先生

(7)

中華民國十五年國立北京大學丙寅畢業同學錄

政治學系主任
周覽先生

體育部主任
白雄遠先生

（十）各系教員

數學系教授
馮祖荀先生

數學系講師
張貽惠先生

數學系講師
秦汾先生

中華民國十五年國立北京大學丙寅畢業同學錄

數學系講師
吳文潞先生

數學系教授
王尙濟先生

數學系教授
胡濬濟先生

中華民國十五年國立北京大學丙寅畢業同學錄

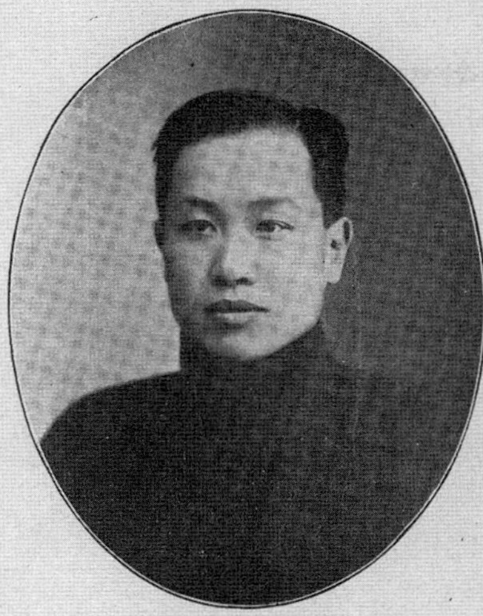

物理學系教授
何育杰先生

物理學系教授
李書華先生

物理學系教授
溫毓慶先生

(11)

中華民國十五年國立北京大學丙寅畢業同學錄

物理學系教授
顏任光先生

物理學系講師
楊肇濂先生

化學系教授
石瑛先生

化學系教授
李聖章先生

化學系教授
張貽侗先生

化學系講師
吳承洛先生

中華民國十五年國立北京大學丙寅畢業同學錄

化學系講師
李鳴龢先生

化學系講師
張澤堯先生

化學系講師
郭世綰先生

化學系講師
葉秉衡先生

化學系講師
鄭文彬先生

地質學系教授
王紹瀛先生

中華民國十五年國立北京大學丙寅畢業同學錄

地質學系教授
李四光先生

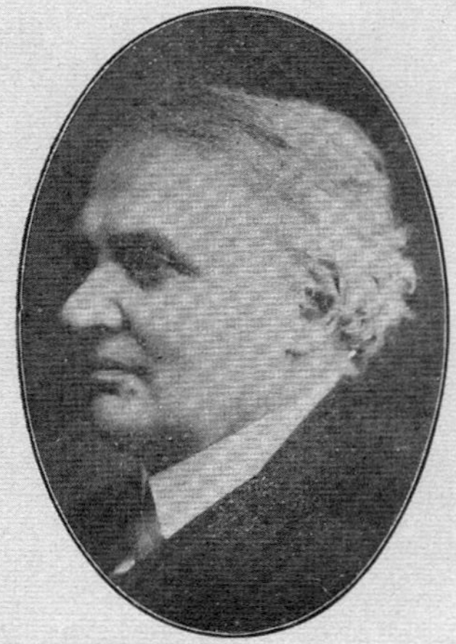
地質學系教授
葛利普先生

地質學系講師
黄福祥先生

地質學系講師
衛梓松先生

地質學系講師
謝家榮先生

哲學系教授
陳大齊先生

中華民國十五年國立北京大學丙寅畢業同學錄

哲學系教授
陶履恭先生

哲學系教授
樊際昌先生

哲學系教授
譚熙鴻先生

中華民國十五年國立北京大學丙寅畢業同學錄

哲學系講師
黃建中先生

哲學系講師
鄧秉鈞先生

國文學系教授
沈尹默先生

(19)

中華民國十五年國立北京大學丙寅畢業同學錄

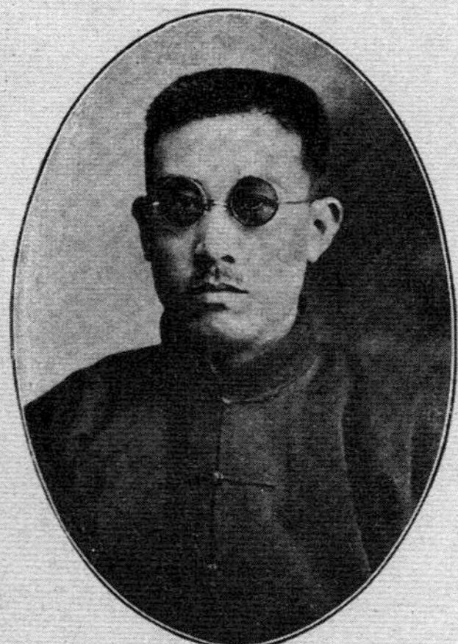

國文學系教授
沈兼士先生

國文學系教授
林損先生

國文學系教授
周作人先生

中華民國十五年國立北京大學丙寅畢業同學錄

國文學系教授

黃　節先生

國文學系教授

劉　復先生

國文學系教授

錢玄同先生

（21）

中華民國十五年國立北京大學丙寅畢業同學錄

研究所國學門導師
陳垣先生

英文學系教授
胡適先生

英文學系教授
陳源先生

中華民國十五年國立北京大學丙寅畢業同學錄

英文學系教授
楊子餘先生

英文學系教授
徐志摩先生

法文學系教授
賀之才先生

(23)

中華民國十五年國立北京大學丙寅畢業同學錄

德文學系教授
楊震文先生

俄文學系教授
史凱金先生

俄文學系講師
伊法爾先生

史學系教授
李大釗先生

史學系教授
馬衡先生

史學系教授
陳翰笙先生

中華民國十五年國立北京大學丙寅畢業同學錄

史學系教授
李宗武先生

史學系教授
李　璜先生

法律學系講師
白鵬飛先生

法律學系講師
左德敏先生

法律學系教授
何基鴻先生

法律學系講師
林　彬先生

中華民國十五年國立北京大學丙寅畢業同學錄

法律學系教授
梁仁濟先生

法律學系教授
黃右昌先生

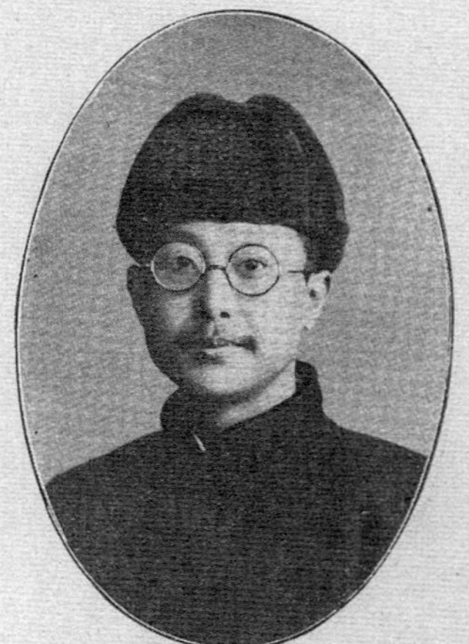

政治學系教授
高一涵先生

中華民國十五年國立北京大學丙寅畢業同學錄

政治學系教授
路毓䟺先生

經濟學系教授
朱錫齡先生

經濟學系教授
皮宗石先生

中華民國十五年國立北京大學丙寅畢業同學錄

經濟學系教授
徐寶璜先生

經濟學系教授
顧孟餘先生

經濟學系講師
王建祖先生

中華民國十五年國立北京大學丙寅畢業同學錄

經濟學系講師
馬寅初先生

經濟學系講師
陳兆焜先生

經濟學系講師
黎世蘅先生

(31)

中華民國十五年國立北京大學丙寅畢業同學錄

經濟學系講師
額爾德先生

中華民國十五年國立北京大學丙寅畢業同學錄

（十一）數學系

宋振榘
字仲方年二十七
安徽懷遠
通訊處：安徽懷遠文昌街

周鳳徇
字鳳徇年二十五
江蘇宜興
通訊處：江蘇宜興蜀山鎮

萬物貞
字元初年二十六
雲南蒙自
通訊處：蒙自火神廟街八號

(1)

中華民國十五年國立北京大學丙寅畢業同學錄

樊盛節
字映川年二十七
安徽舒城
通訊處：安徽舒城桃鎮

謝汝鎮
字汝鎮年二十七
安徽青陽
通訊處：安徽大通崇覺寺

（十二）物理學系

王　振　甲

年二十九

雲南蒙自

通訊處蒙自桂林街二十六號

杜　金　銘

鋮三年二十九

山東夏津

通訊處：山東夏津縣城內小十字街

周　其　棠

字其棠年二十三

安徽宿松

通訊處宿松縣城西門大街周祠

中華民國十五年國立北京大學丙寅畢業同學錄

易 曾 錫

字古純年二十五

江西宜春

通訊處：江西袁州金瑞鎮商務會

林 昭 信

年二十九

廣東平遠

通訊處：汕頭平遠東石

紀 紹 綱

字沛南年三十

奉天黑山

通訊處：奉天黑山縣北芳山鎮廣發成

中華民國十五年國立北京大學丙寅畢業同學錄

婁　元　亮

字仁安年二十九

四川萬源

縣通訊：處四川萬源縣青

花溪

馮　樹　勳

字濟菴年二十九

陝西臨潼

通訊處：陝西三原東關胡

家巷北二號

楊　汝　楫

年二十四

直隸定縣

通訊處：保定西關外德慶

與轉交

(5)

中華民國十五年國立北京大學丙寅畢業同學錄

鄭　畚　斯

年二十八

福建同安

通訊處：厦門新填地豐盛

劉　聲　繹

年二十九

廣東潮安

通訊處：汕頭潮州城義井

榮興號轉

（十三）化學系

丙寅化學系畢業諸同學

戰勝環境人各有責

用其所學國家利賴

丁緒賢贈言

中華民國十五年國立北京大學丙寅畢業同學錄

王毓烶
字毓烶年二十五
浙江瑞安
通訊處：瑞安望江橋

池澤浩
字師直年二十七
湖北安陸
通訊處：湖北安陸縣城內

朱適孝
字畯聲年二十八
山東長山
通訊處：山東長山演馬莊

中華民國十五年國立北京大學丙寅畢業同學錄

吳寶鎔

字仲陶年二十五

浙江嘉興

通訊處：嘉興新豐鎮吳益記

李毅

字任侯年二十五

直隸定縣

通訊處：定縣李親顧轉齊堡村

李裕光

字唯心年二十六

浙江東陽

通訊處：東陽城內

中華民國十五年國立北京大學丙寅畢業同學錄

李　淑

字性源年二十六

河南商水

通訊處：河南郾城東鄧城鎮郵局轉

李迪新

字惠民年二十八

廣東開平

通訊處：廣東開平長沙永生堂

林　昂

字步雲年二十七

浙江溫嶺

通訊處：浙江海門箬橫鎮

中華民國十五年國立北京大學丙寅畢業同學錄

符　學　仕
年二十六
廣東定安
通訊處：廣東瓊州嘉積怡泰號

婁　恩　後
字伯勤年二十六
浙江紹興
通訊處：天津義界大馬路十三號

楊　清　桂
字藴甫年三十
河南鎮平
通訊處：河南鎮平縣北門福盛館轉交老莊街豪莊

(11)

中華民國十五年國立北京大學丙寅畢業同學錄

學生軍野外演習（其三）

(十四) 地質學系　坿地質學系十五年班徽章及說明

WHY WE STUDY GEOLOGY AND PALAEONTOLOGY

BY A. W. GRABAU

PROFESSOR OF PALAEONTOLOGY IN THE NATIONAL UNIVERSITY.

In all ages man has seemed to man the fittest object for research, the most interesting subject he could study, and the literture of the past three thousand years or more, has been a literature in which man was the central theme, and his environment a pale reflection of his spirit. Mankind has studied man as an entity, complete and unrelated to the world he lives in—not as a link in an unbroken chain that stretches back through the centuries, the periods and the eras to where its beginning is lost in the mist of antiquity. And because man was concerned with man alone, because to him man has always been the center of the universe, the pivot around which the world at large revolved, his view of himself lacked perspective, he failed to see himelf as he is, because his face was pressed too close to the miror. So system after system of philosophy grew up-each to be discarded for a new one as the changing illumination dimmed or partly clarified the view man had of himself. So systems of religion came to life based on this or that interpretation of a partial and often faulty vision man could obtain of himself. And because man found himself in a world he could not understand, because he felt the influences of strange forces at work about him, forces which he feared because they were incomprehensible to him, he created for himself gods and demons and endowed them with unlimited powers to benefit or harm him and ever sought to subserve the one and to propitiate the other, and by prayer and by sacrifice to gain for himself some measure of the good that one was ready to bestow and the other as eager to withhold.

The oldest seats of learning were schools of theology, where men were taught the mysteries of an unseen world that had grown up in the minds of those who failed to see the facts of the visible world they lived in. When philosophy was added to the older faculty, it sought a wider field of speculation but its central theme was still man as viewed in the being not man in the making. Then law and medicine were added to the older groups, the one concerned with man's relations to man, the other with the maintenance of his bodily functions in their normal srate of activity.

Science came last and was grudgingly admitted. Warned by the mistakes of their brethern in the other faculties, men of science for a long time devoted themselves to a patient gathering of facts by observation and experiment, and consistently frowned on all attempts at speculation about the meaning and relationship of facts.

Science concerned itself less with man than with the world he lives in, and so science was looked upon as inferior to the older fields of study in which man was the central figure. Even today we hear the sneering remark, why do you waste your thought on the lesser problems that concern the earth and the lower forms of life when the great problems of the central figure, man, remain unsolved? And the man of science must reply because you with your centuries of speculation regarding man have failed to solve the problems which confront you, because your systems of philosophy and your systeme of religions have failed to bring you any nearer the truth as to man's real origin and destiny; we prefer to start anew and first of all endeavoring to find out what is man's real place in nature and what are the natural laws which govern him and all animate creation. We have learned that it is only in the light of his origin and evolution that the nature and destiny of man can be understood, and we have learned that to obtain an insight in to the fundamental principles of evolution we must begin with a study of simpler types of life, not with such a complicated organism as man himself presents.

Again we realize that it is not the study of single individuals but the study of larger series of individuals that gives us the key to the fundamental problems. To study the origin of species it is not sufficient to dissect a few types in the laboratory or to make complicated breeding experiments under specially controlled conditions. Useful and important as they are, they will not bring you nearer to the solution of the problem of origin. It is only by the study of plants and animals in their environment, by the systematic comparison of individuals and of species, in other words by the systematic study of nature, that you can approach the problem of the origin of species. And by systematic study we do not mean the quarrel over specific or varietal limits—it matters little whether you call a certain form a species, a variety or even a subvariety or mutation. What signifies is the determination of the meaning of variation in terms of development and the determination of genetic relationships of the members of related series. But the study of the life of the present world cannot give you a complete picture of the origin of species. To gain this we must turn to the record of the past, as it is revealed to us in the rocks of the earth's crust, we must turn to Palaeontology and Geology.

In the view of the older schools the business of the geologist is the discovery of natural products useful to man and their application to his needs. They are obsessed by the primitive view that man is the center of the universe. And this is the view of the average man who is mostly concerned with getting the most comfort and enjoyment out of the world in which he lives and which he does not understand and does not care to understand, And if he is but ill abjusted to his environment, if he finds the struggle for existence too severe, religion steps in to teach him resignation and gives him a mythical hope of a better world to come. To despise this world and turn his eyes to one where a paternal hand smooths out all difficulties and makes life a pleasant holiday of idleness, has been the lesson which the priests of all religious cults have saught to instill into the mind of man. And to do so they have found it needful to stultify his reason, to keep him in subjection by ignorance and to oppose the advance of science and prohibit scientific teaching. Look at the recent disgraceful ulcers that have broken out on the religious body in America. We may laugh at the folly of the Fundamentalist movement, but we must recognize that if the disease is allowed to spread the intellectual integrity of a nation is threatened with decay. We may call the legislators supreme asses, and the judges arrant fools and cowards for aiding a pack of stupid and ignorant clergymen to prohibit the teaching of evolution in the schools of America, but if Americans fail to see the menace that lurks in the Fundamentalist movement, they deserve to sink back into the mental bondage of the dark ages, and to witness the destruction of a civilization which is nufit to survive in an environment of enlightened thought. And if this is the fruit of Christianity as developed in America, the sooner China purges itself of the pest of American religious teaching, the better will it be for the mental development of this nation.

And the only way in which this can be done, the only way in which China can become a leader in thought and gain a true conception of the position which man occupies in this world, and to understand the problems of how first to adjust himself to his environment and later to control that environment, if not to create an environment to fit his needs and desires, the only way to achieve this is for the Chinese to master principles of nature's laws, to learn by actual observation the truth about the origin of living forms from the lowliest to man, to undertand the laws of evolution, for they alone will give you the insight which will enable you to make life the rich and noble thing it should be.

And so I would say to all the young men of China: "Whatever your future field of work, be it that of statesmen, legislator, teacher or man of affairs, whatever your learning in the field of knowledge, be it jurisprudence, philosophy, applied science, history or commerce, sociology or religion, you must not neglect the study of fundamental principles for that alone will fit you to attack your life work with the force born of knowledge and understanding. And there is no better way to gain this understanding of fundamental principles than by a patient and unremitting questioning of nature as it, is not as the philosopher would like it to be. Study nature not books, go to the source of knowledge and begin with the plants and animals about you. Collect, classify, describe if need be the natural history objects about you, and then turn to Palaeontology, the actual record of the evolution of life upon this earth, and to geology, the history of the evolution of the earth and the study of the forces which have modified it in the past and are modifying it today. Perhaps the dәy will come when no education whatever its ultimate aim, will neglect the fundamentals of science, not text book science, but scientific knowledge gained from first hand contact with the natural objects all about us. And perhaps the future will witness the advance of education to the point where the historical record or evolution of life, that is the study of Palaeontology, will be considered as the foundation on which all educational superstrutures must be crected in order that they may withstand the destructive influence of time and of a changing environment. When that day comes we may rest assured that the great problems of humanity—the problems of his adjustment to environment, the problem of relation of man to man, are in a fair way of solution, and then the era of peace on earth and good will to all men will have dawned upon a world weary of the age—long struggle and no longer tolerant of its false prophets, who consistently have led it astray, by urging it to follow the will of the wisp of unsound speculation.

中華民國十五年國立北京大學丙寅畢業同學錄

丁道衡

字仲良年二十七

貴州織金

通訊處：北京南柳巷丁宅

朱鑑堂

字鏡心年二十六

山東恩縣

通訊處：恩縣西關存忍堂

伍廷琛

年二十七

廣西容縣

通訊處：廣西容縣楊村墟致和興

中華民國十五年國立北京大學丙寅畢業同學錄

李　逢　源

字蔭川年二十六

直隸平山縣

通訊處：直隸平山縣南關

李　慶　源

字岷泉年二十七

直隸平山

通訊處：直隸平山縣南關

佟　玉　潤

字仲璞年二十六

奉天鐵嶺

通訊處：奉天省城北八里莊惠民公司轉

中華民國十五年國立北京大學丙寅畢業同學錄

何成鑾

字德興年二十七

廣西奉議縣

通訊處：恩隆縣成存號轉

何作霖

字雨民年二十七

直隸蠡縣

通訊處：高陽莘橋鎮鎰記轉

夏開楨

字剛吾年二十六

湖北沔陽

通信處：湖北沔陽張家溝夏福星

(19)

中華民國十五年國立北京大學丙寅畢業同學錄

陳 向 榮

字欣夫年二十八

山西汾陽

通訊處：山西汾陽天和貞轉

陳 宗 圻

字念英年二十七

廣東番禺

通訊處：廣州市都府街二十一號

郭 嘉 惠

字仁軒年二十五

山西交城縣

通訊處：山西交城縣倉巷本宅

中華民國十五年國立北京大學丙寅畢業同學錄

黃競生
年二十六
江蘇無錫
通訊處：江蘇無錫城內倉橋下理工社

粟顯俫
字格非年二十五
湖南長沙
通訊處：長沙東鄉崩塌逡側薮

斯行健
字天石一字天衢年二十六
浙江諸暨
通訊處：浙江諸暨城外浣江旅館轉斯宅

(21)

中華民國十五年國立北京大學丙寅畢業同學錄

虞　育　方

字仲華年二十五

安徽合肥

通訊處：安徽合肥惠政橋北虞宅

潘　丹　杰

字子墀年二十五

直隸東鹿縣

通訊處：東鹿縣北呂村

中華民國十五年國立北京大學丙寅畢業同學錄

地質學系十五年班徽章半徑放大四倍圖

(23)

中華民國十五年國立北京大學丙寅畢業同學錄

地質系十五年班徽章說明

十三年五月，本班同人赴南口作鑛山測量，實習兩週有餘；晝則跋涉山崖，隨地載記，夜則促膝圍坐，互相考證，飽餐我大陸雄厚之風光，得吸此燕北慷慨之壯氣，心志爲之暢廓，本「問仳得答」之良訓，以追求滄桑變遷之遺跡，日涉百里而不知倦，手足胼胝，其樂怡然，課畢歸來，念念不忘，同人等於攝影之外，何君作霖仿南口震旦系灰岩內葛氏藻類化石(Collenia Sinensis Grabau)之斷面紋縷，更作一徽章，嵌以校旗三色，紅藍黃示藻類年輪之層序；「北大」二字居其中心突出之梗；而白底圓環則表其梗外之溝；儼然一橫切面之模型也，考生物之化石，在中國以此爲最古，特仿製此章以誌之，至其環環相序，層層重疊，又頗似地殼之石層；北大一圓適當地球之硬核；白環則代表地內岩漿，流動於二者之間，大地之構造概盡露於此矣，而「地質系十五年班」七字實負有傳達北大光輝於世上之責，我班同人覩此標記○當思我日午高峯聚餐之樂，傍晚山澗濯足之景；尤當念我所學及今後我等之責任耳，

十五年五月十二日　潘丹杰識

（十五） 哲學系

論致用

徐炳昶

近數年來，我們常常告訴大家說：求學問的人總要「爲知識而求知識」(Science Pour Science)，不要太拘泥於致用，致使知識的自身不得自由發展，歸結致用的目的也沒有法子達到。可是我們說者自說，不信的人仍是不信。這樣的思想同我國傳統的成見相差的太遠。普通的人總覺得我們這一類的話毫無意義，簡直沒有法子明白，不要說去相信牠了。實在，求學萬不可拘泥於致用的意思，非常明白，絕沒有什麼可奇怪的地方。普通的人因爲一點不肯思索，就覺得牠是一種新奇可怪的議論。這一關打不破，我敢斷言我國的學術決沒有發達的希望。所以我今天趁著這個機會，對於這個問題再說幾句話。

我們開頭先隨便作一個比喻。比方說：我今天走到大舞台，看見楊小樓同梅蘭芳合演「霸王別姬」。這一齣戲無論怎麼樣，原作的人總有他所要表現的意思。就是伶人們在那裏演那齣戲，也一定有他們的目的。可是他們如果想把這齣戲演好，在演唱的中間，不惟不能時時刻刻，想著他們掙錢的目的，就是編戲人的主旨，也不能在那裏牽腸掛肚。他們必須要聚精會神，忘掉他們自己的本身；演霸王的，自巳就覺得是一位拔山蓋世的英雄，達到四面楚歌的窘境；演虞姬的，自己就覺得是一位容華絕代的美人，要永辭雄略蓋世的夫婿；歌唱的時候，差不多要唱此句若忘彼句；演作的時候，差不多要演此態若忘彼態，「用志不紛，乃凝於神」，然後可以演唱的淋漓盡致，博聽衆的喝采。如果不然，他們一方面演他們的戲，一方面又要掛念著是否唱得好，是否可以叫動坐，是否戲園子開消以後還有若干的賸餘；即使不然，一方面演唱，一方面又記掛著這樣作是否合編戲人的意思，這樣演是否合所扮演的人的身分；如果這樣，也不管他們程度有同異，思想有高低，同要砸破飯碗，簡直是意中的事情。——宇宙是一個大戲場，人生是裏面隨便的一齣戲。想要這齣戲演的好，必需要每一個角色專精勵志，意無旁注地演唱。不惟專牽掛著戲份的人一定演不好，就是對於人生全體意義的闢合，也是導演人的職務，不是每個演員必須要顧到的事情。如果導演人同演員不能分工，一定要「合之兩傷」

中華民國十五年國立北京大學丙寅畢業同學錄

，這齣戲的全體歸結也要受了很壞的影響。並且人生這一齣大戲非常地延長；一作態就要延幾世紀的距離，一句唱就够許多學者思想家的鑽研。在這個當儿裏，如果各派的人物，不去專心致志，作他們應作的職務，却去分心於另外的事情，還想這齣戲能唱好，豈不是一件不可能的事ㄇㄛ？爲知識而求知識，爲美術而研究美術，爲………而………這一類的話，同是一類的道理，並沒有什麼奇怪的意思。

再清楚一點地說；宇宙中間各個事變的因果關係，可比作一個徧天徹地的大網羅。可以說沒有一件事變不與從前以後其他的一切事變有因果的關係。ㄇせㄧせルムㄥ（Meyerson）說的好，他說：

「我今天早晨耽誤了火車，這是什麼原因广一？這因爲我的錶遲了。

「的確地，如果我的錶不遲，我或者起的較早，或者衣裳穿的較快，我就可以按時候到。但是如果我要不是住的離車站那樣遠，我也可以走到；並且如果巴黎的馬車有比較好的馬，或者火車晚開幾分鐘……我差不多可以接續著說到無限。

「然則我最初用原因（Cause）這個字要指示什麼广一？這是限定現象的條件中的一個。但是我是否要肯定說只有牠一獨個？絕不會的。我不過在這個時候覺得牠是頂可留神的（Remarquable）。大家隨後就可以看見，對於這些，能有多數的理由：因爲這是同我對話的人頂不知道的條件，也因爲這是頂不固定的，並且我所覺得頂容易變化的條件。對於火車的開行，巴黎的馬車，我一點沒有主動，至於移居近火車站却成了一件大事情；但是止要我有一個走的較好的錶，或者止要前一天把牠對一對，已經可以使我所悔恨底事變不發生。雖然如此，我永遠沒有不深信：限定現象的條件有很大的數目，並且牠們中的每一個又要受另外一羣條件的限定，可以上溯到極遠的時候。因爲，歸結，想要我可以由於我的錶耽誤我的火車，最先就要有鐵路和有用發條的或擺動機的鐘錶，這兩種近世的發明一定是這個精神大運動，大家所叫作文藝復興的直接的結果；文藝復興又是重興和接續二十餘世紀以前希臘精神所作成底可讚歎的事業。然則，把解析推到極點，我可以確信：如果我今天早晨耽誤了我的火車，ㄇㄚルㄚㄌㄙ（

Marathon）和ㄙㄚㄌㄚㄇ一ㄋ（Salamine）兩次大戰狠有點關係，因爲牠們止住波斯的暴政，使牠不至於剷除希臘文化的根芽。歸結就是一一ㄌ（Mill）所說：『實在的原因就是前面現象的全體』。

像這樣一個繁複絕倫，廣莫無邊的因果交互的大網羅，想要把牠條分縷析地整理出來，不曉得需要若干長的歲月，若干人的精力。專就一件事而言，不惟所得不償所失，並且得失的數目，也相差的太遠。如果不是興趣極高，爲知識而求知識的人，誰還有耐性去理這樣一葷弄不清地纏繞？並且以上所說，差不多還是實質上的因果關係。可是在人類裏面，還有第二種的因果關係的攙攪。我們對於外物或對於我們自已的觀念，不關牠是眞的是假的，牠對於我們的行爲，全要發生很大的影響。專就物質上講，近世的天文學可以算頂沒有用的了——氣象學自然比較的有用。但是近世的學說，那一種對於現代的文化能超過ㄍㄡㄆㄝㄦㄋ一ㄍ（Copernic）太陽中心論的影響。這兩種的因果關係交互錯綜，紛然雜亂，非有爲知識而求知識的人，對於這些簡直不能有開始整理的勇氣。復次，這無限的具體的原因結果，如果抽象來看，可以分作若干的大組。每組裏面各有特殊的因果關係。比方說：專講數目的學問，自有牠的特殊的定律，自然要有一種特殊的因果關係；專講形體的學問——如幾何學——也有牠的特殊的定律，歸結也要有另外一種因果的關係。推之專講力和專講物質的學問無不皆然。可是宇宙中間是否有專有一種而無其他各種的實在？一定不會有的。專講一種關係，不過是抽象方便的辦法；專就這種學術的自身講，同具體的實在絕無相當。歸結，如果這幾種學問不是全有相當的發展，並且聯合起來，幾乎可以說：沒有實在的用途。但是想教這幾種學問同時發展，幾乎是一件不可能的事情。數學幾何學實用到工業上面，實在止是近一二百年物理學化學也有相當發展以後的事情，可是兩千多年以前的希臘人已經在那裏孜孜不倦地研究數學和幾何學。如果他們不是興趣極高，爲知識而求知識，這一類的學問也不會得到相當的發展，結果大約是近世的文化沒有源泉，就是有人盡力，也不能達到這樣的盛大，專求致用而致用的目的也無法達到。又次，我們人類生活的內容，非常繁富。有很多的東西，比方說，音樂及其他各種美術，精神的練習，身體的練習，等類專由牠自身來看，幾乎看不出有什麼樣顯著的利益，可是就全

中華民國十五年國立北京大學丙寅畢業同學錄

體來講，牠們的用途全是非常地大。這一類的事情，已經得到相當的發展以後，看出牠們的用途還不很難，可是開始的人，如果專有致用的目的懸在心目中間，那就不會有什麽藝術的發生。——括總講起，致用爲人類對於知識藝術等類各種盡力的天然結果。但是各種盡力並不因有此結果而價值增加，反過來說，各種盡力並不因爲偶然，暫時沒有這種結果而價值遂爲之減少。興趣濃厚的人，不拘拘於致用，自然達到致用的目的；興趣淺薄的人，日以致用爲揭橥，而致用的目的反愈趨而愈遠：這也可以說是自然界（La nature）對於我們人類的故意開玩笑了，

我們現在再舉點歷史的證據：希臘於西歷紀元前六百年附近起至四百五十年附近止，這一百多年裏面的思想家全是興趣極高，有高掌遠蹠的勇氣。他們對於宇宙的根源，萬物變化的法則，全很熱心地去探討。此時期上下不及二百年而歐美哲學二千年中的大派別全不能出他們的範圍，良非無因。四百五十年以後，受哲人派（Les sophistes）的反動，乃拋却自然界而歸本於人事。但是他們探討的興趣還是非常的高，ㄆㄌㄚㄊㄡ（Plato）ㄚㄦㄧㄙㄊㄡㄊㄝㄌㄝㄙ（Aristoteles）的廣大精深，可以說已經建樹了近世哲學科學的根基。等到ㄚㄦㄧㄙㄊㄡㄊㄝㄌㄝㄙ死了以後，哲學家研究的興趣，遠不及前人的高遠，他們雖說對於物理，論理，還竭力去探討，可是他們的目的，不過是要得到精神上的安寧，歸結希臘哲學就一天一天地衰萎下去，這幾百年裏面哲學發達衰落的陳迹，豈不是已經可以證明興趣爲思想發展的源泉，而急於致用者有時反失了致用的結果ㄧㄛ？幸而當時雅典哲學的高潮雖日漸低落，而ㄚㄌㄝㄎㄙㄤㄉㄦㄧㄚ（Alexandria）的科學家如ㄛㄎㄌㄧㄉㄝㄙ（Euclides）諸人，還是很鮮明地標明爲知識而求知識的旗幟，他們探討的决心也還是很熱烈，所以西歷紀元前二三世紀，哲學雖不振，而科學反有很重要的進步，也就是這個原因了。至於歐洲近世文藝的復興，與其說是研究希臘文化的影響，毋寧謂爲研究ㄚㄦㄧㄙㄊㄡㄊㄝㄌㄝㄙ而注意歸到大自然界的結果。因爲如果他們專去研究希臘的文化，歸結所得到底一定是一種古代的具體而微的東西。可是文藝復興時代的文人學者，一方面雖說很熱烈地研究古代的作品，但另外一方面，對於大自然界也有一種極高的興趣。所以他們不惟可以繼承古代的知識，並且能給牠一種新鮮的精

神，發揮光大，致成近世盛大的文化。攷歐洲兩千多年思想發達歷史，全可以證明「爲知識而求知識」爲哲學科學發展的主要原因了。

返觀我國，則當西歷紀元前五六世紀，亦我國文化大發展的時期。但我國第一期的思想家，如老子孔子墨子諸賢哲全是憂天憫人，急於救世。他們研究的對象限於政治教育及其他關於人生之各事業，至於宇宙的根源，萬物變化的法則，則還沒有大留神到。及至三四世紀三家的門人弟子作很重要的努力，他們全相信必須要窮神知化才能達到致用目的，所以惠施莊周以及墨辯繫辭的作者全比較地有獨立治學的精神，他們所得的結果，也絕不是第一期思想家所能企及。秦漢以後，當時的儒者雖說拘守着致用的成見，但治歷數和天文的學者，興趣還算不弱，所以郄萌張衡虞喜何承天祖沖之諸人還有可觀的成績。降及宋代——紀元後十一世紀十二世紀——第一等的思想家全急著得一種道德的基礎以謀人生的改善，但是他們全相信必須要「知化」才能「善述其事」，「窮神」才能「善繼其志」，所以他們對於理氣的辨別，變化的源流，全竭力去探尋。歸結，他們對於自然界的知識雖未能達到近世科學的境域，而在我國思想發達史上總算放一異彩。明代心學極盛，對於道德的理論頗有進步，而對於自然界的知識則荒陋萬分。清代學者懲心學的疏漏，而一返於攷古。他們對於古代的興趣非常地高，矻矻畢生，不憚煩碎地研求，所以他們雖對於純粹的思想無大發展，而考古學却已達到近世科學的界域。綜觀中國二千餘年思想發展的歷史，可以說戰國和宋代爲兩個思想最發達的時期。這兩個時期有相同的信仰，就是必須要窮神知化才能達到致用的目的。因爲他們有這樣的信仰，所以他們盡力探討，得到相當的成績；因爲他們還不能擺脫致用的範圍，所以還受種種的束縛，不能同古代的希臘，近代的歐洲比長而絜短。然則吾國人士，如果想急起直追，不爲時代之落伍者，又將何去而何從广——？

中華民國十五年國立北京大學丙寅畢業同學錄

王震東

字君毅年二十八

陝西三原

通訊處：西安城內西號巷四號

包鷺賓

字漁莊年二十七

江西南城

通訊處：江西南城縣東街義大成藥棧轉

李鳴和

字今軒年二十八

四川遂寧

通訊處：遂寧桂花塢

中華民國十五年國立北京大學丙寅畢業同學錄

李維新

字銘三年二十八

山西五台縣

通訊處：山西五台縣東冶鎮南街

李海樓

字月波年二十七

安徽鳳陽

通訊處：安徽鳳陽府城內

李秀岩

字節如年二十八

山東菏澤

通訊處：本縣城西南刁屯西頭李莊

(31)

中華民國十五年國立北京大學丙寅畢業同學錄

周　用
字博器年二十五
廣東番禺
通訊處：廣州高第街二百〇六號

孟廣厚
字塈如年二十五
奉天本溪
通訊處：奉天本溪小市永隆源

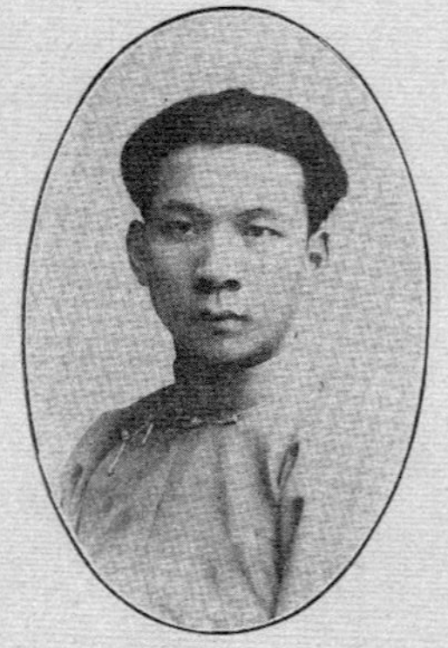

林樹松
字行堅年二十五
福建東山
通訊處：厦門轉東山后林

中華民國十五年國立北京大學丙寅畢業同學錄

孫　照

字雲生年二十八

山東濟甯

通訊處：北京丞相胡同

容肇祖

字元胎年三十

廣東東莞

通訊處：廣州東莞縣旨亭街八巷三號

陳　鍾

字雪屏年二十六

江蘇宜興

通訊處：天津日界三育里陳宅

中華民國十五年國立北京大學丙寅畢業同學錄

徐瑞祿
字步青年二十五
山東泰安
通訊處：泰安昇平街徐協成號

張昌圻
字弘伯年二十六
四川富順
通訊處：四川富順趙化鎮恒春仁轉九雲砦

張安禔
字祏君年二十七
山東德平
通訊處：山東德平小西關張宅

中華民國十五年國立北京大學丙寅畢業同學錄

張蔭棠
字靈根年二十六
吉林
通訊處：吉林榆樹縣

陳居璽
字寶符年二十七
廣西平南
通訊處：廣西平南思旺永安昌號轉

黃家聲
字彝六年二十四
湖南衡陽
通訊處：湖南衡陽仙姬巷江夏黃公館

(35)

中華民國十五年國立北京大學丙寅畢業同學錄

溫祥發
字心園年二十四
廣東瓊山
通訊處：廣東瓊州海口溫錦隆布廠

彭基相
字叔輔年二十六
安徽和縣
通訊處：安徽和縣姥鎮

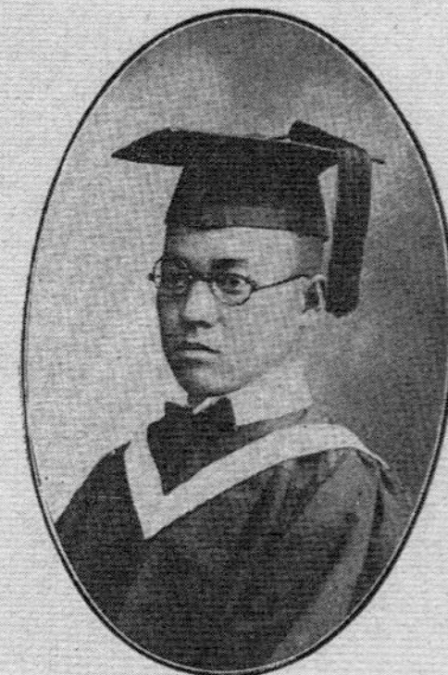

楊中偉
年二十七
京兆武清
通訊處：京兆武清縣耿莊

劉　桂　成
字丹岩年二十六
奉天北鎮
通訊處：奉天北鎮縣西街
扁担胡同

劉　懋　勤
字子克年二十五
江西南康縣
通訊處：江西南康縣春濟
號

賴　拯　生
原名派磐年三十
四川鄰水
通訊處：鄰水郵局

中華民國十五年國立北京大學丙寅畢業同學錄

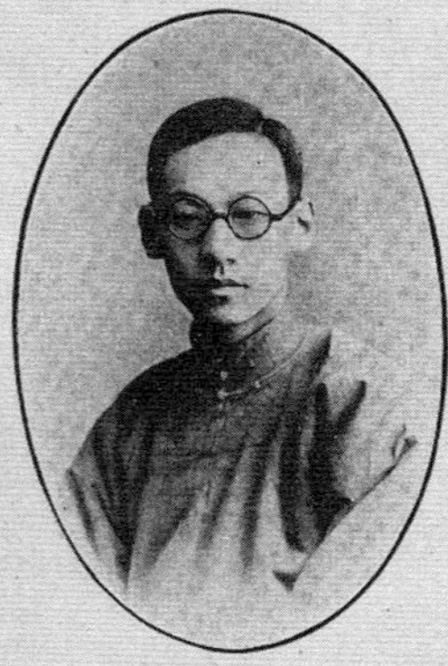

盧　宗　濩
字季韶年二十五
京兆涿縣
通訊處：京兆涿縣城內丁市口

韓　靜　遠
字中權年二十八
奉天省本溪縣
通訊處：奉天本溪城廠

蘇　廷　銓
典平
廣東合浦
通訊處：廣東北海沙脊街合順號轉

（十六）教育學系

王九思

字濬明年二十六

京兆薊縣

通訊處：京兆薊縣城內聚盛號交

胡自益

字虛竹年二十七

江西萍鄉

通訊處：湖南醴陵北美田橋陳保元堂代收轉西坑交

中華民國十五年國立北京大學丙寅畢業同學錄

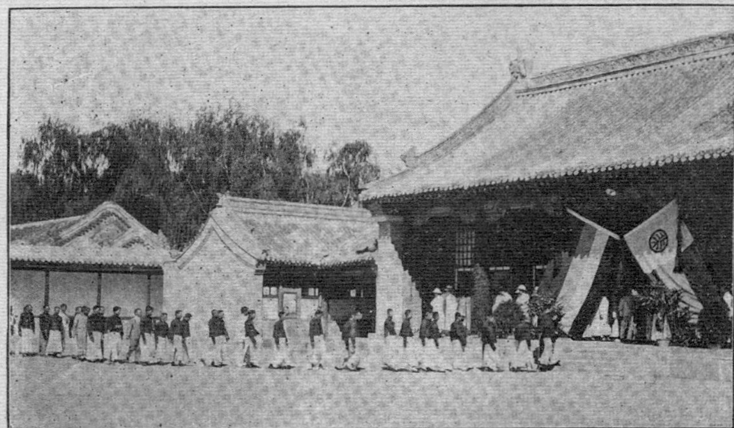

（一九一九年八月授與班樂衛及儒班兩氏名譽博士學位之典禮攝影）

（十七）中國文學系

九江朱先生曰：讀書者何？讀書以明理，明理以處事，先以自治其身，以隨所應天下國家之用。

丙寅同學諸君畢業，將述師說為贈。

黃節

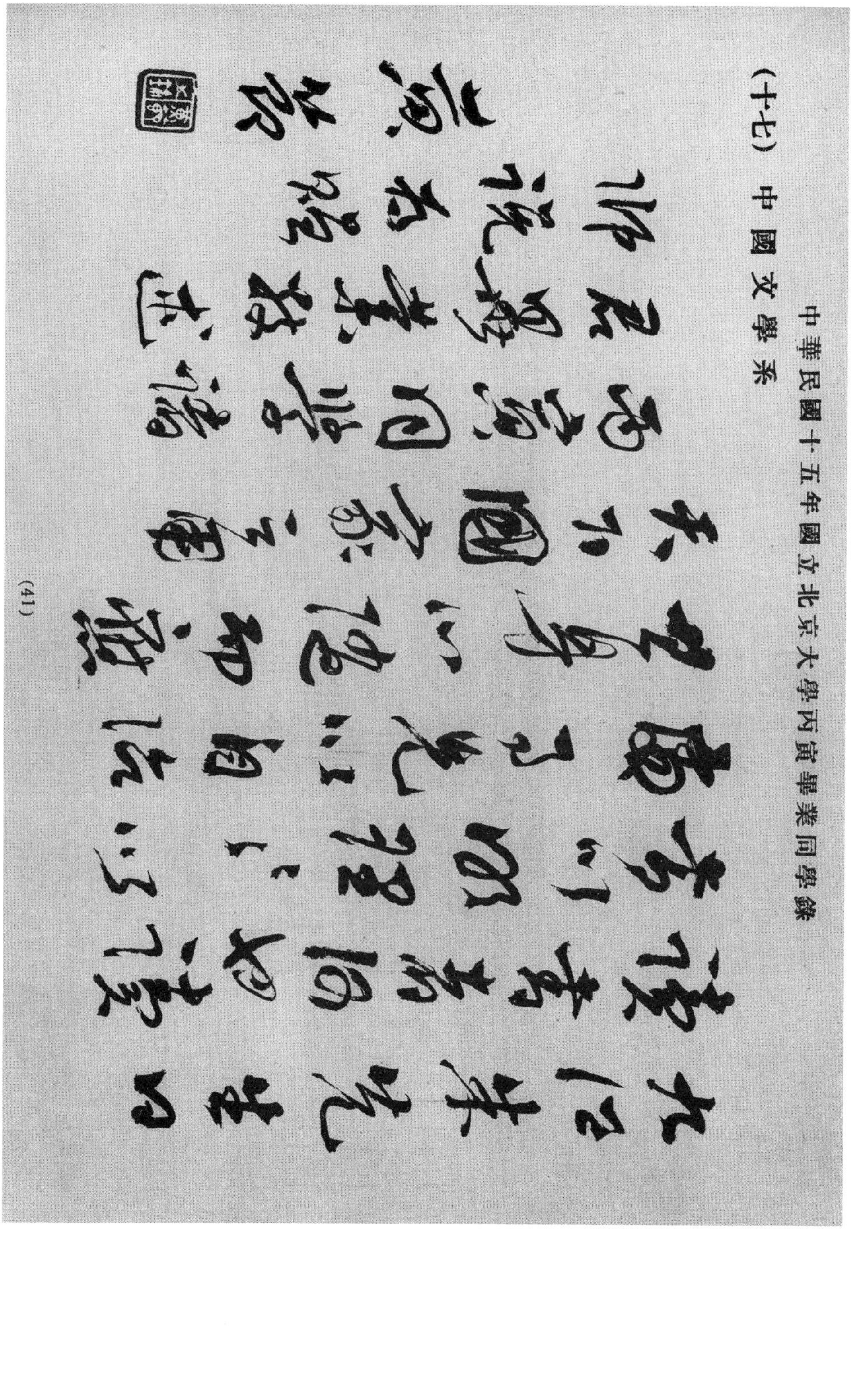

中華民國十五年國立北京大學丙寅畢業同學錄

大學會議室(舊爲校長室)

王　兆　民

字墨林年二十八

黑龍江龍江縣

通訊處：本縣勸學所

王　醒　舟

字劍平年二十八

河南唐河縣

通訊處：河南唐縣上屯

王　文　德

字愚谷年三十

江西吉水

通訊處：江西吉水阜田王信昌

中華民國十五年國立北京大學丙寅畢業同學錄

甘大文

字藝仙年二十七

四川大竹

通訊處：四川大竹縣西泉街甘宅

冉昭衷

字從吾年三十一

山東曹縣

通訊處：山東曹縣冉宅

朱世芬

字筱呈年三十

浙江義烏

通訊處：浙江義烏佛堂恒大興號轉朱店

中華民國十五年國立北京大學丙寅畢業同學錄

吳鶴齡

字梅軒年三十二

內蒙熱區卓盟喀喇沁右旗

通訊處：熱河喀喇沁右旗上瓦房郵局轉湯土溝

吳德遠

字稻庵年二十九

貴州鎮遠

通訊處：貴州鎮遠二牌乾順昌號轉

李鼎彝

字璣衡年二十八

吉林扶餘縣

通訊處：吉林扶餘縣榆樹溝三合長

(45)

中華民國十五年國立北京大學丙寅畢業同學錄

李　開　先

字肇庸年三十二

四川隆昌

通訊處：四川隆昌龍市鎮

狄　俊

字石樵年二十七

山東臨沂

通訊處：山東臨沂城內茶棚街

周　憲　章

字效孔年二十九

河南鞏縣

通訊處：河南鞏縣廻郭鎮德懋公交西侯村

中華民國十五年國立北京大學丙寅畢業同學錄

宮　維　翰

字墨林年二十八

山東棲霞

通訊處：山東棲霞百里店

胡　致

字遠齋年三十一

江西南昌

通訊處：南昌進外歐家井二十三號聶事德君轉

張　春　暉

字耀先年三十

雲南石屏

通訊處：雲南石屏寶秀

（47）

中華民國十五年國立北京大學丙寅畢業同學錄

張　瑜

字佩之年二十八
江蘇鹽城
通訊處：江蘇鹽城建陽

張　鏞

字同甫年二十八
湖南常德
通訊處：湖南常德大西門
內勸學所轉

張聯莊

字端生年三十
四川犍爲
通訊處：四川犍爲縣城內
小十字永慶隆

中華民國十五年國立北京大學丙寅畢業同學錄

陶　有　柏

字景山年三十

江蘇南通

通訊處：南通二窩

游　國　恩

字澤承年二十七

江西臨川

通訊處：江西臨川縣流坊墟復興典轉

馮　士　造

字醒清年三十

湖南沅陵

通訊處：沅陵柳林鎮本宅暫住桃源東街前亞細亞公司內

（49）

中華民國十五年國立北京大學丙寅畢業同學錄

舒耀宗
字紹書年二十九
安徽黟縣
通訊處：安徽黟縣屏山

楊文海
字匯川年三十二
四川達縣
通訊處：四川達縣教育會轉

蔣致中
字一和年二十八
山東泗水
通處訊：泗水城東林泉村

劉　重　修

字竹亭年二十六

直隸威縣

通訊處：直隸威縣雪台鎮轉掌史村

談　其　煊

字照南年二十七

江蘇無錫

通訊處：江蘇蕩口讓界橋

中華民國十五年國立北京大學丙寅畢業同學錄

蕭盛嶷

字含滋年二十四

湖南寧遠

通訊處：城北蕭村

蕭韞輝

字圭璋年二十七

江西泰和

通訊處：江西吉安新墟恒豐號轉蕭韞輝

中華民國十五年國立北京大學丙寅畢業同學錄

（十八）英文學系

高爾斯完綏有一次說他的創作生涯的開始是在他完全忘却了他的大學教育以後。這是說真純的性靈的生活是不可能的，除是我們有內在的力量能衝破「填塞主義」的教育的壓迫。

文學藝術是最純粹的性靈生活的表現，這裏面的秘密是沒法傳授的，除了自己靈機的觸悟。　我們在課堂裏得着的，永遠是糟粕，雖則糟粕也還有分別可言。什麼有價值的東西都得我們自己綁緊了鞋帶單獨的尋去，尋着了是我們獨占的快樂，別人分不去的。再沒有比創作生涯更有趣更尊勵的冒險。

我期望我們一個個同學都有單身去冒險的勇敢與決心。　這不是說我期望你們一個個都會寫書成作家，那倒不必要，事實上也不或然；必要的是在我們當必保持這由文學啟示得來的性靈生活，我們得隨時給它營養，別讓它在我們活着的軀體內無端的殤死，這是我們對自己負的責任。

近年來我們的大學教育是可讚美的，因爲它爲了種種的緣故竟然連「填塞主義」也只做到了空的形式，結果是我們被豁免了不少糟粕的負担；我們有我們的自由；但我們怎樣才能不辜負這自由？這是問題。

志摩

中華民國十五年國立北京大學丙寅畢業同學錄

丁家光
字叔恒年二十八
河南鄆縣
通訊處：開封相國寺前街十三號

王振綱
字紀蒲年二十五
山東鄄城
通訊處：濟南城裏按察司街一五七號

王嗣順
字志全年二十八
雲南保山縣
通訊處：雲南保山縣小北門王宅

中華民國十五年國立北京大學丙寅畢業同學錄

王 仲 堅

年二十四

四川渠縣

通訊處：渠縣湧興鎮

李 恒 慶

字慎之年二十六

直隸獲鹿

通訊處：京漢石家莊方村

合盛成交宋村

車 汝 透

字道安年二十六

山東福山縣

通訊處：山東烟台福山縣

轉交北車家村

(55)

中華民國十五年國立北京大學丙寅畢業同學錄

吳幹斌

年二十六

江蘇宜興

通訊處：江蘇宜興和橋市梅永和號轉

何聯奎

字子星年二十六

浙江松陽

通訊處：松陽亦郡

易貞

字松塀年二十五

湖南醴陵

通訊處：湖南醴陵豆田郵局轉

中華民國十五年國立北京大學丙寅畢業同學錄

岳　凌　洲
字躋三年二十七
甘蘇天水
通訊處：甘蘇天水新陽川

姚　宇　光
字緝初年二十七
廣東平遠
通訊處：汕頭平遠大栢昌泰號

夏　杜　波
原名廷棟年二十九
直隸淶水縣
通訊處：淶水縣東關壽寧堂

中華民國十五年國立北京大學丙寅畢業同學錄

高佩琅

字葆光字亦衲海年二十八

山東日照

通訊處：山東日照所口福興號

徐澤

字述五年二十六

浙江吳興

通訊處：北京後門內三眼井六號

徐建熙

字健希年三十

江蘇如臯

通訊處：江蘇靖江西來鎮謝永昌號轉

孫　德　中

字石公年二十七

浙江天台

通訊處：浙江天台杏莊

孫　永　年

年二十七

浙江龍游

通訊處：城內秦萬順轉

張　清　華

字霽秋年二十六

直隸武强

通訊處：直隸饒陽縣留楚鎮交豆村

中華民國十五年國立北京大學丙寅畢業同學錄

張錫恩

年二十八

山西襄陵

通訊處：山西襄陵趙曲鎮

張樹猷

字恪齋年二十六

湖南辰谿縣

通訊處：本縣北正街譚宅收轉花塘坪本宅

張文明

字溆泉年二十六

江西萍鄉

通訊處：萍鄉東門外怡泰和號轉

中華民國十五年國立北京大學丙寅畢業同學錄

許　孝　炎

字伯農年二十六

湖南沅陵

通訊處：沅陵老棚街何家

巷許宅

鄂　　佐

字治才年二十八

直隸樂亭縣

通訊處：樂亭縣新寨鎮全

順成

褚　保　時

年二十五

浙江餘杭

通訊處：北京東城乾面胡

同七十四號

中華民國十五年國立北京大學丙寅畢業同學錄

盧紹坤

字次乾年二十九

山東單縣

通訊處：山東單縣南門外路東盧宅

鍾汝中

字天心年二十四

廣東五華

通訊處：廣州大石街三巷九號

鮑文蔚

年二十五

江蘇宜興

通訊處：江蘇宜興丁山

韓　國　泰

字安民年二十五

直隸懷來

通訊處：直隸懷來縣內三元街韓宅

譚　廷　英

字卓如年二十七

直隸灤縣

通訊處：京奉路開平鎮

羅　芳　墹

字介繁年二十九

湖南衡山

通訊處：衡山縣南門外羅氏祠羅建勛轉

中華民國十五年國立北京大學丙寅畢業同學錄

（十九）法文學系

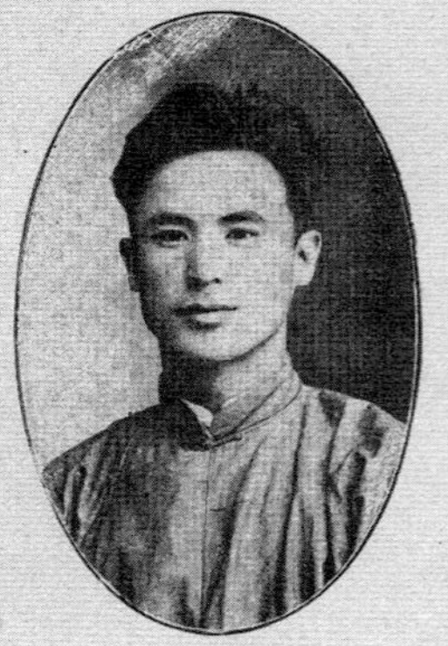

谷源增

字善益年二十七

山東威海衛

通訊處：威海衛碼頭永祥號

郭春濤

年二十六

湖南鄠縣

通訊處：鄠縣七都水口

黃福堺

字文初年二十六

浙江平陽

通訊處：平陽城內

（二十）德文學系

劉　健

字天行年二十五

直隸天津

通訊處：北京後門外棉花

胡同九號

中華民國十五年國立北京大學丙寅畢業同學錄

（二一） 俄文學系

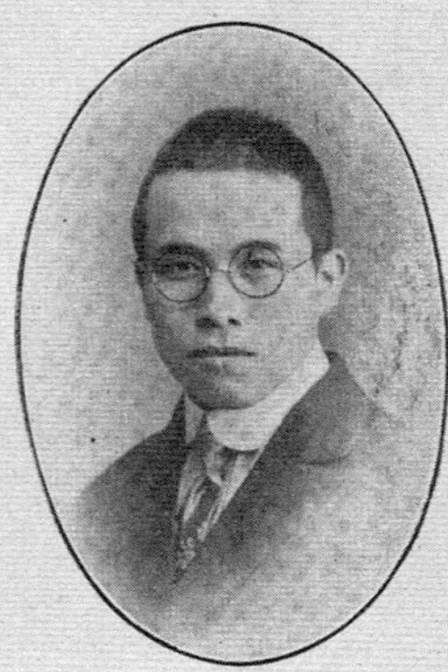

丁文安

字堯欽年二十五

湖南益陽

通訊處：益陽資源長紙行

仵瑞典

字仲徵年三十

河南鎮平縣

通訊處：鎮平石佛寺

高世華

年二十四

四川涪陵

通訊處：四川涪陵蔺市

中華民國十五年國立北京大學丙寅畢業同學錄

張　全　祿

字勉之年二十五

河南滎陽

通訊處：河南滎陽城內西街本宅

趙　自　成

字誠之年二十四

廣西靈川

通訊處：廣西桂林後庫街廣萬昌轉

中華民國十五年國立北京大學丙寅畢業同學錄

劉　德　榮
字元棻年二十五
江西新建
通訊處：南昌文孝廟街源
盛隆號

蘇　文　德
字澤敷年二十七
直隸廣宗
通訊處：廣宗縣李懷鎮

(二十一) 史學系

贈言

朱希祖

諸君現在已畢業於史學系，平日在講堂之上，對於研究史學應說之言，已都說了，本覺無言可贈，只要諸君追憶而整理之，擇要實行，於史學界必有所貢獻。然有一件事，在今日離別時，尚須爲諸君一言。余以爲現在之歷史，即爲過去之社會，現在之社會，即爲將來之歷史。是故欲了解歷史，必自認識現代之社會始。諸君在學校時，不過在書本上推想過去之社會，未必能眞確認識社會之眞相。現在既畢業於學校，方將社會全體，日有親近接觸之機會，正宜努力認識現代社會全體之構造及機能，以爲認識歷史基本之智識。毋徒追逐淺見者流，沾沾推求死的史料，以爲史學之職盡乎此；當放眼曠觀活的史料，並且把捉而記錄之，一以增眞確之史識，一以儲眞實之史料。庶幾將來能改革千古不變的死史學，而創造一種活史學。此則區區有厚望焉。民國十五年六月六日。

中華民國十五年國立北京大學丙寅畢業同學錄

王鴻憙
字子敬年三十
廣東文昌
通訊處：廣東文昌縣城王大宗祠

王之綸
字叔言年二十九
河南桐柏
通訊處：平氏鎮郵局交鄭老莊

伍家宥
字仲密年三十
湖南石門縣
通訊處：湖南石門縣磨市信櫃轉竹溪

朱　相　堯
字蕓階年二十六
山東寧陽
通訊處：津浦路南驛轉東莊

李　世　傳
字澤長年二十六
山東臨沂
通訊處：本縣義堂鎮郵局送交富義莊福德堂北院

李　振　聲
字擢華年二十八
直隸蠡縣
通訊處：高陽南北留史鎮復昌厚寶號轉

中華民國十五年國立北京大學丙寅畢業同學錄

夏　德　儀
字卓如年二十五
江蘇東臺
通訊處：江蘇東臺時堰

舒　傳　軾
字天趣年二十八
安徽霍山
通訊處：安徽六安青山汪義盛號轉

靳　作　梅
字仲鹽年二十六
河南沁陽
通訊處：河南沁陽西向村

中華民國十五年國立北京大學丙寅畢業同學錄

鄭　振　夏

字震亞年二十九

浙江富陽

通訊處：浙江富陽觀前

趙　仲　濱

字仲濱年二十九

江蘇常熟

通訊處：常熟南門內

劉　慶　瑄

年二十九

廣東興寧

通訊處：汕頭興寧羅岡應和昌轉

(73)

(二十三) 法律學系

贈民國十五年度本校畢業諸君

大學的一個目的是知識的傳授，然而數載之間，教室內所能供給的知識，無論如何，總是有限的。所以我們不要希望一個大學，對于受學的青年能灌輸狠多的知識；我們只盼望他能給予他們一種熱烈的求知慾望。如果這樣說，近年以來，北京大學似乎也算盡了他的責任。因此，我深盼你們諸君，離校以後不獨不輕棄所學，並且永不拋棄你們繼續為學的念頭。

大學的又一個目的是人格的訓練然而學校禮面所受的訓練畢竟不過一個為人的基礎。就吾國現狀言，諸君縱然有了這樣的一個基礎，離校以後，繼續為人，亦殊不易；因為社會上既存的思想習慣或制度，幾無在而不與我們所認為合理的人生，形成敵對的勢力；你們如果不打算同化或降服，你們就得準備過險阻艱難的日子。但是諸君亦不必因是而氣沮。我有一言，容或可為諸君壯行色：自今以往，你們的母校同着國內其他公私大學每年至少可以成就一萬至兩萬生力軍，給你們做後援；無論你們向那一方面奮鬥，你們的戰鬥力，總是一天要比一天雄厚的！所以就是單從成敗利鈍上設想，你們諸君也儘可永遠保持着繼續為人的宏願。

我所要說的只是這樣的幾句話。祝你們諸君的前途無量！

王世杰 北京大學 十五年六月

中華民國十五年國立北京大學丙寅畢業同學錄

丙寅級法律系同學既卒業謀鐫同學錄以紀念以余添任講席徵言于余余觀夫稽古徵獻之士罔不珍乎譜錄于科第黨社名籍視之尤重蓋上之可識一代文敎好尙之所趨下之可以知一家學問切磋之所自而齒錄之足存亦不僅署識姓氏里第已也法律之學灝博淵玄瑰異日新而其致用亦廣大精微所往咸適吾國司法改制未久百度待理平讞訊鞫之事纂修釐稽之任莫不需才同級諸君星霜切磋摭要擷英既竟其業更宜繼其硏究殫其精思出而問世爲純潔之法曹振國家之綱紀挽亂世之頹風使後之覽者知一時同席講論之俊則玆編爲不虛矣中華民國十五年六月何基鴻序

(75)

中華民國十五年國立北京大學丙寅畢業同學錄

刁家仁

字樂山年二十九
山東黃縣
通訊處：黃縣黃山館

王炳彥

字碩秋年二十八
山西襄垣縣
通訊處：山西襄垣城內天心元交

方春徵

字信吾年二十五
江蘇江寧
通訊處：湖北沙市劉家場四十八號

左　其　鵬

字猶雲年二十五

江蘇阜寧

通訊處：江蘇阜寧北蔡橋

田　　杰

字家杰年二十五

廣　東

通訊處：汕頭銀溪口銀潭

余　天　民

字鳳鳴年三十

湖南臨湘

通訊處：粵漢路蒲圻新店

余鴻順

中華民國十五年國立北京大學丙寅畢業同學錄

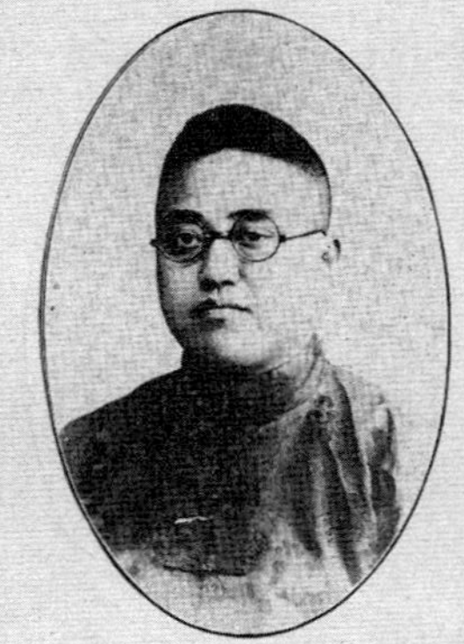

汪學驥
字仲良年二十九
浙江富陽縣
通訊處：浙江富陽東梓瀾轉

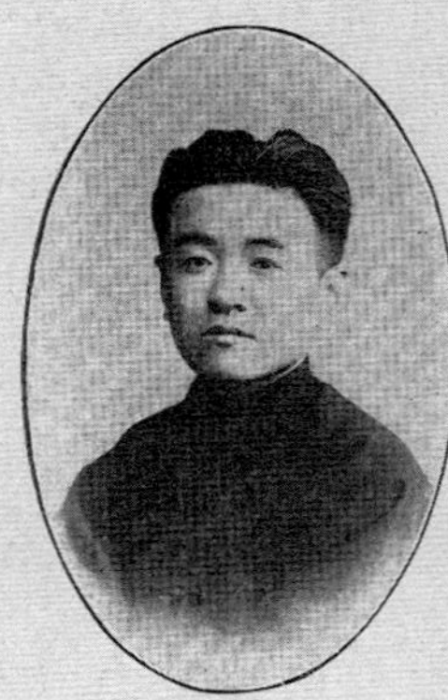

李葆恩
字天仁年二十八
奉天蓋平
通訊處：奉天蓋平城內東馬路福泰厚

吳廷贊
字化一年二十七
奉天撫順縣
通訊處：奉天省撫順縣源生泰祈轉

中華民國十五年國立北京大學丙寅畢業同學錄

岳　濬　川

字宗禹年二十八

直隸懷安縣

通訊處：直隸懷安縣城內南街交

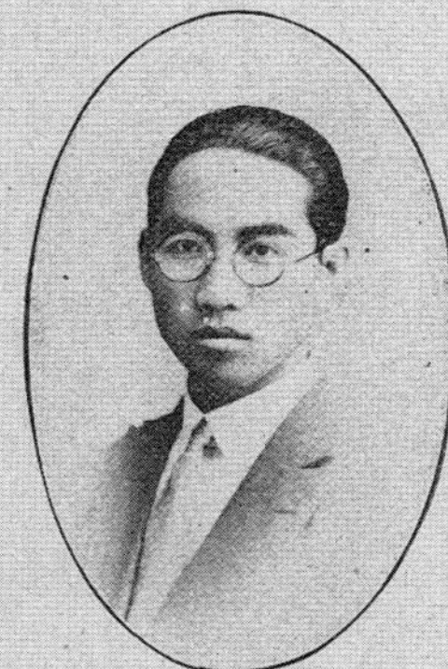

周　士　欽

字鍾磬年二十五

直隸獲鹿

通訊處：石家莊永北鎮

周　可　從

字省吾年二十八

安徽宿縣

通訊處：徐州北門街何牌坊

中華民國十五年國立北京大學丙寅畢業同學錄

周承恩
字煦初年二十七
浙江黃岩
通訊處：浙江海門東山頭

周起豐
字少伯年二十五
奉天開原
通訊處：奉天開原塔子胡同本宅

郎得昌
字世五年二十六
直隸定縣
通訊處：直隸定縣邢邑

中華民國十五年國立北京大學丙寅畢業同學錄

柳壽慈

字孝農年二十七

浙江蕭山

通訊處：浙江蕭山義楊通惠錢莊

胡賢瑞

字寶圖年二十九

安徽省含山縣

通訊處：安徽和縣張公橋鎮

胡錟

字劍南年二十七

直隸定縣

通訊處：直隸定縣南街德盛號轉察家庄

（81）

中華民國十五年國立北京大學丙寅畢業同學錄

姚肇封
字繼華年二十九
河南延津
通訊處：延津縣朱庄

馬忠蔚
字薌吾年二十五
湖北江陵
通訊處：本京石駙馬大街三十五號

党慶華
字叔英年二十九
廣西
通訊處：廣西北流雙威郵局轉

梁　贊　文

字化南年三十
直隸蠡縣
通訊處：脩城永隆號

梁　寶　羅

字天客年二十四
廣東南海
通訊處：廣州市天官里一百二十三號又西樵太平墟稔岡村梁厚德堂

孫　淮　陽

字孟賓年三十
安徽霍邱縣
通訊處：安徽六安州葉家集張義泰和號轉交孫家老樓

中華民國十五年國立北京大學丙寅畢業同學錄

陰 毓 珍

字儒修年二十七

河南滎陽縣

通訊處：崔廟自立坊

郭 貴 瑄

字徽庭年二十八

直隸河間

通訊處：河間城內北大街馮宅轉

陳 泰 權

字仲衡年二十六

安徽合肥

通訊處：蕪湖轉中廟鎮覌龍陂村

中華民國十五年國立北京大學丙寅畢業同學錄

陳宗海

字達夫年三十一

廣東台山縣

通訊處：廣東台山縣石龍頭墟郵局轉交

張家鼎

字鑄九年二十六

湖北棗陽

通訊處：湖北棗陽南關

黃恩輝

字惠軒年二十七

廣東梅縣

通訊處：廣東梅縣蕉嶺新市振華號

中華民國十五年國立北京大學丙寅畢業同學錄

黃　寶　實

字新渠年二十五

湖北漢陽

通訊處：湖北西流河轉儿溝

黃　鈞　祥

字鈞祥年二十六

廣東梅縣

通訊處：汕頭梅縣悅來墟郵局

程　璜

字玉我年二十九

江西都昌

通訊處：江西都昌汪家墩轉

程 欣 泰

字寅卿年二十八

直隸交河縣

通訊處：交河縣城西司官屯

喻 遂 生

字靜庵年二十七

江西臨川

通訊處：江西臨川東門外吉順仁

傅 連 珍

字寶珊年二十九

奉天蓋平

通處訊：蓋平縣湯池轉祝家村

中華民國十五年國立北京大學丙寅畢業同學錄

裴錫晋

字康仲年二十八

江蘇淮安

通訊處：江蘇淮安雙桃柳巷

葛揚煥

字旌文年二十八

江西豐城

通訊處：漢口張美之巷逢發祥號

董和棠

字木卿年二十八

山東文登

通訊處：威海城內謙祥永轉

中華民國十五年國立北京大學丙寅畢業同學錄

楊文林

字翰園年二十七

江蘇東台縣

通訊處：江蘇東台縣草堰市

賈永年

字椿堂年三十

河南臨潁縣

通訊處：本縣城內大神廟街

翟宗心

字靜存年二十六

廣東東莞

通訊處：廣東東莞城新沙翟敦睦堂

(89)

中華民國十五年國立北京大學丙寅畢業同學錄

趙守和

字致中年二十六

奉天北鎮縣

通訊處：京奉綫溝幫子郵局

趙特夫

字特夫年二十六

京兆宛平

通訊處：北京西四牛蹄胡同六號

趙懷昌

字少平年二十七

直隸冀縣

通訊處：北京王府井大街八號

中華民國十五年國立北京大學丙寅畢業同學錄

劉樹杞
字梓民年二十五
直隸柏鄉縣
通訊處：直隸柏鄉縣城內集義銀

劉裕孚
字允斿年二十六
奉天遼陽
通訊處：奉天省遼陽縣西大沙嶺郵局轉徐公堡

劉天倪
字際雲年二十九
江西黎川縣
通訊處：江西黎川縣樟村鎮恒升福號內交

(91)

中華民國十五年國立北京大學丙寅畢業同學錄

劉兆鱗
字中猷年二十六
四川秀山
通訊處：四川秀山北門外

鄭仁賢
年二十七
廣東潮陽
通訊處：汕頭潮陽城內
馬房寶善堂

謝詩
字學言年二十七
浙江溫嶺
通訊處：浙江海門大溪

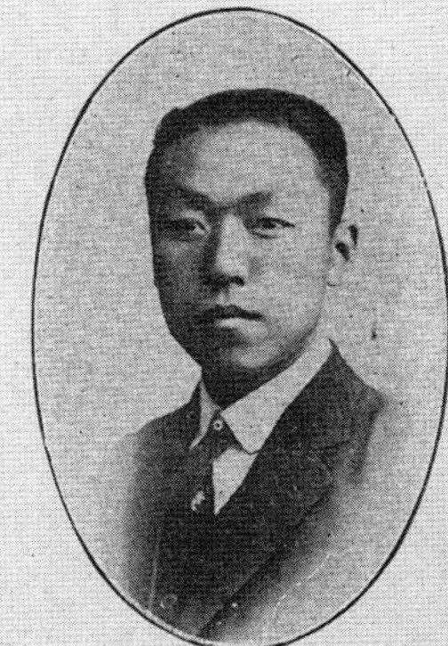

謝承炯
字燦如年二十八
江蘇靖江
通訊處：江蘇靖江西來鎮

鍾資富
字谷安年二十九
廣東梅縣
通訊處：汕頭梅縣摺田分水詢交

鍾繼璜
字石根年二十七
湖南瀏陽
通訊處：湖南瀏陽永和市

中華民國十五年國立北京大學丙寅畢業同學錄

韓　鳳　池

字鶴儒年二十七

直隸武强縣

通訊處：本縣小範鎮恒興號

蕭　滌　吾

年二十四

京兆武清

通訊處：北京鼓樓西二十號

（二十四）政治學系

王　本　乾

字位南年二十七

雲南大姚

通訊處：大姚縣鍾秀街

朱　予　覺

字式吾年二十八

河南南陽

通訊處：河南南陽縣白衣堂街

何　道　智

字德初年三十

廣東英德

通訊處：廣州四牌樓雲台里南詔連會館轉

中華民國十五年國立北京大學丙寅畢業同學錄

邵光銓

字筑波年二十六

貴州

通訊處：貴陽金井街

吳江鍾

字君奇年二十七

廣東瓊山

通訊處：廣東瓊州海口南門美利號轉

李昌仁

年二十九

四川江津

通訊處：四川江津中渡街裕盛元轉

陳兆彬
字君樸年二十九
廣東新會
通訊處：廣東江門外海鄉南華里陳慶春堂

桑義彰
字燦雲年二十六
山東濮縣
通訊處：山東第六中學

殷鉞
字秉彧年二十四
四川西充
通訊處：西充正街殷宅

中華民國十五年國立北京大學丙寅畢業同學錄

曹　尙　毅
字寶珪年二十八
湖南資興
通訊處：湖南資興北鄉蓼江市高陂曹家

彭　宗　海
字象涵年二十七
四川宜賓縣
通訊處：縣城大北街彭升泰轉

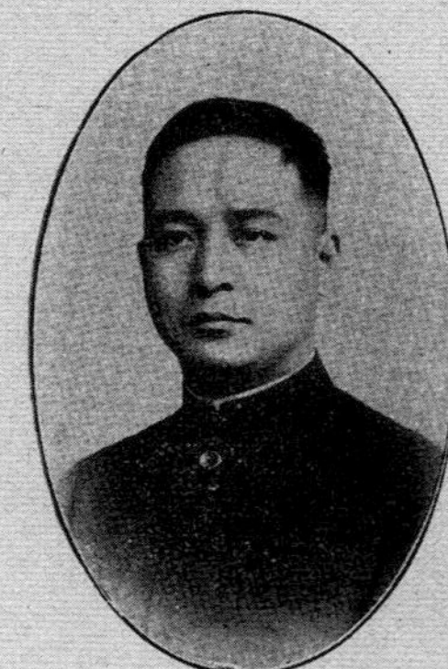

張　榮　福
字履成年二十八
四　川
通訊處：新都橫南街張宅

中華民國十五年國立北京大學丙寅畢業同學錄

黃爲俊

字彥欽年三十一

四川犍爲縣

通訊處：四川犍爲縣隆興場

黃利貞

字公權年二十六

廣東台山

通訊處：廣東台山潮境墟義隆

趙勤畬

字新甫年二十九

山東單縣

通訊處：單縣西門大街鴻順和商號

中華民國十五年國立北京大學丙寅畢業同學錄

劉廣洽

字子陽年二十八

山東濮縣

通訊處：山東菏澤魁星樓街本宅

劉掄英

字伯賓年二十八

山東益都

通訊處：城裏衞街

薛保恒

字礪若年二十四

安徽霍邱

通訊處：安徽潁上潤河集轉薛家西樓

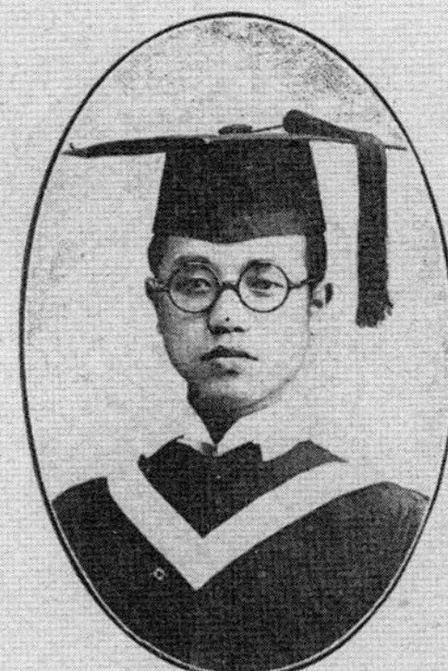

龍　文　治

字穉雲年二十五

四川涪陵

通訊處：涪陵聚昌祥

羅　紹　徽

字節琴年二十八

廣西昭平

通訊處：廣西昭平大街譚恒生轉交

嚴　繼　畲

年二十五

福建閩侯

通信處：北京東城魏家胡同十七號

中華民國十五年國立北京大學丙寅畢業同學錄

(二十五) 經濟學系

王成三
字景衡年二十七
直隸昌黎
通訊處：直隸昌黎慶餘隆

王鴻訓
字式古年二十六
京兆密雲
通訊處：密雲縣穆家峪轉小營莊

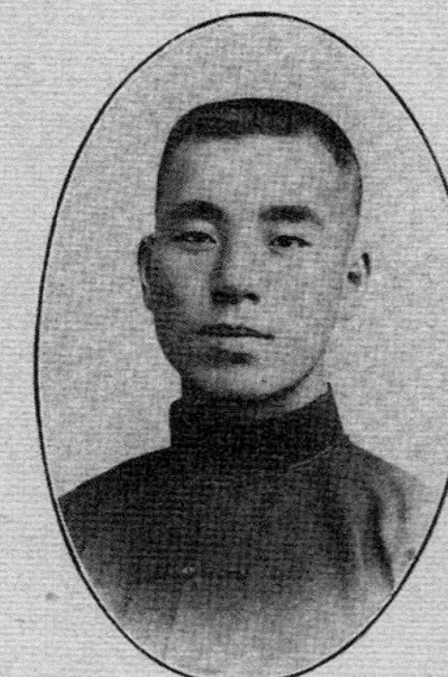

王克宥
字君密年二十六
浙江
通訊處：黃巖草巷王春源

王　　夔

字理中年二十八

奉天撫順

通訊處：奉天撫順南小林莊

王　溯　喬

字鶴軒年二十七

山東臨淄

通訊處：山東臨淄孫婁店

王　清　彬

年二十三

江蘇江都

通訊處：北京東城史家衚同十七號王宅

中華民國十五年國立北京大學丙寅畢業同學錄

王滌文

字清泉年二十七

湖南瀏陽

通訊處：湖南瀏陽東鄉上

洪郵信收發處轉

牛雲峯

字岫青年二十九

江蘇東海

通訊處：江蘇東海阿湖鎮

恒貞坊

毛嘉麟

字祥紱年二十五

直隸南宮

通訊處：直隸南宮城內鮑

家街毛宅

中華民國十五年國立北京大學丙寅畢業同學錄

方　銘　竹

字筠新年二十四
江西上饒
通訊處：江西上饒鼓樓衖
紀大盛號

石　信　嘉

字信嘉年二十八
湖北黃梅
通訊處：黃梅城內西後街

左　宗　彝

字孟球年二十六
湖南長沙
通訊處：長沙大賢鎮常家
坤官橋郵局轉關龍橋

(105)

中華民國十五年國立北京大學丙寅畢業同學錄

孔令琪
字彥東年三十
山東曲阜
通訊處：山東曲阜南府

曲殿元
字俊升年二十六
直隸邢台縣
通訊處：直隸邢台縣羊范村

呂世鄗
字峙三年二十六
安徽阜陽
通訊處：安徽阜陽呂大寨

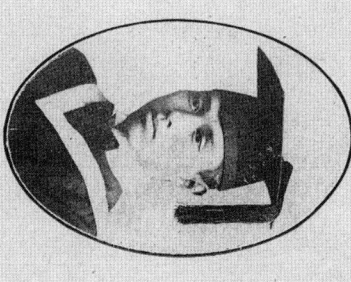

但永治
字齊先年二十七
四川長壽
通訊處：四川長壽萬壽場呂在偉轉

邱致澤
字同甫年二十五
湖北興山
通訊處：湖北興山響灘

李俊
字超英年二十九
浙江永嘉
通訊處：溫州東門外李源記行轉

中華民國十五年國立北京大學丙寅畢業同學錄

李　文　駿

字伯良年二十六
直隸深縣
通訊處：北京東四馬大人胡同七號　深縣陳莊鎮轉北梨園村

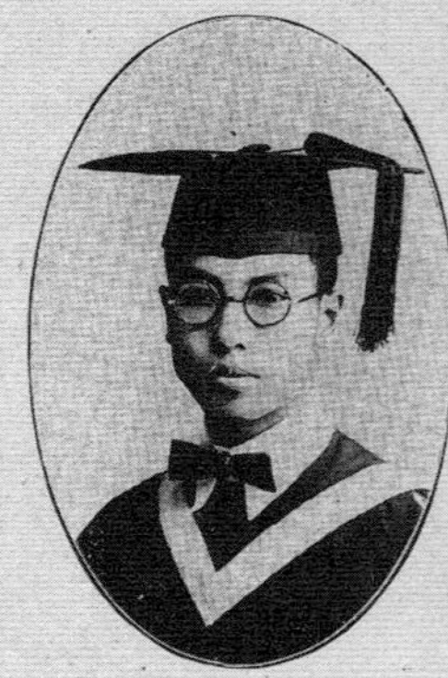

李　超　雄

字少逸年二十六
廣東台山
通訊處：廣東台山新昌埠宏泰隆

李　如　漢

字仲廣年二十四
浙　江
通訊處：浙江瑞安城內范大橋街胡公達君轉

中華民國十五年國立北京大學丙寅畢業同學錄

李 經 印

字玉璽年二十五

直隸冀縣

通訊處：碼頭李鎮

李 善 餘

年二十六

廣東蕉嶺縣

通訊處：汕頭蕉嶺縣李承志公館

李 兆 福

字伯禔年二十八

廣東南海

通訊處：廣州西關寶華卡二號

中華民國十五年國立北京大學丙寅畢業同學錄

李　去　非

年二十九

湖北麻城

通訊處：北京宣內頭髮胡同十號

李　壽　雍

字震東年二十四

江蘇鹽城

通訊處：江蘇泰州樓夏莊

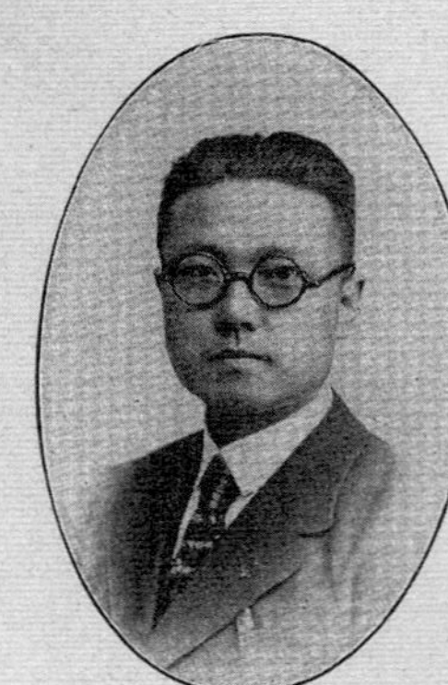

吳　融　春

字暢侯年二十六

奉天興京縣

通訊處：奉天千金寨東鄭家堡子郵櫃轉交

中華民國十五年國立北京大學丙寅畢業同學錄

宋全恭
字謙甫年三十
奉天遼陽
通訊處：奉天遼陽城內北街萬源和轉

宋邦俊
字彥若年二十七
雲南石屏
通訊處：雲南昆明市三牌坊居仁巷七號

何樹藩
字東屏年二十八
湖北天門
通訊處：皂市詠梅堂

(111)

中華民國十五年國立北京大學丙寅畢業同學錄

杜 廷 鑽
字續之年二十七
江 蘇
通訊處：灌雲三新市杜大圩

周 履 直
字又溫年二十九
江 蘇
通訊處：江蘇崇明北沙普濟鎮

金 蘊 嶠
字叔高年二十五
吉林扶餘
通訊處：吉林扶餘榆樹溝鎮三合長轉交

中華民國十五年國立北京大學丙寅畢業同學錄

林翰傑

字西園年二十六

直隸藁城

通訊處：石家莊梅花鎮同合成轉交

林道純

字君儒年三十

山東福山

通訊處：烟台福山縣西留公村交

林嘉駿

字驥材年二十八

貴州興義縣

通訊處：天津特別二區福安街鴻安里劉幹臣先生轉

(113)

中華民國十五年國立北京大學丙寅畢業同學錄

胡　遵　法

字守成年二十七

山　西

通訊處：山西祁縣馬家巷

胡　宗　治

字子安年二十五

河南孟津

通訊處：河南孟津馬屯榮昶藥店

胡　士　典

字茂如年二十八

直隸邢臺

通訊處：邢臺西大街本宅

中華民國十五年國立北京大學丙寅畢業同學錄

姜 靖 昌

字定庵年二十六

江 蘇

通訊處：山西太原府西緝虎營十六號姜宅或北京騎河樓十六號

郎 樞 尉

字紹卿年二十七

山東濰縣

通訊處：山東濰縣南流鎮

陳 廷 鶚

字孔薦年三十二

四川營山縣

通訊處：四川營山老林塲三垣號

（115）

中華民國十五年國立北京大學丙寅畢業同學錄

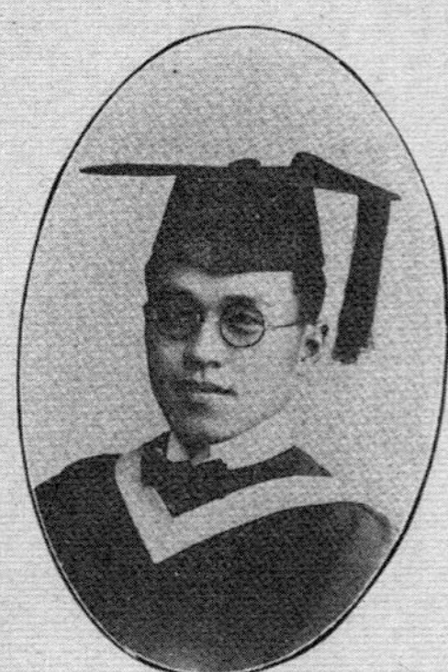

陳寶琨

字伯瑜年二十七

江蘇江陰

通訊處：無錫黄土塘

陳忠範

字錫疇年二十六

江蘇儀徵

通訊處：揚州徐凝門方圈門口眞州陳宅

徐炳勳

字功遠年二十五

奉天

通訊處：奉天鳳城縣南大街寶和堂

中華民國十五年國立北京大學丙寅畢業同學錄

徐汝南

字漢源年二十八

浙江蘭谿

通訊處：城內裏城街章府門口左首第一間

徐振麐

字振麐年二十五

浙江嘉興

通訊處：浙江嘉興徐婆寺

徐連印

又名國翰字翰庭年二十六

直隸遵化縣

通訊處：直隸遵化縣城內火藥局胡同

(117)

中華民國十五年國立北京大學丙寅畢業同學錄

徐敏壽

字功立年二十七

江蘇句容

通訊處：句容縣東門

栗德斌

字右文年二十六

奉天遼陽

通訊處：遼陽南首山驛公益達

梅遠謨

字筱含年三十

湖北黃梅

通訊處：武穴黃泥塘

張　振　譎

字碌厂年二十六

安徽舒城

通訊處：舒城梅花巷交

張　佳　玖

字貽佩年二十六

廣東順德

通訊處：廣東順德黃連東

坊張地大巷第一號

張　桐　實

字敦夫年三十

浙江海甯縣

通訊處：北京北池子

中華民國十五年國立北京大學丙寅畢業同學錄

張　遵　孟

字淑清年二十六

山東章邱

通訊處：章邱北關成德堂張

張　蘭　汀

字鶴洲年二十八

河南沁陽縣

通訊處：河南焦作朱村

張　墉

字慧悟年二十八

湖北黃安

通訊處：湖北黃安八里灣郵局轉張梓南堂

中華民國十五年國立北京大學丙寅畢業同學錄

張廷芳

字步霄年二十八

浙江江山

通訊處：浙江衢縣胡國康公司轉

張之程

字景川年二十四

河南新鄉

通訊處：北京西城臥佛寺街甲六號

張允聖

字維宇年三十一

直隸豐潤

通訊處：豐潤縣新軍屯轉崔家屯

(121)

中華民國十五年國立北京大學丙寅畢業同學錄

陸紹郇

字蔚霞年二十六

廣西桂林

通訊處：北京石駙馬大街

西口前百戶廟十五號

崔毓珍

字曉岑年二十五

山東無棣縣

通訊處：濟南縣東巷北首

無棣崔寓

畢尚瑩

字非石年二十六

安徽銅陵

通訊處：安徽大通下街

中華民國十五年國立北京大學丙寅畢業同學錄

陶端模

字伯遜年二十六

江西新建

通訊處：南昌芭茅巷二十六號

曹敬義

字宜亭年二十九

山東章邱

通訊處：山東章邱刁家莊轉交道口莊

麥騫

字志翥年二十三

廣東東莞

通訊處：廣東東莞縣石龍鎮新街麥謙恕堂

中華民國十五年國立北京大學丙寅畢業同學錄

喻德輝

字堅冉年二十六

湖南

通訊處：湖南平江嘉義嶺楊柳溪

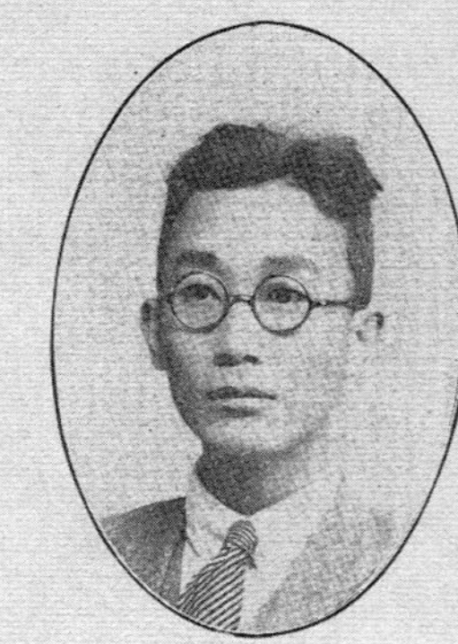

曾繼和

字杰之年二十六

四川

通訊處：四川南溪西城內

曾濟時

年二十五

湖南新化

通訊處：湖南新化孟公市寶裕源

中華民國十五年國立北京大學丙寅畢業同學錄

栗顯運

字海村年二十五

湖南長沙

通訊處：長沙連升街梓園二號

黃毓芳

字漢章年二十七

廣東台山縣

通訊處：廣東台山縣城縣前街萬益源藥材店

黃泰理

字福百年二十六

湖南平江

通訊處：北街恒源福號

(125)

中華民國十五年國立北京大學丙寅畢業同學錄

黃　坦
年二十九
四川鄰水
通訊處：四川鄰水解元坊

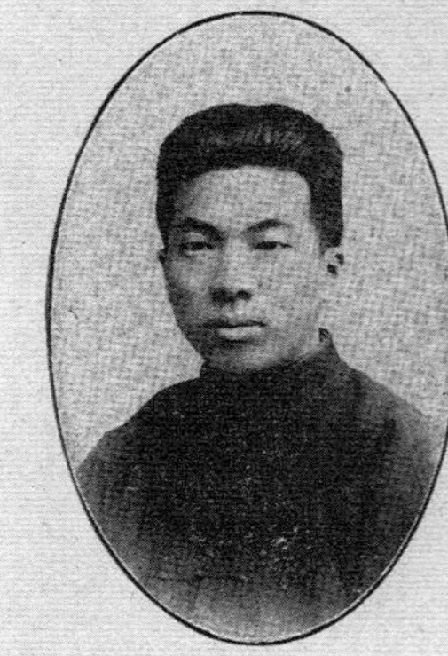

程元斟
字濯青年二十六
安徽鳳陽
通訊處：安徽鳳陽樓南街

童　璋
字伯芳年二十五
安徽望江
通訊處：安徽望江縣城內
韓頤茂轉童家冲

中華民國十五年國立北京大學丙寅畢業同學錄

閔　文　蔚
年二十七
江　蘇
通訊處：江蘇無錫周鐵橋

甯　自　禮
字襲之年二十八
奉天鳳城縣
通訊處：鳳城南街

楊　順　芳
字子義年二十七
湖北棗陽
通訊處：湖北棗陽韋家巷八號

(127)

中華民國十五年國立北京大學丙寅畢業同學錄

楊天理

字燮卿年二十七

雲南巧家

通訊處：巧家縣可富村

葛琛

字冠孫年二十九

京兆武清

通訊處：京兆武清縣河西塢

鄧鈞輔

字叔和年二十六

湖北長陽

通訊處：湖北長陽縣城內鄧同順仁記

中華民國十五年國立北京大學丙寅畢業同學錄

潘世粲

字暉如年二十六

廣東三水

通訊處：廣州濠畔街恒泰號或廣東南海官窰郵局交沙頭墟萬德堂轉

蔡正楩

字楠軒年二十九

湖北黃陂縣

通訊處：黃陂東鄉長嶺崗轉官田

劉文機

字養浩年二十七

直隸冀縣

通訊處：直隸冀縣城東劉楊村元春號

(129)

中華民國十五年國立北京大學丙寅畢業同學錄

劉　希　武
字希武年二十五
四川江安
通訊處：四川江安柴家渡

劉　禮　瓊
年二十八
湖北漢陽
通訊處：漢口張美之中二
巷三十六號

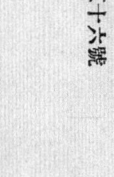

謝　承　烜
字叔明年三十
江蘇靖江
通訊處：江蘇靖江西來鎮

魏運純

字一齋年二十八

江西贛縣

通訊處：江西贛縣城內荷包塘本宅

戴景雲

字侖秋年二十五

山西

通訊處：山西省徐溝縣城內慶豐源轉交或北京騎河樓十八號轉交

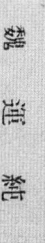

中華民國十五年國立北京大學丙寅畢業同學錄

物理實驗室（一）

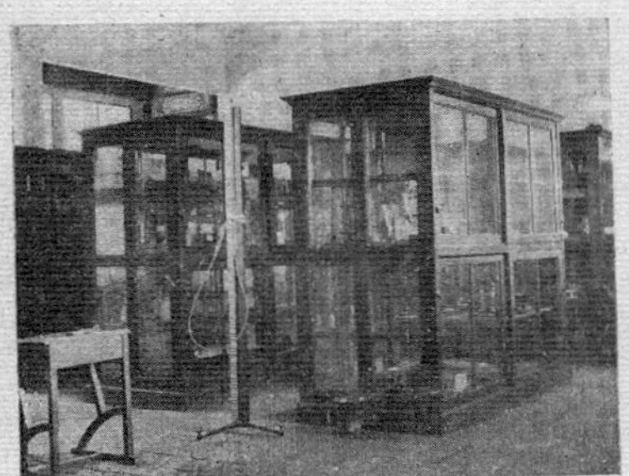

物理實驗室（二）

第二院儀器部

化學實驗室（一）

化學實驗室（二）

中華民國十五年國立北京大學丙寅畢業同學錄

（二十六）本屆畢業同學錄籌備員合影

張昌圻　張鏞　龍文治　程元斟　趙自成　丁道衡　李開先　陳居璽　韓國泰　王鴻德　黃福穉　張家鼎

運 動 會 攝 影

(二十七) 校長總務長教務長各系主任暨各系教員通信處

姓名	別字	籍貫	職務	通信處
丁燮林	巽甫	江蘇泰興	物理系教授兼主任	本校
丁緒賢	庶爲	安徽阜陽	化學系教授兼主任	本校
于樹德	永滋	直隸靜海	經濟系講師	宣內鮑家街二七號新廬
王烈	霖之	浙江蕭山	地質系教授兼主任	東四箭廠胡同一二號電東二九五一號
王璞	蘊山	宛平	國文系講師	北京前內燈草店三號電南五二〇八號
王仁輔	士樞	江蘇崑山	數學系教授兼主任	西四大茶葉胡同一八號電西六二二號
王世杰	雪艇	湖北	法律系教授兼主任代理教務長	西城惜薪司二〇號王宅電西二八九一號
王尚濟	海帆	河南商邱	數學系教授	東安門河沿七號
王星拱	撫五	安徽	化學系教授	本校
王建祖	長信	廣東番禺	政治系講師	東皇城根大草廠口袋胡同一〇號電東一七〇九號
王紹瀛	叔海	廣東南海	地質系教授	西單報子街二三號電西七一三號
白鵬飛	經天	廣西桂林	法律系講師	後門內米糧庫二〇號電東一八七三號

(1)

中華民國十五年國立北京大學丙寅畢業同學錄

石志泉	友儒	湖北孝感	法律系講師	宣武門外香爐營頭條二七號電南一二四三號
左德敏	子捷	湖北應城	法律系講師	司法部街吹帚胡同電南三九六五號
皮宗石	皓白	湖南長沙	經濟學系教授	後門內後局大院乙六號電東四六二四號
朱希祖	逷先	浙江海鹽	史學系教授兼主任	
朱家驊	騮先	浙江吳興	德文系教授兼主任	北京東城什方院二四號電東三七四七號
朱錫齡	繼菴	江蘇江寗	經濟系教授	景山西門雪池一號
吳文潞	弼剛	江西宜黃	數學系講師	西四帥府胡同四七號
吳承洛	澗東	福建浦城	化學系講師	宣外大街五四號電南三七八六號
李　芳	亦卿	江蘇南通	法律系講師	宣武門外南通縣館電南二一五二號
李　浦	靜波	直隸磁縣	法律系講師	後門內東吉祥胡同九號電東四四七七號
李大釗	守常	直隸昌黎	史學系教授	
李文華			化學系講師	
李四光	仲揆		地質系教授	
李宗侗			法文學教授	

中華民國十五年國立北京大學丙寅畢業同學錄

李書華　潤章　直隸昌黎　物理系教授　馬神廟大學夾道一二號電東四四四七號

李煜瀛　石曾　直隸高陽　哲學系教授

李鳴龢　竹書　江蘇江寧　化學系講師　西單報子街進西邱祖胡同四三號電西九九四號

李麟玉　聖章　　化學系教授

沈尹默　　浙江吳興　國文系教授　東城南小街什方院四三號電東一五八四號

沈兼士　　浙江吳興　國文系教授　地安門太平街十六號電東三四三六號

宋春舫　　浙江吳興　法文系教授　中老胡同三三號又清華園外春潤廬電東三九六號

何　杰　孟綽　廣東番禺　地質系教授

何育杰　吟苢　浙江慈谿　物理系教授　景山西門雪池一號

何基鴻　海秋　直隸藁城　法律系教授

余文燦　育三　廣東台山　經濟系教授兼主任及總務長　東華門內小草廠一號電東三七一〇號

余棨昌　戟門　浙江紹興　法律系講師　西四牌樓如意巷電西一〇九號

呂寬南　菡生　江蘇宜興　地質系講師　地安門內橫柵欄六號

周　覽　鯁生　湖南長沙　政治系教授兼主任　後門內東吉祥胡同三三號電東三三七五號

(3)

中華民國十五年國立北京大學丙寅畢業同學錄

周作人		浙江	國文系教授	西四北公用庫八道灣一一號電西二八二六號
周樹人	豫才	浙江紹興	國文系講師	西四宮門口西三條胡同二一號
林彬	佛性	浙江樂清	法律系講師	東城米市大街青年會電東二二〇二號又九五四號
林損	公鐸	浙江瑞安	國文系教授	
林玉堂	或堂	福建龍溪	英文系教授	東城小雅寶胡同三九號
林志鈞	宰平	福建閩縣	法律系講師	宣外大井胡同五號電南二〇號
胡適	適之	安徽績溪	哲學系教授	景山西門雪池六號電東二四二九號
胡壯猷	愚若	江蘇無錫	化學系教授	宣內頭髮胡同四二號電西二二六五號
胡濬濟	忱東	浙江慈谿	數學系教授	
范靜安	稚和	江蘇江寧	法文系講師	遂安伯胡同六九號電東二五號
洪允祥	樵舲	浙江慈溪	史學系教授	口袋胡同信成公廡電東三六八三號
徐炳昶	旭生	河南唐河	哲學系教授兼主任	東城亮果廠九號電東一九五號
徐寶璜	伯軒	江西九江	經濟系教授	後門內横柵欄四號
馬衡	叔平	浙江鄞縣	史學系教授	東單小雅寶胡同四八號電東二七六九號

中華民國十五年國立北京大學丙寅畢業同學錄

馬寅初		浙江嵊縣	經濟系講師	宣內抄手胡同三八號西一〇二七號
馬裕藻	幼漁	浙江鄞縣	國文系教授兼主任	
袁同禮	守和	直隸徐水	教育系教授	南橫街二〇號
袁復禮	希淵	直隸徐水	地質系講師	南橫街二〇號
高魯	曙靑	福建	數學系講師	中央觀象臺電東二三五五號
高一涵	一涵	安徽六安	政治系教授	後門內鐘鼓寺一五號電東四〇二四號
高寶壽	仁山	江蘇江陰	教育系教授	內務部街四七號東四七七〇號
夏勤	敬民	江蘇泰縣	法律系講師	地安門內東板橋大街妞妞房二號電東三三三五號
秦汾	景陽	江蘇嘉定	數學系講師	
陳源			英文系教授	
陳大齊	百年	浙江海鹽	哲學系教授	後門內東板橋五〇號電東一五七一號
陳兆焜	希堯	廣東番禺	經濟系講師	東廠胡同甲一〇號電東五五七號
陳世璋	聘丞	江蘇嘉定	化學系教授	
陳映璜	仲驤	湖北黃陂	史學系講師	

(5)

中華民國十五年國立北京大學丙寅畢業同學錄

陳啓修	惺儂	四川中江	政治系教授	
陳漢章	伯弢	浙江象山	史學系教授	後門內橫柵欄陳廈
陳瑾昆	克生	湖南常德	法律系講師	武衣庫西口大乘寺一三號電西一八六七號
陳翰笙		江蘇無錫	史學系教授	內務部街四七號電東二二〇二號
張　頤	眞如	四川敍永	教育系教授	本校收發課轉
張志讓	季龍	江蘇武進	法律系講師	北長街中間教育會夾道二號南四五九五號
張孝移	遜省	湖北鄂城	法律系講師	
張祖訓	慰慈	江蘇吳興	政治系教授	
張貽侗	小涵	安徽全椒	化學系教授	西單西太平街六號電西二二四四號
張貽惠			數學系講師	
張歆海		浙江海鹽	英文系教授兼主任	灰廠達子營一一號電西二三〇三號
張澤垚	湘生	江西鄱陽	化學系講師	西四石碑胡同六〇號電西二八四號
張競生		廣東	哲學系教授	前什剎海北河沿一八號
張鳳舉	鳳舉	江西南昌	國文系教授	朝陽門內南小街祿米倉甲二六號電東三八二三號

中華民國十五年國立北京大學丙寅畢業同學錄

郭世綰	絳侯	安徽亳縣	化學系	講師	西四小院胡同一六號電西一二三號
梁仁傑	雲山	江西臨川	法律系	講師	東城亮果廠九號電東四一九五號
許之衡	守白		國文系	講師	上斜街五五號
許念曾	念曾	江蘇無錫	法文系	講師	東城羊肉胡同儲才里三號電東三九四六號
陶履恭	孟和	直隸天津	哲學系	教授	安定門內小三條五號電東五六號
梅卓生		廣東台山	哲學系	講師	東單三條胡同一五號內五號梅大夫宅電東四七三三號
黃節	晦聞	廣東順德	國文系	教授	前門外高井胡同八號電南九〇一號
黃右昌	黼馨	湖南臨澧	法律系	教授	司法部街吹帚胡同二號電南四一五三號
黃福祥	田蓀	廣東台山	地質系	講師	宣內石附馬大街四一號
馮承鈞	子衡	湖北夏口	法律系	講師	西四兵馬司一一號電西一一九三號
馮祖荀	漢叔	浙江杭縣	數學系	教授	
賀之才	培之	湖北蒲圻	法文系	教授	
程樹德	郁廷	福建閩侯	法律系	講師	校場五條二〇號電南三二一八號
屠孝寔	正叔	江蘇武進	哲學系	講師	

(7)

中華民國十五年國立北京大學丙寅畢業同學錄

單丕	不庵	浙江蕭山	哲學系教授	什方院二二號
楊芳	宗伯	四川成都	法文系教授兼主任	
楊震文	丙辰	河南南陽	德文系教授	
楊蔭慶	子餘	京兆武清	英文系講授	
葉瀚	浩吾	浙江杭縣	史學系教授	西單皮庫胡同二七號電西二〇四七號
葉秉衡	漢丕	江蘇南匯	化學系講師	西長安街瞿氏夫婦醫院電西二九八〇號
溫文光	瀚周	廣東台山	地質系講師	西單東斜街五六號
溫宗禹	善甫	廣東台山	地質系教授	
溫源寧			英文系講師	
溫毓慶			物理系教授	
靳鍾麟	靈一	直隸蠡縣	數學系講師	西城府右街四存中學校電西一七〇八號
趙仁鑄			化學系講師	
趙亞曾	予仁	直隸蠡縣	地質系構造地質學實習岩石學實習助教	地質調查所圖書館或西四兵馬司九號電西二八九七號
熊遂	和軒	江西南昌	史學系講師	西單報子街甲四七號電西二八六九號

中華民國十五年國立北京大學丙寅畢業同學錄

劉　復	半農	江蘇江陰	國文系教授	
劉文典	叔雅	安徽合肥	國文系教授	東單東觀音寺福建司營七號
劉廷芳		浙江永嘉	哲學系講師	崇內毛家灣後抽屜胡同一號電東三七二九號
劉富槐			史學系講師	
劉毓盤	子庚	浙江江山	國文系教授	
鄭　奠	介石	浙江諸暨	國文系講師	東城弓弦胡同內大口袋胡同五號電東四二六號
鄭文彬		浙江蘭谿	化學系講師	前門內半壁街六一號
鄭天錫	茀庭	廣東香山	法律系講師	東城甘雨胡同三二號電東三〇九三號
蔣夢麟		浙江餘姚	教育學系主任兼教務長兼代校長	西四前毛家灣五號電西一八一九號
蔡　元	彬論	浙江崇德	法文系講師	清華學校電東三九〇〇號
蔡元培	孑民	浙江紹興	校長	
鄧以蟄	叔存	安　徽	哲學系教授	後門內火藥局頭條胡同一號電東三九一六號
鄧秉鈞			哲學系講師	
黎世蘅	子鶴	安徽當塗	政治系講師	景山東街大學夾道甲一二號

中華民國十五年國立北京大學丙寅畢業同學錄

樊際昌	逵羽	浙江杭縣	哲學系教授	崇內江擦胡同一八號電東四六二八號
燕樹棠	召亭	直隸	法律系教授	
衞梓松	筱赤	廣東台山	地質系講師	後門內二道橋二號電東四一三五號
錢玄同	疑古	浙江吳興	國文系教授	宣外西北園九號師大教員寄宿舍電南一六二〇號
蕭友梅	友梅	廣東香山	國文系講師	府右街餑餑房八號電西二六五三號
顏任光		廣東	物理系教授	
戴錫璋	海珊	四川開縣	史學系講師	東皇城根達教胡同一號
羅鼎	重民	湖南攸縣	經濟系講師	前內大理院後身旗守衞平安飯店電南一五七三號
羅惠僑	東里	浙江鄞縣	數學系教授	東四北一二條一八號電東二六三四號
譚熙鴻	仲逵	江蘇吳縣	哲學系教授	景山東街中老胡同五號電東三三八二號
顧孟餘		京兆宛平	經濟系教授	東城遂安伯胡同一四號電東二九四二號

外國教員

姓名	西文原名	國籍	職務	通信處
柯勞文	Grever Clark	美國	英文系教授	東城禮士胡同六號
葛利普	A. W. Grabau	美國	地質系教授	西城豆芽菜胡同五號電西一七六一號
畢善功	L. R. O Bevan	英國	英文系教授	南池子門神庫
鐵捷克	Treti akow	俄國	俄文系教授	東城演樂胡同天仙庵
額爾德	Dr. F. Otte	德國	經濟系教授	東長安街一五號電東一三九六號
文訥	E. C. Werner	英國	英文系講師	安定門內羊尾巴胡同三號
伊法爾	Ivanoff Alexis	Russie	法文系教授	東城演樂胡同天仙庵
柯勞文夫人	Mrs. Grever Clark	美國	英文系講師	東城禮士胡同六號
柴思義	Lewis Chase	美國	英文系教授	大佛寺四三號電東三〇二二號
海理威	Otto Hellwig	德國	德文系教授	六國飯店一百五六號電東六六四號
魯雅文		德國	德文系教授	鈴鐺胡同一二號
寶來		法國	法文系教授	東總布胡同宏通觀電東二七四一號
鋼和泰		Russie	哲學系教授	東城筆管胡同七號
鐸爾孟	Ander D. Normon	法國	法文系教授	貢院西牆八號

中華民國十五年國立北京大學丙寅畢業同學錄

(二十八) 本屆畢業同學一覽表

姓名	別號	籍貫	年歲	系別	在京通訊處	永久通訊處
丁文安	堯欽	湖南益陽	二五	俄國文學系	松公府夾道七號	湖南益陽二保資源長號轉
丁家光	叔恆	河南鄧縣	二八	英國文學系	第一宿舍	河南開封相國寺前街三十號
丁道恆	道衡	貴州綏☐	二七	地質學系	西老胡同十九號	本京前門南柳巷丁宅
刁家仁	樂山	山東黃縣	二八	法律學系	中老胡同十一號	山東黃縣黃山館
王飛	冲天	直隸景縣	二五	英國文學系	東四汪芝蔴胡同二十五號	山東德州西龍華安家村
王燮	理中	奉天撫順	二六	經濟學系	騎河樓二十三號	奉天撫順南小林莊
王九思	濬明	京兆薊縣	二六	教育學系	郎家胡同京師公立第一中學	京兆薊縣城內聚盛號轉
王之綸	叔言	河南桐柏	二九	史學系	中老胡同三十號	河南桐柏縣平氏鎮當舖院
王文德	愚谷	江西吉水	二八	中國文學系	第一宿舍	江江吉水阜田墟王信昌號
王少文	幼忱	山東霑化	二七	教育學系	孟家大院五號	山東霑化黃昇鎮
王本乾	位南	雲南大姚	二六	政治學系	第三宿舍	雲南大姚縣鍾秀街
王兆民		黑龍江龍江	三十	中國文學系	北京內務部街四十一號	龍江縣勸學所
王仲堅		四川渠縣	二五	英國文學系	第一宿舍	四川渠縣湧興鎮
王世榮	恩久	奉天撫順	二九	經濟學系	第一宿舍	奉天撫順營盤
王克宥		浙江黃岩	二六	經濟學系	第二宿舍	浙江黃岩草巷王春源酒坊

中華民國十五年國立北京大學丙寅畢業同學錄

王金輝	子毅	山東黃縣	三十	物理學系	崇外東茶食胡同大恒隆	山東龍口品芳源
王清斌		江蘇江都	二四	經濟學系	東城史家胡同十七號	東城史家胡同十七號
王秉珪	子珍	浙江蘭谿	二九	英國文學系		浙江蘭谿女埠
王振甲		雲南蒙自	三十	物理學系	第一宿舍	雲南蒙自桂林街二十六號
王振鈞		山西天鎮	二六	英國文學系	延壽寺三十號	山西天鎮縣東井集復順興轉
王振鐸	紀蒲	山東歷城	二五	英國文學系	銀閘北口寶陞公寓	濟南城內按察司街一五七號
王炳彥	碩秋	山西襄垣	二八	法律學系	騎河樓馬圈胡同十二號	山西襄垣縣天心元轉
王盛緒	丕祚	奉天撫順	二七	經濟學系	第一宿舍	奉天千金寨葆讓之轉
王嗣順		雲南保山	二八	英國文學系	東四七條胡同一〇三號	北京平政院第三庭王嗣員轉
王溯喬		山東臨淄	二六	經濟學系	第三宿舍	臨淄縣立高等小學轉
王滌文	清泉	湖南瀏陽	二七	經濟學系	北半截胡同二十號	湖南瀏陽東鄉王大同
王震東	君毅	陝西三原	三一	哲學系	後門吉安所左巷六號	陝西西安西號巷四號
王毓焜		浙江瑞安	二五	化學系	弓弦胡同北大公寓	
王醒舟	鑑平	河南沘源	三十	中國文學系	第一宿舍	河南唐縣上屯郵交
王鴻訓	式古	京兆密雲	二六	經濟學系	後門內慈慧殿慈慧寺	京兆密雲縣義合永轉小營莊
王鴻悳	子敬	廣東文昌	三一	史學系	西板橋二十號	廣東瓊州文昌冠南市郵局轉
王鍾文	星舟	黑龍江訥河	二七	法律學系	第二宿舍	黑龍江高審廳

中華民國十五年國立北京大學丙寅畢業同學錄

孔令琪	彥東	山東曲阜	三十	經濟系		山東曲阜南府
牛雲峯	岫青	江蘇東海	二九	經濟學系	第一宿舍	江蘇東海阿湖鎮恒貞坊
毛嘉麟	祥紱	直隸南宮	二五	經濟學系	東老胡同六號	直隸南宮
方善徵	信吾	江蘇江寧	二五	法律學系	東四多福巷十三號	湖北沙市劉家塲四十八號
方銘竹	筠新	江西上饒	二七	經濟學系	北大棐舍章轉	江西上饒鼓樓衙紀大盛號
尹懷珍		直隸南皮	三九	法律學系	東華門南池子葡萄園四號	南皮齊家屯莊
田家杰		廣東大埔	二六	法律學系	東四孫家坑五十三號	汕頭銀溪口銀潭鄉
石信嘉		湖北黃梅	二六	經濟學系	多福巷十三號	黃梅城內西後街石宅
冉昭衷		山東曹縣	三一	中國文學系	後局大院二十號	曹縣城內冉宅
左宗彝	孟球	湖南長沙	二八	經濟學系	第一宿舍	
左其鵬	狱雲	江蘇阜寧	二四	法律學系	銀閘七號	江蘇阜寧北蔡橋
甘大文	蟄仙	四川大竹	二六	中國文學系	北京西城農商部街後泥窪十二號	四川大竹縣西泉街廿宅
包鷺賓	漁莊	江西南城	二七	哲學系	大學夾道十號	江西南城縣東街義大成藥棧轉
朱予覺	式吾	河南南陽	二八	政治學系	第二宿舍	河南南陽縣白衣堂街
朱世芬		浙江義烏	三十	中國文學系	西城羅家大院十六號王晞顏轉	浙江義烏佛堂恒大興號轉米店
朱相堯	蓂階	山東寧陽	二七	史學系	第二宿舍	津浦路南驛轉東莊
朱適孝	峻聲	山東長山	二七	化學系	第二宿舍	山東長山演馬莊

中華民國十五年國立北京大學丙寅畢業同學錄

朱鑑堂	鏡心	山東恩縣	二六	地質學系	第二宿舍	山東恩縣西關存忍堂
伍廷琛		廣西容縣	二六	地質學系	第一宿舍	廣西容縣楊村墟致和興
伍家宥	仲密	湖南石門	三十	史學系	西直門內東新開路石門會館轉交	湖南石門縣磨市信櫃轉竹溪
仵瑞典	仲徽	河南鎮平	二八	俄國文學系	五所胡同五號	河南鎮平縣石佛寺和合德
曲殿元	俊升	直隸邢台	二六	經濟學系	北池子墻角胡同三號	直隸邢台羊范村
池澤浩	師直	湖北安陸	二六	化學系	西單察院胡同二十二號	湖北德安縣城內
邱致澤	同甫	湖北興山	二六	經濟學系	東四多福巷十三號	湖北興山響灘邱祥發
邵光銓		貴州貴陽	二七	政治學系	北大西齋藍端祿君轉	貴州貴陽金井街
谷源增	謇益	山東文登	二七	法國文學系	馬神廟瑞祥公寓	威海衛碼頭永祥號
車汝逵		山東福山	二六	英國文學系	西長安街豐裕號	山東烟台福山北車家村
佟玉潤	仲璞	奉天鐵嶺	二五	地質學系	大學夾道晉陽公寓	奉天鐵嶺縣南大八里莊惠民公司
但永治	齊先	四川長壽	二八	經濟學系	第二宿舍	四川長壽萬壽郵局轉呂在偉轉
狄　俊	石樵	山東臨沂	二七	中國文學系	第一宿舍	山東臨沂城內茶棚街
李　俊	超英	浙江永嘉	二九	經濟學系	第三宿舍	溫州東門外李源記行轉
李　駿		湖北應城	二九	英國文學系	第一宿舍	
李　淑		河南商水	二六	化學系	景山東街瑞祥公寓	濟南地方審判廳李銘鼎轉
李　毅	任侯	直隸定縣	二五	化學系	東老胡同六號	直隸定縣李親顧轉七堡村

（15）

中華民國十五年國立北京大學丙寅畢業同學錄

李文駿	伯良	直隸深縣	二六	經濟學系	東四北馬大人胡同七號	直隸深縣陳莊鎮北梨園村
李如漢	仲廣	浙江瑞安	二四	經濟學系	馬圈胡同華忠公寓	溫州瑞安城內范大橋街胡公達君轉
李去非	念吾	湖北麻城	二九	經濟學系	宣內頭髮胡同十號	宣內頭髮胡同十號
李世傳	澤長	山東臨沂	二六	史學系	三眼井尚友學舍	山東臨沂義堂鎮順號收轉
李兆福	伯禔	廣東南海	二八	經濟學系	前門外排子胡同十一號	廣州西關寶華卡二號李宅轉
李秀岩	節如	山東荷澤	三十	哲學系	弓弦胡同南華學舍	山東荷澤省立六中轉
李迪新	惠民	廣東開平	二八	化學系	中老胡同三號	廣東開平長沙永生堂
李恆慶	慎之	直隸獲鹿	二五	英國文學系	亮果廠西口文華公寓	
李昌仁		四川江津	二八	政治學系	第一宿舍	四川江津中渡街裕盛元
李海樓	月波	安徽鳳陽	二八	哲學系	北京大學收發課轉	安徽鳳陽城內
李鳴和	今軒	四川遂甯	二八	哲學系	後局大院二十號	四川遂寧掛花場
李開先	肇庸	四川隆昌	三一	中國文學系	銀閘集賢公寓	四川隆昌龍市鎮
李裕光	惟心	浙江東陽	二六	化學系	第二宿舍	浙江東陽城內
李逢源	蔭川	直隸平山	二四	地質學系	後門慈慧寺	直隸平山縣南關
李振聲		直隸蠡縣	二六	史學系	銀閘德華公寓	保定高陽南北留史鎮復昌厚轉
李葆恩	天仁	奉天蓋平	二八	法律學系	騎河樓華成公寓	奉天蓋平福泰厚
李富善	聖五	山東泰安	二七	政治學系	中老胡同大同中學	泰安城考院街

中華民國十五年國立北京大學丙寅畢業同學錄

李超雄	少逸	廣東台山	二五	經濟學系	絨線胡同六部口三號	廣東台山新昌埠宏泰隆
李維新	銘三	山西五台	二八	哲學系	北大同學徐培蓮轉	山西五台縣治鎮南街李宅
李經印	玉璽	直隸冀縣	二五	經濟學系	銀閘日陞公寓	冀縣碼頭李鎮
李善餘		廣東蕉嶺	二七	經濟學系	第三宿舍	汕頭蕉嶺李承志公館
李毓秀		山西崞縣	三一	物理學系	中老胡同三號	山西崞縣原平鎮永合泉
李毓震		直隸宣化	二六	英國文學系	沙灘同安公廨	
李鼎彝	璣衡	吉林扶餘	二八	中國文學系	後門火藥局八號	吉林扶餘榆樹溝三合長
李壽雍	震東	江蘇鹽城	二五	經濟學系	第一宿舍	江蘇鎮江泰州大源輪局轉樓夏莊
李慶源	岷泉	直隸平山	二五	地質學系	後門慈慧寺	平山縣南關
吳江鍾		廣東瓊山	二六	政治學系	第二宿舍	廣東瓊州海口南門美利號轉
吳廷贊	化一	奉天撫順	二七	法律學系	銀閘北口寶陞公廨	奉天撫順源生泰轉
吳祥麟	紱徵	浙江嘉興	二四	法律學系	第二宿舍	
吳幹斌		江蘇宜興	二六	英國文學系	銀閘四號	
吳德遠	道安	貴州鎮遠	二八	中國文學系	第二宿舍	貴州鎮遠二牌乾順昌
吳融春	暢侯	奉天興京	二六	經濟學系	第二宿舍	奉天千金寨東鄭家堡子
吳寶鎔	仲陶	浙江嘉興	二五	化學系	大學夾道十一號	浙江嘉興新豐鎮吳益記轉
吳鶴齡	梅軒	內蒙古喀喇沁	三二	中國文學系	吉兆胡同	熱河喀喇沁上瓦房郵局轉湯土溝

(17)

中華民國十五年國立北京大學丙寅畢業同學錄

何成鑾		廣西奉議	二七	地質學系		恩隆縣成存號轉
何作霖	雨民	直隸蠡縣	二七	地質學系	第一宿舍	高陽莘橋鎮鎰記轉
何道智		廣東英德	三十	政治學系	第二宿舍	廣東英德縣東鄉魚市馨如蘭轉
何樹藩	東屏	湖北天門	二七	經濟學系	漢花園同華公廟	湖北皂市詠梅堂
何聯奎	子星	浙江松陽	二七	英國文學系	北京沙灘一號潘成義轉	浙江松陽太平坊街潘晋卿轉
呂世鼐	峙三	安徽阜陽	二五	經濟學系	三眼井五十號	安徽阜陽呂大寨
呂樹霖	少甫	山東清平	二八	俄國文學系	三眼井八號	山東清平縣康莊
余天民	鳳鳴	湖南臨湘	三一	法律學系	第二宿舍	湖北蒲圻新店余鴻順
宋全恭	謙甫	奉天遼陽	二九	經濟學系	北池子小椿樹胡同八號	奉天遼陽城內北街萬源和轉
宋邦俊		雲南石屏	二九	經濟學系	第三宿舍	雲南昆明市三牌坊居仁巷七號
宋振渠	仲方	安徽懷遠	二七	數學系	第二宿舍	安徽懷遠城內文昌街
汪學驥		浙江富陽	二九	法律學系	銀閘集賢公廟	浙江杭州東岸關
杜金銘		山東夏津	二八	物理學系	中老胡同三十七號	山東夏津城內小十字街
杜廷纘	續之	江蘇灌雲	二七	經濟學系	北長街慶豐司三號	江蘇灌雲三新市杜大圩
周用	博器	廣東番禺	二三	哲學系	隆福寺大東公寓	澳門新勝街八十號
周士欽	鐘聲	直隸獲鹿	二五	法律學系	南河沿大純公寓	石家莊轉永北鎮
周可從	省吾	安徽宿松	二九	法律學系	馬圈胡同十二號	徐州北門街何家牌坊

中華民國十五年國立北京大學丙寅畢業同學錄

周其棠		安徽宿松	二四	物理學系	什剎海前井胡同十四號周宅	安徽宿松縣城內
周起豐	少伯	奉天開原	二五	法律學系	第二宿舍	奉天開原塔子胡同
周承恩	煦初	湖北黃岩	二七	法律學系	銀閘集賢公寓	浙江海門轉東山頭
周鳳甸		江蘇宜興	二八	數學系	第一宿舍	江蘇宜興蜀山北街豫泰祥行
周履直	又溫	江蘇崇明	二九	經濟學系	銀閘集賢公寓	江蘇崇明外沙普濟鎮
周慧棠	敎孔	河南鞏縣	二九	中國文學系	第一宿舍	河南鞏縣迴郭鎮德懋公交西保村
林　昂	步雲	浙江溫嶺	二七	化學系	第二宿舍	浙江溫嶺箬橫鎮
林之棠		福建福安	三十	中國文學系	南兵馬司五號傅先生轉	
林昭信		廣東平遠	二九	物理學系	第一宿舍	廣東平遠東石
林常盛	西之	奉天錦縣	二八	經濟學系	第一宿舍	錦縣北關長春胡同
林道純	君儒	山東福山	三十	經濟學系	觀音寺大順染坊	山東福山縣城內復泰號
林翰傑		直隸藁城	二六	經濟學系	馬圈胡同十二號	石家莊梅花鎮同和成
林嘉駿	驥材	貴州興義	二七	經濟學系	後門外廠橋四號平盧胡叔農轉	大石作林寓
林樹松	行堅	福建東山	二五	哲學系	西老胡同五號	厦門東山縣后林鄉
金蘊嶠	叔高	吉林扶餘	二五	經濟學系	後門火藥局八號	吉林扶餘榆樹溝鎮三合長
孟廣厚	堃如	奉天本溪	二五	哲學系	第二宿舍	奉天本溪小市區長公所
孟慶祚		河南鞏縣	二五	政治學系	北池子紐扣房二號	河南鞏縣黑石關和豐恒轉

(19)

中華民國十五年國立北京大學丙寅畢業同學錄

易　貞	松墀	湖南醴陵	二九	英國文學系	第二宿舍	湖南醴陵豆田如春祥
易曾錫		江西宜春	二五	物理學系	第二宿舍	江西袁州謙益祥
季盛齡	孟玖	江蘇宿遷	二八	英國文學系	二眼井	江蘇宿遷縣皂河
岳淩洲	路三	甘肅天水	二五	英國文學系	沙灘八號	甘肅天水新陽川
岳濬川	宗禹	直隸懷安	二七	法律學系	馬圈胡同	直隸懷安城內
宗之潢	志黃	江蘇常熟	二六	中國文學系	石老娘胡同	石老娘胡同
姜靖昌	定庵	江蘇武進	二六	經濟學系	北池子騎河樓十八號	騎河樓十八號
柳壽慈		浙江蕭山	二七	法律學系	第二宿舍	浙江蕭山義橋通惠莊
郎得昌		直隸定縣	二六	法律學系	第一宿舍	直隸定縣邢邑
紀紹綱		奉天黑山	二九	物理學系		
郎樞尉	紹卿	山東濰縣	二七	經濟學系	孟家大院慶春公寓	山東濰縣南流鎮
胡　致	遠齋	江西南昌	三二	中國文學系	銀閘六號	南昌進外膠皮巷街晶榮興號轉
胡　鍈	劍南	直隸定縣	二六	法律學系	北池子圖鷄坑志和公寓	直隸定縣南街德盛號轉蔡家莊
胡士興	茂如	直隸邢台	二八	經濟學系	後門鐘鼓寺十三號	邢台西寨門裏本宅
胡宗治	子安	河南孟津	二五	經濟學系	沙灘大來公寓	河南孟津馬屯鎮東相留村
胡自益	虛竹	江西萍鄉	二六	教育學系	粉房琉璃街萍鄉會館劉鑒君轉	湖南醴陵美田橋裕慶和號轉西坑
胡遵法	守成	山西文水	二七	經濟學系	馬圈胡同十二號	山西祁縣馬家巷

中華民國十五年國立北京大學丙寅畢業同學錄

胡賢瑞	寶圖	安徽含山	三十	法律學系	中老胡同大同中學	安徽和州張公橋鎮
姚宇光	緝初	廣東平遠	二七	英國文學系	第一宿舍	汕頭平遠大柘昌號
姚肇封	繼華	河南延津	二六	法律學系	馬神廟十一號	河南延津朱莊
宮維翰		山東棲霞	三十	中國文學系	第二宿舍	山東棲霞百里店
徐澤		浙江吳興	二六	英國文學系	三眼井六號	三眼井六號
徐汝南	漢源	浙江蘭谿	三二	經濟學系	騎河樓廟兒胡同振興公寓	浙江蘭谿章府門口左首第一家
徐其明	如晦	吉林寧安	二八	哲學系	第三宿舍	吉林寧安福源祥
徐炳勛	功遠	奉天鳳城	二五	經濟學系	沙灘回子營五號	奉天鳳城寶和堂
徐連印	翰庭	直隸遵化	二七	經濟學系	第二宿舍	直隸遵化城內火藥局胡同徐宅
徐建熙	健希	江蘇如皋	三十	英國文學系	研究所魏建功轉	江蘇靖江西來鎮轉
徐振麐		浙江嘉興	二五	經濟學系	東安門東河沿十六號	浙江嘉興徐婆寺
徐敏壽	功立	江蘇句容	二六	經濟學系	第三宿舍	江蘇句容城內東街
徐瑞祿	步青	山東泰安	二五	哲學系	第二宿舍	山東泰安昇平街
孫照	雲生	山東濟寧	二八	哲學系	丞相胡同十二號	丞相胡同十二號
孫永年		浙江龍游	二七	英國文學系	第一宿舍	浙江龍游城內秦萬順轉
孫淮陽	孟賓	安徽霍邱	三一	法律學系	東城乾面胡同三十號周宅轉	安徽六州葉家集
孫德中		浙江天台	二八	英國文學系	前外後孫公園十號	浙江天台城內杏莊

中華民國十五年國立北京大學丙寅畢業同學錄

馬忠蔚	薌吾	湖北江陵	二五	法律學系	石駙馬大街三十五號	
高世華		四川涪陵	二四	俄國文學系	中老胡同三號	四川涪陵聚昌祥
高佩琅	葆光	山東日照	二九	英國文學系	第一宿舍	山東日照石臼所福興號
党慶華	叔英	廣西北流	二九	法律學系	銀閘井兒胡同五號	廣西北流雙威郵局轉
梁寶羅	天客	廣東南海	二四	法律學系	第二宿舍	廣東南海天官里一二三號
梁贊文	化南	直隸灤縣	二九	法律學系	南池子十五號	直隸灤縣倴城永隆號
桑義彰	燦雲	山東濮縣	二六	政治學系	弓弦胡同南華學舍	山東第六中學
栗德斌	右文	奉天遼陽	二六	經濟學系	騎河樓二十三號	奉天首山岾公益達
殷鉞	秉虔	四川西充	二五	政治學系	第二宿舍	四川西充正街
容肇祖	元胎	廣東東莞	三十	哲學系	沙灘二十五號	廣東東莞旨亭街八巷三號
夏廷棟	柱波	直隸淶水	三七	英國文學系	東四新鮮胡同四十四號	直隸淶水東關
夏開楨	剛吾	湖北沔陽	二六	地質學系	大學夾道晉陽公寓	湖北沔陽張家灊
夏德儀	卓如	江蘇東台	三五	史學系	大學夾道晉陽公寓	江蘇泰興時堰
陳鏄	雪屏	江蘇宜興	二六	哲學系	沙灘同安公寓	天津英界球場道九八號
陳廷鶚	孔鷹	四川營山	三十	經濟學系	騎河樓蒙福祿館四號	
陳兆彬	君樸	廣東新會	二九	政治學系	蒙福祿館大中公學	廣東江門外海鄉南華里陳慶春堂
陳向榮	欣夫	山西汾陽	二八	地質學系	第二宿舍	山西汾陽天和德轉

中華民國十五年國立北京大學丙寅畢業同學錄

陳宗圻	念英	廣東番禺	二七	地質學系	沙灘二十五號愛廬	廣州城內都府街十號
陳宗海	達夫	廣東台山	三一	法律學系	第二宿舍	廣東台山石龍頭墟郵局
陳忠範	錫疇	江蘇儀徵	二六	經濟學系	第三宿舍	江蘇揚州方圈門眞州陳寓
陳居璽	寶符	廣西平南	二七	哲學系	北大收發課轉	廣西平南思旺永安昌號轉
陳泰權		安徽合肥	二六	法律學系	第二宿舍	本京旃壇寺茅屋胡同四號內五號
陳寶琨	伯瑜	江蘇江陰	二七	經濟學系	東安門新民別墅	無錫黃土塘
郭春濤		湖南鄷縣	二六	法國文學系	第二宿舍	湖南鄷縣七都水口
郭貴瑄		直隸河間	二八	法律學系	旃壇寺北炭廠一七號	河間城內北街馮宅
郭嘉惠	仁軒	山西交城	二五	地質學系	王府井大街二四號	江西交城倉巷
郭齊恭	肅齋	山東濮縣	二八	經濟學系	東皇城根三十五號	山東濮縣臨濮郵局
陶有柏	景山	江蘇南通	三十	中國文學系	第一宿舍	南通二窯
陶端模	伯遜	江西新建	二七	經濟學系	馬圈胡同二十一號	南昌芭茅巷二十六號
陸侃如	衎儒	江蘇海門	二四	中國文學系	北大張驥伯轉	江蘇海門捲邊橋
陸紹郇	蔚霞	廣西桂林	二六	經濟學系	石駙馬大街西頭前百戶廟十五號	石駙馬大街西頭前百戶廟十五號
許孝炎	伯農	湖南沅陵	二六	英國文學系	中老胡同一號	湖南沅陵孝堋街何家巷
麥騫	志翥	廣東東莞	二三	經濟學系	草廠頭條	廣州東莞石龍新街麥謙恕堂
曹尚穀	寶珪	湖南資興	二九	政治學系	中老胡同十五號	湖南資興北鄉蓼江市轉高陂曹家

(23)

中華民國十五年國立北京大學丙寅畢業同學錄

曹敬義	宜亭	山東章邱	二九	經濟學系	景山東街九號	山東章邱刁家莊
符學仕		廣東羅定	二八	化學系	第二宿舍	廣東琼州加積市怡泰號轉
婁元亮	仁安	四川萬源	二七	物理學系	北京大學收發課轉	四川萬源青花溪
婁恩後	伯勳	浙江紹興	二六	化學系	北池子六十三號	天津日緯路口
崔毓珍	曉岑	山東無棣	二四	經濟學系	第三宿舍	濟南縣東巷
陰毓珍	儒修	河南滎陽	二八	法律學系	中老胡同三十號	河南滎陽崔廟自立坊轉
張瑜	佩之	江蘇鹽城	二九	中國文學系	第一宿舍	江蘇鹽城建陽
張墉	慧悟	湖北黃安	二八	經濟學系	第二宿舍	湖北黃安八里灣郵局轉陶莊
張鏞	同甫	湖南常德	二七	中國文學系	前外高廟胡同常德會館	湖南常德大西門內勸學所轉
張之程	景川	河南新鄉	二四	經濟學系	西城臥佛寺甲六號	臥佛寺甲六號
張允聖	維宇	直隸豐潤	三一	經濟學系	北池子大瀛公寓	豐潤縣新軍屯轉崔家屯
張文明	潄泉	江西萍鄉	二六	英國文學系	第一宿舍	萍鄉東門外怡泰和
張全祿	勉之	河南滎陽	二五	俄國文學系	中老胡同三十號	河南滎陽縣城內西街
張安禔	祐君	山東德平	二六	哲學系	騎河樓華成公寓	山東德平小西關
張佳玖	貽佩	廣東順德	二八	經濟學系	第二宿舍	廣東順德黃連鄉張地大巷一號
張廷芳	步霄	浙江衢縣	二七	經濟學系	第二宿舍	浙江衢縣胡國康公司
張家鼎	鑄九	湖北棗陽	二六	法律學系	銀閘七號	湖北棗陽南關

中華民國十五年國立北京大學丙寅畢業同學錄

張春暉	耀先	雲南石屏	三十	中國文學系	第三宿舍	雲南石屏寶秀長盛號
張昌圻	弘伯	四川富順	二六	哲學系	第一宿舍	四川富順趙化鎮恒春仁轉九雲砦
張桐寘	敦夫	浙江甯寧	三一	經濟學系	東石槽五號	
張清華	霽秋	直隸武强	二六	英國文學系	第三宿舍	直隸饒陽留楚鎮交豆村城裏
張榮福	履成	四川新都	二八	政治學系	第一宿舍	四川新都南街五經魁
張振翮	礫厂	安徽舒城	二六	經濟學系	東安門河沿二八號劉寓	安徽舒城梅花巷
張義端		湖北江陵	二三	英國文學系	第四宿舍	湖北沙市絲線街張積盛善記
張樹猷	恪齋	湖南辰谿	二五	英國文學系	中老胡同一號	湖南辰谿北正街譚宅轉
張遵孟		山東章邱	二六	經濟學系	第三宿舍	山東章邱北關成德堂張宅
張蔭棠	靈根	吉林榆樹	二七	哲學系	第三宿舍	吉林榆樹東關張宅
張錫恩	鴻三	山西襄陵	二九	英國文學系	北河沿震東公寓	山西襄陵趙曲鎮
張聯莊	端生	四川犍爲	三十	中國文學系	第三宿舍	四川犍爲城內小十字街永慶隆
張蘭汀	鶴洲	河南沁陽	二六	經濟學系	第一宿舍	河南焦作南朱村
畢尙瑩		安徽銅陵	二六	經濟學系	中老胡同大同中學	安徽大通
梅遠謨		湖北黃梅	三十	經濟學系	第一宿舍	武穴巷泥塘
溫祥發	念時	廣東瓊山	二六	哲學系	北大李志健轉	廣東瓊州海口溫錦隆布廠
粟顯運	海稃	湖南長沙	二五	經濟學系	沙灘新開路三號	長沙連升街梓園二號

(25)

中華民國十五年國立北京大學丙寅畢業同學錄

粟顯倧		湖南長沙	二五	地質學系	第一宿舍	
程元斟	濯青	安徽鳳陽	二六	經濟學系	第二宿舍	安徽鳳陽樓南街
程啓泰	寅卿	直隸交河	二八	法律學系	馬圈胡同十二號	直隸交河縣司官屯
馮士造		湖南沅陵	二九	中國文學系	嵩祝寺夾道六號	
馮樹勳	濟莪	陝西臨潼	三十	物理學系	第二宿舍	陝西三原東關胡家巷二號
黃坦	直生	四川鄰水	二七	經濟學系	第三宿舍	四川鄰水四時春
黃琛	澤敷	浙江樂清	三十	政治學系	騎河樓華成公寓	溫州簡巷口黃順發號轉
黃利貞	公權	廣東台山	二七	政治學系	第二宿舍	廣東台山潮境墟義隆
黃鈞祥		廣東梅縣	二七	法律學系	馬圈胡同八號	汕頭梅縣悅來圩郵局轉
黃恩輝	惠軒	廣東梅縣	二七	法律學系	第三宿舍	蕉嶺新市振華號
黃爲俊	彥欽	四川犍爲	三一	政治學系	錫拉胡同十三號	四川犍爲隆興塲郵政處轉
黃家聲	彝六	湖南衡陽	二四	哲學系	第二宿舍	湖南衡陽仙姬巷十八號江夏黃宅
黃泰理	福百	湖南平江	二八	經濟學系	北河沿震東公廨	湖南平江協記榮慶
黃福堺		浙江平陽	二八	法國文學系	南池子瑪嘎喇廟西北院	
黃毓芳	漢章	廣東台山	二七	經濟學系	第二宿舍	廣東台山城縣前街萬益源號
黃寶實	新渠	湖北漢陽	二五	法律學系	東四多福巷十三號	湖北西流河轉九湋
黃競生		江蘇無錫	二六	地質學系	西城察院胡同二十五號	察院胡同二十五號

中華民國十五年國立北京大學丙寅畢業同學錄

程璜	玉我	江西都昌	二八	法律學系	第一宿舍	江西都昌汪家墩轉
閔文蔚		江蘇宜興	二七	經濟學系	銀閘十九號	江蘇無錫周鐵橋
游國恩	澤承	澤承臨川	二八	中國文學系	第三宿舍	江西臨川流坊復興典
喻遂生	靜庵	江西臨川	二八	法律學系	銀閘十三號	江西臨川東門外吉順仁
喻德輝	堅冉	湖南平江	二五	經濟學系	第三宿舍	湖南平江嘉義嶺
甯自禮	襲之	奉天奉城	二八	經濟學系	第二宿舍	奉天奉城縣南大街本宅
舒傳軾	天趣	安徽霍山	二六	史學系	東四三條三號	蚌埠轉六安縣青山鎮汪義盛
舒耀宗	紹書	安徽黟縣	三十	中國文學系	李閣老胡同穿堂門甲五號王錢伯君轉	安徽黟縣屏山
斯行健	天石	浙江諸暨	二六	地質學系	第二宿舍	浙江諸暨浣江旅館轉斯宅
彭宗海	象涵	四川宜賓	二八	政治學系	景山東街操場大院五號	四川宜賓縣上北街彭升泰號轉
曾濟時		湖南新化	二五	經濟學系	第三宿舍	湖南新化孟公市寶裕源
曾繼和	杰之	四川南溪	二九	經濟學系	第三宿舍	四川南溪縣西城內
鄂佐	治才	直隸樂亭	三八	英國文學系	南池子十五號	直隸樂亭新寨
童璋	伯芳	安徽望江	二五	經濟學系	西城舊簾子胡同七十一號	安徽望江縣城內韓頤茂轉交童家冲
傅連珍	寶珊	奉天蓋平	二九	法律學系	第三宿舍	奉天蓋平湯池轉
婁錫晉	康仲	江蘇阜寧	二七	法律學系	騎河樓十二號	江蘇淮安雙桃柳巷
楊文林	翰園	江蘇東台	二六	法律學系	第一宿舍	江蘇東台縣草堰市

(27)

中華民國十五年國立北京大學丙寅畢業同學錄

楊文海	匯川	四川達縣	三一	中國文學系	馬神廟中老胡同二十一號	四川達縣教育會轉
楊中偉		京兆武清	二七	哲學系	漢花園新開路三號	京兆武清縣一區耿莊
楊天理	燮卿	雲南巧家	二七	經濟學系	第三宿舍	雲南昆明市立牌坊居仁巷七號
楊汝楫		直隸完縣	二四	物理學系	第一宿舍	直隸保定德慶興轉
楊典升		直隸滿城	二九	數學系	安內馬將軍胡同六號	
楊順方	子義	湖北棗陽	二七	經濟學系	第一宿舍	湖北棗陽章家巷八號
楊修彥	心一	浙江嘉善	二七	經濟學系	第二宿舍	浙江嘉善俞家匯
楊清桂	藴甫	河南鎭平	三十	化學系	後門內三眼井五十號	河南鎭邑北門福盛轉保合堂
虞育芳	仲華	安徽合肥	二六	地質學系	東四牌樓五條虞宅	安徽合肥惠政橋北虞宅
解九箴		山西交城	三十	物理學系	王府大街二十四號	安徽交城胡家街
董和棠	木卿	山西文登	二八	法律學系	第三宿舍	威海城內謙祥永號轉
賈永年	椿堂	河南臨穎	三六	法律學系	馬圈胡同十二號	河南臨穎縣城內火神廟街
葛璨	冠孫	京兆武清	二九	經濟學系	北池子騎河樓華成公寓	京兆武清西河塢
葛琨		江蘇溧陽	二七	法律學系	第二宿舍	江蘇溧陽振昌油廠轉交
葛揚煥		江西豐城	二八	法律學系	第二宿舍	漢口張美之巷逵發祥
萬物貞		雲南蒙自	二六	數學系	第一宿舍	雲南蒙自火神廟街八號
靳作梅	仲鹽	河南沁陽	二六	史學系	第一宿舍	河南沁西陽向村郵局

中華民國十五年國立北京大學丙寅畢業同學錄

褚保時		浙江餘杭	二五	英國文學系	東城乾面胡同七十四號	京奉綫溝帮子德勝源
趙守和	致中	奉天北鎮	二六	法律學系	新開路新一森	
趙自成	誠之	廣西靈川	二四	俄國文學系	中俄大學秦眞轉	
趙仲濱		江蘇常熟	二九	史學系	第三院號房收轉	
趙特夫		京兆宛平	二六	法律學系	西四牌樓翠花橫街牛蹄胡同六號	西四牌樓翠花橫街牛蹄胡同六號
趙啟焜	伯懋	貴州貴陽	二七	經濟學系	甘雨胡同玄極觀	貴州貴陽府前街一〇四號
趙勤畬	新甫	山東單縣	二六	政治學系	弓弦胡同南華學舍	山東單縣琴台
趙懷昌	少平	直隸冀縣	二六	法律學系	王府井八號	
翟宗心	靜存	廣東東莞	二六	法律學系	第一宿舍	廣東東莞城新沙翟敦睦堂
熊復京		湖南益陽	二六	法律學系	北河沿三十九號	湖南益陽大栗港青山村
齊志尚	希仁	山西定襄	二九	經濟學系	前外延壽寺街茶兒胡同二十四號	山西定襄龍門村
鄧介	作楷	四川安岳	二八	經濟學系	第一宿舍	四川安岳縣陳家場
鄧鈞輔	叔和	湖北長陽	二七	經濟學系	宣外虎坊橋東宜昌七邑會館轉交	湖北長陽資城內鄧同順仁記交
談其熇	照南	江蘇無錫	二七	中國文學系	北池子尚志公寓	江蘇蕩口盛家橋
鄭仁賢		廣東潮陽	二八	法律學系	第二宿舍	廣東朝陽城內後馬房寶善堂
鄭振夏	晨亞	浙江富陽	二八	史學系	西城巡捕廳胡同二十八號	浙江富陽觀前
鄭益斯		福建同安	二九	物理學系	西老胡同十五號	厦門新墟地豐盛

(29)

中華民國十五年國立北京大學丙寅畢業同學錄

樊盛芹	映川	安徽舒城	二八	數學系	中老胡同九號	安徽合肥桃溪鎮
潘丹杰		直隸東鹿	二五	地質學系	第一宿舍	直隸東鹿縣北呂村
潘世燊	煇如	廣東三水	二六	經濟學系	第二宿舍	廣東濠畔街七十八號恒泰號轉
劉　健	天行	直隸天津	二五	德國文學系	北京地安門外棉花胡同九號	南鑼鼓巷棉花胡同九號
劉天倪	際雲	江西黎川	二九	法律學系	銀閘胡同十三號集賢公寓	江西黎川樟村恒升福號
劉文機	養浩	直隸冀縣	二七	經濟學系	銀閘二十八號日陞公寓	冀縣城東劉楊村元春號
劉兆鱗	仲猷	四川秀山	二六	法律學系	第三宿舍	四川秀山北門外
劉希武		四川江安	二四	經濟學系	第一宿舍	四川江安柴家渡
劉尙賢	希之	直隸饒陽	二七	經濟學系	沙灘新開路八號	直隸肅寧縣呂汗鎮郵局
劉桂成	丹岩	奉天北鎮	二六	哲學系	北大第一院號房收轉	奉天北鎮縣扁担胡同本宅
劉重修		直隸威縣	二七	中國文學系	妞妞房五號	直隸雪台鎮轉掌史村
劉掄英	伯賓	山東益都	二八	政治學系	松公府夾道七號	山東益都衞街天增益轉
劉裕孚	允旂	奉天遼陽	二六	法律學系	第二宿舍	奉天遼陽西大沙嶺郵局轉徐公堡
劉廣洽	子陽	山東濮縣	二九	政治學系	第三宿舍	山東曹山魁星樓街劉宅
劉樹杞	梓民	直隸柏鄉	二五	法律學系	後門內慈慧寺	直隸柏鄉縣集義成轉
劉誼壽		安徽巢縣	二九	地質學系	銀閘二號	安徽巢縣年豐米廠
劉德榮	元棻	江西新建	二六	俄國文學系	第二宿舍	江西昌文孝廟街源盛號

中華民國十五年國立北京大學丙寅畢業同學錄

劉禮瓊		湖北漢陽	二八	經濟學系	東安門北皇城根十二號	漢口張美之中二巷三十六號
劉懋勤	子克	江西南康	二六	哲學系	宣武門外大街南安會館	江西南康縣春濟號
劉慶瑄		廣東興寧	二九	史學系	潘家河沿興寧邑館轉	汕頭興寧羅岡
劉聲繹		廣東潮安	三一	物理學系	第一宿舍	廣東汕頭潮安城義井榮興號
蔣致中	一和	山東泗水	二八	中國文學系	北池子尚志公寓	山東兗州府南集本宅
蔡正楩	楠軒	湖北黄陂	二九	經濟學系	第一宿舍	湖北黄陂長嶺崗轉官田蔡致和
賴振聲	鳴珂	四川鄰水	三十	哲學系	第三宿舍	四川鄰水勸學所
鮑文蔚		江蘇宜興	二五	英國文學系	沙灘同安公寓	江蘇宜興鼎山鎮
盧宗濩	繼韶	京兆涿縣	二五	哲學系	第二宿舍	京兆涿縣城內東丁市口盧敏肅公祠
盧紹坤	次乾	山東單縣	三一	英國文學系	第四宿舍	山東單縣劉隅首三泉湧
謝　詩	學言	浙江溫嶺	二七	法律學系	銀閘二十號	浙江海門大溪
謝汝鎮		安徽青陽	二八	數學系	第二宿舍	安徽大通崇覺寺
謝承炯		江蘇靖江	二八	法律學系	騎河胡廟兒胡同振興公寓	
謝承烜		江蘇靖江	二八	經濟學系	騎河胡廟兒胡同振興公寓	
鍾之瑛	士瑜	陝西南鄭	二七	法律學系	爛縵胡同漢中館	陝西南鄭縣城內竇家巷本宅
鍾生瑞	嶽靈	四川蓬安	二九	法國文學系	銀閘胡同四號	四川省蓬安縣
鍾汝中		廣東五華	二四	英國文學系	北池子大瀛公寓	

(31)

中華民國十五年國立北京大學丙寅畢業同學錄

鍾賚富	谷安	廣東梅縣	二九	法律學系	騎河樓馬圈胡同華忠公寓	廣東汕頭梅縣摺田分水
鍾繼璜	石根	湖南瀏陽	二五	法律學系	本校三院號房	湖南瀏陽永和市
薛保恒	礪若	安徽霍邱	二四	政治學系	北河沿銀閘東口大富公寓	安徽潁上潤河集轉薛家西樓
龍文治	稺雲	四川涪陵	二五	政治學系	後門三眼井十二號	四川涪陵縣聚昌祥
魏運純	一齋	江西贛縣	二八	經濟學系	西珠市口贛寧會館	江西贛縣城內荷包塘本宅
韓國泰	安民	直隸懷來	二五	英國文學系	第一宿舍	直隸懷來縣城三元街
韓靜遠	中權	奉天本溪	二六	哲學系	第二宿舍	奉天本溪城廠
韓鳳池	鶴街	直隸武強	二六	法律學系	第三宿舍	直隸武強縣小範鎮恒興號
戴景雲	海秋	山西徐溝	二五	經濟學系	北池子騎河樓十八號姜宅	北池子騎河樓十八號姜宅
聶開維	魯四	奉天蓋平	二九	史學系	三眼井二號	奉天蓋平同合利轉
蕭滌吾		直隸武清	二四	法律學系	鼓樓西二十號	
蕭盛嶷		湖南寧遠	二五	中國文學系	前門外草廠十條上湖南館	湖南寧遠北門外仁義台號轉
蕭韞輝		江西泰和	二七	中國文學系	第一宿舍元字七號	江西吉安新墟恒聚號轉
蕭宗訓	秋軒	江西永新		哲學系	沙灘同陞公寓	江西永新里田公益行
譚坤		廣東新會	二四	法律學系		
譚廷英	卓如	直隸灤縣	二九	英國文學系	東四二條二十三號楊宅轉	直隸開平
羅芳垌		湖南衡山	二十	英國文學系	丞相胡同衡州會館	湖南衡山縣南門外羅氏祠羅建勛轉

中華民國十五年國立北京大學丙寅畢業同學錄

羅紹徽		廣西昭平	二六	政治學系	第二宿舍	廣西昭平譚恒生轉
嚴繼德		福建閩侯	二五	政治學系	東城魏家胡同	福州南門外陽歧鄉
蘇文德	澤敷	直隸廣宗	二八	俄國文學系	北大收發課轉	直隸廣宗縣李懷鎮
蘇廷銓		廣東合浦	二六	哲學系	第二宿舍	廣東北海香坪黌校轉

(二十九) 北大學生軍章程大綱目次

一 宗旨	十三 畢業年限	二十五 降班(略)	三十七 藉助(略)
二 編制	十四 分類計算(略)	二十六 插班(略)	三十八 聯絡
三 責任	十五 初級術科之標準	二十七 填具志願書(略)	三十九 提倡會操
四 值日(略)	十六 初級學科之標準	二十八 檢查體格(略)	四十 名譽之保全
五 服從(略)	十七 高級術科之標準	二十九 服務	四十一 身體之鍛鍊
六 操場規則	十八 高級學科之標準	三十 講義(略)	四十二 品行之修養
七 練習指揮(略)	十九 制服費(略)	三十一 武裝	四十三 軍樂(略)
八 野外演習(略)	二十 制服之顏色及材料(略)	三十二 號令	四十四 宿舍(略)
九 沙盤兵棋(略)	二十一 制服之式樣(略)	三十三 軍旗	四十五 施行(略)
十 曠課分別(略)	二十二 獎譽(略)	三十四 檢閱	
十一 會議(略)	二十三 懲罰(略)	三十五 懇親會(略)	
十二 敬禮(略)	二十四 遵守秩序	三十六 建議(略)	

北大學生軍章程大綱摘要

(一)宗旨：本軍以鍛鍊身體。增進軍事常識。陶育指揮民衆之人材爲宗旨。

(二)編制：本軍之編制。分爲若干隊。每隊分三排。軍設軍長一員。隊長若干員。排長若干員。軍需，軍械，書記，掌旗，各一員。司號一名。

(三)責任：本軍軍長，以體育部主任，兼總訓練充任之。統率全軍，担任一切指揮及訓練事宜。並負有對內對外全權。

隊長以教練充任。承軍長之命。幫同軍長規畫全軍進度事宜。各自負本軍教練，指揮，及監管之責。

排長以隊員中，平素操練成績較優者充任。承隊長之命。輔助隊長，各自任本排指揮操練之責，但充排長者，須具有左列之性能。

1 確守軍紀　2 身體强健　3 精神活潑　4 聲音洪亮　5 態度莊嚴　6 矯正恰當

軍需員承軍長之命。專司服裝等等項之發放保存事宜。

軍械員承軍長之命。專司武器等項之存蓄發放事宜。

書記承軍長之命。專司書函，記載，及統計等項表冊之保管事宜。

(四)值日(略)。(五)服從(略)。(六)操場規則

本軍操練取嚴格主義。每值出操日。各隊員聞「集合」號音。迅速到各隊集合地點。次依站立。敬候隊長點名。應名時聲音務要洪亮。隊長講話時。須聚精神會神。立正敬聽。待發「稍息」之口令。方得稍息。否則不得稍息。操場中應嚴禁之事項列下。

1 不得遲到　2 不得談笑　3 不得擅行出隊（如臨時有事故或疾病發生時須報告隊長再由隊長轉請軍長許可後方得出隊）

4 不得於操練中私自退出　5 持槍時除架槍外不准離手　6 不得詰問隊長所發命令之理由（如有懷疑之處俟解散後再問）

(七)練習指揮(略)。(八)野外演習(略)。(九)沙盤兵棋(略)。(十)曠課分別(略)。(十一)會議(略)。(十二)敬禮(略)。(十三)畢業年限本軍畢業年限。定為初級二年，高級一年，由春間入軍者，至本年冬至止，作為一年。由秋後入軍者。至來年暑假前止。作為一年。

(十四)分數計算(略)。(十五)初級術科之標準

A 場操

中華民國十五年國立北京大學丙寅畢業同學錄

1 單人敎練　2 小排敎練　3 大排敎練　4 連敎練　5 營敎練　6 劈刺術

B 野外

1 識別地形　2 利用地物　3 目測距離　4 偵探演習　5 尖兵演習　6 步哨演習　7 排哨演習

(十六)初級科學之標準

1 陸軍禮節　2 步兵操典　3 陸軍內務條例　4 野外勤務　5 步兵工作敎範　6 步兵射擊敎範　7 陸軍軍符號　8 陸軍懲罰令　9 陸軍刑事條例　10紅十字會條例　11測繪學　12國民軍事學

(十七)高級術科之標準

A 操塲

1 基本敎練　2 戰鬭敎練

B 野外

1 構築溝壘　2 前哨演習　3 前衛演習　4 後衛演習　5 側衛演習　6 徽發演習　7 攻擊演習　8 防禦演習　9 退却演習　10追擊演習

(十八)高級學科之標準

1 軍制學　2 基本戰術　3 應用戰術　4 軍隊衛生學　5 兵器學　6 築城學　7 交通學　8 地形學　9 戰時國際法

(十九)制服費(略)。(二十制服顏色及材料(略)。(二十一)制服之式樣(略)。(二十二)奬譽(略)。(二十三)懲罰(略)。(二十四)遵守秩序

凡文明國民無不規律嚴整。其處事必遵守一定之秩序。事雖多。時雖迫。亦必從容自如。清理事務。故本軍對於此點。極應注意。例如槍之號碼。均有一定。操畢，仍放置原處。隊內每人均有一定之位置。每操集合。必在定位。不可亂站。諸如此類。日久必可

養成秩序整齊之整齊之風。

(二十六)降班(略)。(二十七)插班(略)。(二十八)塡具志願書(略)。(二十九)檢查體洛(略)。(三十)服務

遇有緊急事故或開某重要大會。或大規模之遊行運動。經本軍軍長酌量情形。認爲有參加之必要時。卽行參加或維持秩序。或指導民衆。隊長應率先躬行。各隊員亦當奮勇將事。不憚勞苦。以盡服務之本能。而爲指揮民衆之表率。

(三十一)講義(略)。(三十二)武裝

本軍之軍刀，槍支，子彈帶，乾糧袋，水壺。背包，帳幕，工作器具，衞生材料等。均由學校置備。但槍械在軍中爲保身護國之重器。實與一身之命脈相關。萬不可任意棄遺損壞。必須加意保護。且宜常常拭净。以免生銹爲要。

(三十三)號令

號令者乃全軍之命令也。凡本軍人員均應遵守。聞有號令。卽須立正敬聽。並須辨明何項之號令。迅速就應至之地點。或應作之動作。不得稍有遲誤。

(三十四 軍旗

軍旗者卽全軍之代表。其價値與國旗並重。凡本軍人員平素過軍旗時。須加以敬禮。在有事時。更當竭力保護。

(三十五)檢閱

本軍每届學年末收操以前。請校長檢閱。並請名人參觀。以壯盛典。

(三十六)懇親會(略)。(三十七)建議(略)。(三十八)籍助(略)。(三十九)聯絡

本校旣爲全國最高學府。本軍又爲提倡武化之先導。凡本軍畢業各隊員。出校後服務社會。如創辦民團等事業。應隨時隨地通知本軍。以謀聲息之互通。而圖精神之團結。本軍亦可予以相當之援助。

(四十)提倡會操

歐戰後各列强在國際上。互相猜疑。表面高唱裁兵。實際均以訓練軍隊之精神。移注於學校方面。故中等以上文學校中。均添設軍事訓練一門。其各政府補助經費。撥給軍械。派遣將校。嚴督訓鍊。並時在通都大邑。作大規模之會操。且於會操之日。敦陸兩部最高長官。親臨評閱。其重視之用意可想而知。我國自五卅慘案發生後。一般愛國志士。頓起覺悟。均自動創練學生軍。圖謀自衛。京都各校。添設此項訓練者日見增多。惟各不相謀。自爲訓練。於進度上難免不無參差之處。本校成立學生軍。四載於茲。應聯合各校於春秋兩季。擇定相當時日。選定寬曠地點。齊集會操。以收觀摩之效。而喚醒青年尚武之精神。

(四十一)名譽之保全

本軍章程雖然嚴厲。而能澈底施行。全在本軍各隊員精神之貫注。倘各隊員均能注意提高本軍之名譽。則本軍之名譽。當然日益隆重。受人信仰。然欲得此種團結精神。各隊員必須互相親愛。互相敬重。互相勸勉。例如入此軍一定要編成排，編成隊，編成軍，是一種協同一致羣衆之動作。倘某排內或某隊內有二三隊員。時而到操。時而曠操。在一口令之下動作不一。於某排某隊齊整之精神大減。而全軍之進度遂致受累。故若無故或怕冷熱。或怕早起。或生厭倦。而曠操課。大爲不可。要知隊員一人缺操。妨碍全排全隊全軍之進度。進度一遲，全軍之名譽大受影響。且習慣早起，忍勞耐苦，不畏嚴寒酷熱，爲本軍必具之精神，尤爲青年必須之修養。古人云，一日之內在於晨。一年之內在於春。又云，早起爲健康及事業成功之母。凡事之成就，絕非偶然。不有堅決之意志，百折不回之魄力，恐所懷抱均等於泡影也。故隊員應當本互愛之精神。正己正人。互相勸勉。以保全名譽爲最要。

又如本校同學之習慣，喜穿長衣，因之動作不便，嘗現一種文弱之態度。本軍各隊員毅然改良習慣，舍長衣而穿制服，英武之氣，活潑之狀，昭然在目，全校人無不稱贊。然徒穿制服而不戴制帽或不扣領扣，衣帽不整。儀表不壯，於全軍整肅嚴肅之精神大有關係。本軍有忽及此者，隊員當本互愛之精神，以溫和之言語，互相提醒而糾正之。以此類推。總期全軍如一人。以發揮本軍協同一致之精神。

(四十二)身體之鍛鍊

身體爲學問之郭郛，亦卽事業之葦航。倘身體不强健，卽有學問亦不能致用，譬如汽機。精神者蒸氣之力。身體者蒸氣之釜也。苟蒸氣之機關破裂，雖有强大蒸氣力，亦無所施用。學識雖極豐富而身體有所不能堪。試問能成何事業耶？故苟無强健之身體而欲達任重道遠之目的，難矣。可知建非常之事業者必具有非常之學識。有非常之學識，更不可不具有非常之體力。此實爲不可動搖之至理。昔華盛頓嘗與人曰。「健康者人生之至寶。亦卽進而創造宏業之基礎。」晋陶侃欲致力於中原，朝暮運百甓以鍛鍊其身體。可見古今中外目的遠大之偉人，莫不精勤淬礪，注意于身體之强健。蓋身體强健，奮鬬力亦强。身體羸弱，奮鬬力亦弱。

智識階級之弱點，卽由于身之羸弱。本軍隊員不尙空談，均知刻苦自勵，從事遠大之預備。此種實行之精神。果能持之以恒，努力前進。必能貫達所懷也。

(四十三)品行之修養

學優而無品，才多適以濟其奸。體健而無品，康强適以濟其暴。人而無品，無寧愚弱。吾國今日社會所以日不安寧者，實由于人格墮落之故。本軍旣立於指導社會之地位，斷不可自身爲社會所化。然人格修養，全在平素。故本軍應格外注意此弱點而修養之。凡欲明日感化人者，不可不於今日自身修養之，實行之。則同如以赤手向戰場，未有不失敗者。

(四十四)軍樂(略)。(四十五)宿舍(略)。(四十六)施行(略)。

(三十) 本校現有各學術團體一覽表

(1) 八月學社	(2) 今鐸	(3) 孔子學說研究會
(4) 四八會	(5) 北大化學會	(6) 北大平民教育講演團
(7) 北大政治研究會	(8) 北大國學研究會	(9) 北大國語演說會
(10) 北大國語雄辯會	(11) 北大雄辯會	(12) 北大經濟系丙寅級友會
(13) 北大數學系同學會	(14) 北大學術研究會	(15) 北大國家主義研究會
(16) 外交學會	(17) 史學系同學會	(18) 地質研究會
(19) 行知社	(20) 社會學會	(21) 社會科學研究會
(22) 社會改良主義研究會	(23) 求眞社	(24) 青年勵志會
(25) 法律學會	(26) 英文研究會	(27) 政治學會
(28) 哲學系同學會	(29) 哲學系一九二六級級友會	(30) 哲學系一九二八級級友會
(31) 哲學研究會	(32) 述學社	(33) 國史研究會
(34) 國學月報社	(35) 造型美術研究會	(36) 書法研究會
(37) 孫文主義學會	(38) 馬克斯學說研究會	(39) 國文系讀書會
(40) 國是研究會	(41) 教育學會	(42) 教育系第一級級友會
(43) 教育系一九二九級級友會	(44) 書法研究會	(45) 愛智學會
(46) 經濟學會	(47) 勵進社	

勘誤表

編	頁	行	誤	正
二	28	1	濟	傑
三	2	1	節	芹
	5	4	縣	通（處字屬上）
四	37	2	六	五
			七	六
			八	七
			九	八
			三十	二十九
		5	三十一	三十
			二	一
		8	三	二
		11	四	三
		13	五	四
		15	六	五
			七	六
			八	七
			九	八
	38	1	四十	三十九
		7	四十一	四十
	39	2	二	一
		10	三	二
		14	四	三
			五	四
			六	五
	40	1		漏(THE JUNTO)

中華民國十五年八月十五日出版

國立北京大學丙寅畢業同學錄

編輯者　北大丙寅畢業同學錄籌備會

北京東城溝沿頭中間路西
印刷者　東成印字館
電話東局二五一六號

國立北大學院同學録（一九二九）

本册《國立北大學院同學録》，編輯於1929年，是北京大學校史上一個特殊時期的見證。

1927年8月，張作霖控制的北京軍政府將北京大學在内的北京國立九所高等學校改組合併爲國立京師大學校。1928年6月9日，閻錫山部隊進駐北京，原北京政府教育總長兼京師大學校校長劉哲逃走，京師大學校校務停頓。北京大學等校紛紛要求復校。然而，南京國民政府決定在北平試行大學區制，將原國立九校合組爲國立中華大學，並於6月19日任命李石曾爲校長。9月21日，南京國民政府會議通過《北平大學區組織大綱》，正式設立北平大學區，並將中華大學改名爲北平大學。10月底，北平大學副校長李書華到北平着手組建北平大學，此舉遭到很多學校師生的堅決反對，北大師生則開展了轟轟烈烈的復校運動。1929年初，南京國民政府教育部做出讓步，同意北京大學定名爲「國立北平大學北大學院」，包括第一院（文學院）、第二院（理學院）、第三院（社會科學院）。同年3月11日，被迫停課九個月的北京大學重新開學。7月5日，南京政府教育部鑒於大學區試行的諸多弊端，正式命令北平、浙江兩大學區於本年暑假停止。8月6日，南京國民政府行政院正式議決恢復北京大學「國立北京大學」原名，並脱離北平大學獨立。因此，「國立北大學院」之名僅存在七個月左右，此《國立北大學院同學録》大致編輯於1929年上半年，且在本年3月開學之後。

從同學録收録的情況看，本册《國立北大學院同學録》爲在校同學名録，其名録之前冠以「北大學院學生履歷一覽表」字樣。本册收録的同學信息包括系别、年級、姓名、籍貫、年歲、經過學校、通信處等信息。另設「備考」欄，標注復學者。學系設置方面，與1926年相比，裁撤了俄文系，增加了心理學系、生物系，共計16個系。本册没有附録教職員名録。

本同學録收録各系人數如下表：

系别	四年級	三年級	二年級	一年級	合計
數學系	4	12	11	15	42
物理系	8	7	4	18	37
化學系	7	4	5	11	27
地質系	4	3	5	10	22
生物系			2	4	6
哲學系	8	12	16	8	44
心理系	4	2		3	9
教育系	13	6	22	20	61
國文系	16	13	28	24	81
英文系	10	9	25	20	64
法文系	2	3		2	7
德文系		1		3	4
史學系	13	4	17	24	58
法律系	7	17	23	9	56

續表

系別	四年級	三年級	二年級	一年級	合計
政治系	23	28	38	47	136
經濟系	20	19	19	61	119
總計	139	140	215	279	773

以上本科在校生總計763人。

此外，預科甲部二年級45人，預科乙部二年級151人，預科甲部一年級40人，預科乙部一年級96人。總計332人。

本科預科在校學生共計1095人，而1924年的《國立北京大學同學録》的人數爲1830人，減少735人。此結果與當時的動盪時局應有一定的關係。

本册還收録本科旁聽生10人，與往年不同的是，其中不乏著名者。如日本來華留學者吉川幸次郎（1904—1980），著名漢學家，1947年繼青木正兒之後任京都大學教授，爲「京都學派」的代表人物之一。倉石武四郎（1897—1975），日本語言學家。1928年到北京大學留學，1930年回國，先後任教於京都帝國大學和東京帝國大學，1946年創建「中國語學研究會」，並出版《中國語學》雜誌。1964年創辦漢語專修學校「日中學院」，並任院長。著有《倉石武四郎中國留學記》。在英文系學習的朝鮮人丁來東（1903—1983），中國現代文學研究者。1930年畢業於國民大學英文科，曾任首爾大學中文系學科主任，後任成均館大學等校教授。史學系旁聽的單士元（1907—1998），1929年考入北京大學研究所國學門，1934年畢業。

1938年起先後任教於北京師範大學、中國大學、中法大學、北平女子文理學院。新中國成立後，歷任故宫博物院研究室主任、古建管理部主任、副院長等職。著有《清代起居注考》《我在故宫七十年》等。

至於本册收録的北京大學正式學生中的著名人物，我們留待後來的畢業同學録中進行介紹。

國立北大學院同學錄

中華民國十八年編

北大學院學生履歷一覽表

系別年級	姓名	籍貫	年歲	經過學校	通信處	備考
數學系四年級	王丕拯	河北深澤	二八	本校預科升學	深澤縣西街食福堂	
	王得蘭	河南泚源	二八	仝	河南唐河畢店	復學
	蔣圭貞	浙江東陽	二六	仝	浙江桐廬	復學
	遲浚蓮	河北滄縣	二五	仝	滄縣孫清屯大遲莊	
物理系四年級	王成椿	浙江慈谿	二五	仝	浙江慈谿城內顏家橋假尾子弄	
	王洪濤	河南安陽	二六	天津南開高級中學畢業	河南安陽城內北大街復來慶轉	
	申祖訓	山西高平	二七	本校預科升學	山西高平城內鼓樓裡本宅	
	宋德堅	廣東合浦	二八	仝	廣東合浦小江進誠學校轉	
	周喆	河北高陽	二四	仝	高陽縣慶泉號轉百尺村	
	陳志强	廣東大埔	二五	仝		復學

張作梅	河北武強	二五	仝	武強縣小範鎮聚慶隆轉交
謝起鵬	江蘇松江	二四	仝	江蘇松江新橋鎮

化學系四年級

王成柏	浙江慈谿	二四	仝	浙江慈谿城中顏家橋北弄內
徐賢恭	安徽懷寧	二七	仝	
吳祥龍	浙江嘉興	二四	浦東中學高級畢業	浙江嘉興鳳嗜橋
闞良翰	遼寧遼陽	二七	北京高級師範畢業	遼陽西關同聚源轉
崔礪崑	河北安國	二五	天津南開大學本科二年	安國縣南關德聚號轉
黎書常	湖南瀏陽	二四	雅禮大學預科修業二年	長沙南正街邱鼎和號轉
婁和亮	四川萬源	二六	本校預科升學	四川萬源縣青花溪

地質系四年級

王有中	河南武陟	二五	天津南開高級中學三年期滿	河南武陟
司徒得	廣東開平	二九	本校預科升學	廣州市維新橫路八號
張子烈	山東樂陵	二四	天津南開大學礦科肄業	山東樂陵縣米家寨

哲學系四年級

喻德淵	江西萍鄉	二六	本校預科升學	萍鄉清溪	
毛　坤	四川宜賓	二九	仝	四川宜賓漆樹蕩郵局交	復學
原孝友	河南溫縣	二九	仝	河南溫縣北平皋新柳堂	
晁慶昌	河南泌陽	二七	仝	河南駐馬店西沙河店香店	
郭樹楠	河南濬縣	二六	仝	河南淇縣城東南紙坊	
張家鼎	湖北孝感	二九	北京中國大學修業一年	湖北小河市張源順	復學
劉元璉	湖北穀城	二八	湖北公立法政專門學校畢業	湖北穀城黃家岡	
劉紹蒼	遼寧遼陽	二八	本校預科升學	遼寧遼陽劉二堡公興順	
冀桂馥	河北完縣	二七	仝	完縣常莊村	

心理系四年級

馮定遠	河北晉縣	二四	仝	晉縣北彭家莊	
魏春芝	河南汝南	二九	仝	河南汝南南化門十七號	
蕭從方	山東清平	二六	仝	山東臨清松林鎮	

教育系四年級

潘文生	廣東順德	二六	仝	廣東順德城內西街五十五號	
卜錫珺	河北定縣	二五	仝	河北定縣德恒煙店	
石廷瑜	江西都昌	三十	仝	江西湖口蔡家嶺轉大港晉升號	復學
吳汝雷	江西金谿	二五	仝	江西滸灣鎮郵局轉	復學
沈昌盛	河北蔚縣	二七	仝	蔚縣郵局轉	
周遊	四川南川	二六	仝	四川南川郵局轉	
洪櫶	台灣彰化	二八	仝	台灣鹿港大有口	
陳世棻	安徽合肥	二九	仝	合肥天后宮東陳宅或安慶南門內	復學
黃鏡	湖南長沙	二七	仝		
褚保權	浙江餘杭	二六	仝	北平乾面胡同七十四號	
齊泮林	河北高陽	二七	仝	高陽城內天德恒轉	
謝祚茝	湖南新化	二八	仝		

國文系四年級

謝卿璽	四川隆昌	二八	仝		
蕭忠貞	湖南石門	二九	仝		復學
王文傑	河北濮陽	二七	仝	河北濮陽縣東大街王宅	
王振球	湖南慈利	二五	仝	北平西城槐抱椿樹庵十四號	
李述禮	廣東化縣	二六	仝	北平潘家河沿高州會館	復學
杜則堯	湖北黃岡	二六	仝	湖北團聲協和號	
吳經章	廣東新會	二八	廣東大學高等師範畢業	廣州東山前鑑通津永樂園	
許文玉	浙江奉化	二八	本校預科升學	浙江奉化大橋張永全埠轉	
修垣	江西萍鄉	二八	仝	江西萍鄉大街彭萬昌號轉	復學
徐閶瑞	湖南長沙	二六	仝	後門廠橋前鐵匠營九號賀宅	復學
郭承瑞	山西定襄	三二	仝	山西定襄德泰昌轉	復學
張崇禮	山西定襄	二九	仝	山西定襄祥和茂轉	復學

六

英文系四年級

張爲騏	四川達縣	二八	仝	四川達縣灘頭街伍宅轉	
賀祖錢	湖南攸縣	二七	仝	湖南攸縣黃豐橋郵局轉滿江	
楊從雲	山東城武	二七	仝	山東城武城內楊宅	
趙瑞生	河北曲周	二八	仝	山東曲周孟程朱寨	
戴明揚	四川隆昌	二七	仝	四川隆昌縣	
甕墨山	河北定縣	二五	仝	定縣南街倉門口	
曲廣鈞	山東牟平	二四	仝	山東牟平復聚局轉	
周光普	河南鞏縣	二七	仝	河南鞏縣芝田鎮東街周宅	復學
高宗禹	安徽六安	二八	仝	安徽舒城轉南官亭	復學
張宗愷	河北涿縣	二九	仝	涿縣東南知軍莊村	
張明旭	河南鄧縣	二六	仝	河南鄧縣南關新興中	
馮文炳	湖北黃梅	三十	仝		復學

	鍾作猷	四川雙流	二六	仝		復學
	葉維	浙江杭縣	二四	仝	遂安伯胡同六號	
	蔡奇峰	河南杞縣	二六	仝	河南蘭封白坵	
	戴敦智	河南光山	二四	仝	開封府 坑二號	
法文系四年級	李國魁	湖北廣濟	二九	仝	湖北廣濟縣范正太交	復學
	張德昌	河北灤城	二七	仝	河北灤城內德昌藥局轉交	
史學系四年級	王遴績	河南輝縣	二六	仝	河南輝縣南關文聚昌雜貨店轉交	
	石恩波	河南偃師	二九	仝	河前鞏縣孫家灣郵局	
	李菘生	河北定縣	二六	仝	河北定縣李親顧轉七堡村	
	阮德罇	江蘇鹽城	二八	仝	江蘇鹽城純化街三十一號	
	武鎬	河北懷安	二六	仝		
	陳宗仗	浙江奉化	二八	仝	浙江奉化裘村郵局轉	

法律系四年級

陳紹虞	四川梁山	二八	仝	四川萬縣分水郵局轉聚寶號	
曹景烈	河北望都	二五	仝	漢平路清風店德慶裕轉交	
孫芳苓	河北河間	二八	仝	河間惠伯口轉太平莊	
傅振倫	河北新河	二四	仝	河北南宮城內復盛隆	
錢卓升	江蘇常熟	二三	仝	江蘇常熟鹿苑西街	
蘇康甲	廣西寧明	二八	仝	廣西寧明縣東街	
翟承烈	河南修武	二九	仝	河南修武教育局	復學
丁國瑞	湖北應山	二八	仝	湖北廣水丁家塝	
吳仁光	廣東瓊東	二八	仝	廣東瓊東縣長坡市郵局轉	
何恩寬	四川羅江	二九	仝	四川成都烟袋巷二十九號	
高鳳樓	山東禹城	二五	仝	山東禹城	
郭延齡	山東邱縣	二六	仝	山東邱縣郭呂莊	

政治系四年級

侯澤麟	山東海陽	三十	仝	山東海陽白沙灘郵局轉大侯家	復學
陸炳勛	江蘇宿遷	二八	仝	江蘇徐州碴灣	復學
王以義	湖南新化	二九	仝		
王德明	河南澠池	二四	中州大學預科畢業	河南澠池東關同慶祥	
朱傑	浙江海鹽	二三	本校預科升學	德內草廠大坑二十一號	
朱啓明	江蘇宜興	二九	仝	江蘇宜興大人巷	
李相顯	山東曹縣	二七	仝		
余晢	廣東台山	二八	同	廣東台山新安圩郵局	
余維明	廣東台山	二九	同	廣東台山荻海太平街贊育堂	
余坦先	廣東大埔	二八	同	廣東大埔	復學
巫啓聖	江西玉山	二四	同	江西玉山百花洲	復學
吳祥春	廣東瓊山	二九	同	廣東瓊州城內小雅巷八號第一間吳宅	

徐公輔	廣東蕉嶺	三十	同	廣東蕉嶺陳金蘭或城北學校	
梁　渡	四川仁壽	二六	同	四川仁壽富加場	復學
賀楚强	湖南溆浦	二七	同	湖南溆浦溪口	
陳一雲	江蘇江寧	二五	同	瀋陽大西邊門裏陶然里一三二號	
温思恭	山西崞縣	三一	同	山西崞縣第二區東社鎮第二學校轉	
焦嘉朋	河北長垣	二七	同		
張明時	河南開封	二五	同	河南汝南大同街三號	
張錫彤	河北青縣	二七	同	河北唐官屯鴻源合轉伊家莊	
傅啟學	貴州貴陽	二八	同		復學
趙子懋	河北唐縣	二五	同	河北唐縣大張合莊	
楊湘毓	河南方城	二四	中州大學預科畢業	漢口德一里十三號	
楊登綱	湖北監利	二七	本校預科升學	湖北監利尺八口	

經濟系四年級

羅詩珍	四川江北	二六	同	四川江北縣羅家祠堂轉交	
牛佩珊	山西定襄	二六	同	山西定襄天生信轉	復學
王庚	湖北黃岡	二七	同		
王樹聲	山東禹城	二六	山東公立商業專門學校畢業	濟南小後營坊八號	
伍榮遠	四川仁壽	二八	本校預科升學	四川仁壽青崗場	
江振明	江西貴溪	三十	同	江西貴溪復源盛	復學
李之恩	湖北沔陽	二七	同	武昌賓陽門正街六八號	復學
李寶珍	遼寧鳳城	二六	同	遼寧鳳城北井子德成公	
金福熙	四川廣安	二八	同	四川廣安正街天成號	復學
姚永璜	湖北漢陽	二七	同	湖北武昌中花堤十七號	復學
馬澍之	河北定縣	二六	同	漢平路清風店裕成厚	
孫鳴九	湖北沔陽	二八	同	湖北仙桃鎮多祥河	復學

郭安萬	江西上饒	二八	同	丁章胡同一號	復學
郭蔭寰	廣東大埔	二六	同	汕頭大麻	
郭耀淸	四川資中	二三	天津南開高中畢業	四川資中陳家塲柑子園	
黃大庸	四川犍爲	二五	本校預科升學	四川城都少城東勝街十八號	
陳偉霖	廣東興寧	二七	同	汕頭興寧坭坡圩祥興號	
陸鼎升	北平	二五	同	東單洋溢胡同十六號	
顧曾宏	江蘇無錫	二六	同	無錫城內學前虹橋	
熊訓禮	四川江安	二八	同	四川富順趙化鎮萬三興轉交	
蔣國炎	湖南零陵	二七	明德大學銀行專修科畢業	湖南零陵文星街十一號	

數學系三年級

王秉和	河北安國	二五	本校預科升學	安國伍仁橋萬集和
石法仁	河北河間	二七	仝	保定高陽城南大團丁轉石家連城
李叔熙	湖北黃陂	二九	同	平漢路祁家灣油榨埠余天順

高揚芝	江西新建	二五	同	東老胡同三號	
馬立功	河北安平	二四	同	河北省安平縣	
陳琏如	福建閩侯	二三	天津南開大學修業一年	中老胡同甲三十三號	物理系改入
陳積驊	浙江鄞縣	二六	本校預科升學	寧波城內縣學前陶家弄式號	復學
傅元乃	江西高安	二六	同	江西高安傅廣茂號	復學
崔銘琪	廣東電白	二五	廣東高州高級中學畢業	廣東電白霞同和盛轉	
梅祖蔭	浙江永嘉	二三	本校預科升學	溫州石坦巷十六號	
鍾正	廣東梅縣	二三	同	汕頭梅縣下市鍾九興廠	
蘇德煌	安徽太平	二五	同	安徽大通陵陽鎮嶺下	物理系改入

物理系三年級

李炳芳	河北東鹿	二六	同	東鹿縣田家莊	
林樹棠	四川峩眉	二四	同	四川峩眉西正街張林昌轉	
周相元	四川江津	二五	四川工業專門學校畢業	四川江津通泰門外新街恒泰合轉	

	賈國永	湖南石門	三十	本校預科升學	
	趙廣增	河北安國	二五	同	河北安國西伯章交
	蔡陛星	河北薊縣	二二	同	西單大柵欄前馬館七號
	鍾盛標	廣東梅縣	二四	同	廣東梅縣內村鍾聚和號
化學系三年級	張道政	安徽壽縣	二六	同	安徽合肥吳山廟
	張聯聖	廣東開平	二七	同	廣州市大新街恒谷號
	楊大烈	四川屏山	二六	同	四川屏山利店
	楊鳳岐	河北高邑	二五	同	高邑縣元泰昌
地質系三年級	李　陶	四川雙流	二七	同	
	計榮森	浙江慈谿	二三	同	北平西城舊刑部街七十號轉
	常隆慶	四川江安	二五	同	四川江安梅橋豐裕同號轉　復學
哲學系三年級	王　浩	河北薊縣	二七	同	薊縣城內

王蘭生	河南許昌	二五	同	河南許昌城東五女店郵寄代辦所轉洛庄	
李薦儂	廣東五華	二六	醫大預科畢業	汕頭五華水寨	
孟繁倬	山東章邱	二八	本校預科升學	山東章邱棗園庄轉孟家塢	
許濟航	河北晉縣	二七	同	河北晉縣東卓宿義聚成轉	復學
張桂芳	河北井陘	二五	同	井陘縣威州鎮	
張常春	湖南瀏陽	二九	同	瀏陽張坊茶亭市利貞天轉	復學
楊振福	遼寧遼源	二七	同	遼寧省遼源縣萬育和	
劉向仁	福建永春	二六	同	廈門永春縣湖洋	
韓儒林	河南武陽	二五	同	河南武陽縣北舞渡	復學
蔣倉意	四川巴縣	二四	四川工業專門學校畢業	四川巴縣鹿角場	復學
蕭而敬	江西萍鄉	二五	雅禮大學預科畢業	江西省南昌省立第二中學校	復學

心理系三年級

王德崇	陝西高陵	二七	本校預科升學	陝西高陵大順源號	復學

郭永豐	山東濟陽	二九	仝	濟陽教育局轉	
教育系三年級					
李幸之	廣東豐順	二五	仝	汕頭潮州新渡益記轉	
李榮蔭	河北永年	二五	仝	河北省永年縣城內西大街	
秦槐士	四川酆都	二五	仝	四川酆都高鎮上塗河	
黃佛	湖南平江	二四	湖南工業專門學校畢業	湖南平江東街泰和號轉黃孔修堂	復學
黃繼植	廣東梅縣	二五	本校預科升學	汕頭梅縣水車中和	
詹昭清	廣東潮安	二七	仝	汕頭潮安傢伙巷二十九號	
國文系三年級					
牛玉璨	河南安陽	二六	仝	河南彰德北關俊興廠	復學
王煥斗	河北東鹿	三十	仝	東鹿小章鎮郵局轉宋村	復學
白鎮瀛	北平	三十	仝	北長街北平教育會	英文系改入
吳守誠	江蘇鹽城	二六	仝	江蘇鹽城湖垛毛鳳寶號轉	
周復	四川廣安	二六	天津南開高中畢業	四川廣安石筍河	

英文系二年級

胡榮身	河北高邑	二六	本校預科升學	高邑縣黨部	
胡孝瀾	河北冀縣	二五	仝	冀縣沙村鎮伏家莊村	復學
敖士英	江西清江	二五	江西省立第二高中畢業	江西清江縣湛圩轉	
高崟	山東濮縣	二七	本校預科升學	山東濮縣臨卜集恒德堂轉	
侯植忠	河北高陽	二六	仝	河北省高陽縣大團丁鎮交河西村	
傅瞻洛	江西金谿	二五	仝	金谿城內怡豐號轉交	
劉體仁	河北安次	二五	仝	平奉路萬莊車站仁和堂	
韓壽萱	陝西神木	二八	山西銘義高中畢業	陝西神木縣高家堡西街	
何兆熊	河北深澤	二六	本校預科升學	深澤縣南關聚興永轉	復學
馬永楨	山東益都	二五	同	山東青州東關穆家巷	
韋昌驄	山東曹縣	二五	同	山東曹縣高韋莊	
袁家驊	江蘇常熟	二七	同	江蘇常熟東興沙西港	

張恩裕　山東福山　二六　天津南開高中畢業　煙台面街泰康銀號轉
馮永陞　察哈爾萬全　二七　本校預科升學　平綏孔家庄轉深井堡
關其侗　山西平定　二六　同　平定德泰興
蘇宗岳　河北完縣　二五　同　完縣常莊小學校轉
顧綬昌　江蘇江陰　二六　同　江蘇無錫青暘黃橋

法文系三年級

吳家明　浙江杭縣　二五　上海啟明女學畢業　杭州延齡路一號
鄒文熙　江蘇吳江　二四　本校預科升學　西四羊肉胡同二十五號
鄧琳　湖北黃安　二三　高等法文學校　北平打磨廠新開路黃安館轉

德文系三年級

胡庭芳　湖北江陵　二五　本校預科升學　北平後門內慈慧殿五號

史學系三年級

王桂　河北新城　二六　本校預科升學　河北涿縣方官鎮祥順隆轉交
余遜　湖南常德　二七　同　常德萬壽街二十乙號
許預甲　山西臨晉　二六　山西大學預科畢業　山西臨晉五瑞成收轉許家庄本宅

法律系三年級

劉　樞	四川涪陵	二七	本校預科升學	四川涪陵梓里場	
王金鐃	河北安新	二六	同	河北安新北街	
王寶成	河北通縣	二四	同	東安門外詔九胡同十號	
王耀漳	河北衡水	二六	同	衡水縣南謝漳轉王家庄	
李毓民	遼寧西安	二六	天津南開高中畢業	遼陽西安縣南門裏增民堂	
沈國光	湖北孝感	二九	本校預科升學	湖北孝感車站	復學
周新栅	江蘇阜寧	三三	仝	江蘇阜寧永興集	復學
胡廷玉	湖北黃陂	二三	仝	西四牌樓六合大院二條七號	
梁洪睿	北　平	二五	仝	宣外椿樹上頭條六號	
張可衡	遼寧岫岩	二八	仝	遼寧省岫岩縣協昌隆	
張書翰	熱河阜新	二八	仝	熱河阜新縣天德春轉義合堂	
馬之崑	河北定縣	二六	仝	河北定縣東亭鎮	復學

政治系三年級

傅尙文	遼寧瀋陽	二六	仝	遼寧省城北郭三屯	
楊　鍇	河北清苑	二六	仝	保定城東東高家莊	
劉　璟	河北沙河	二五	仝	漢平路沙河縣振興永	
蔣觀津	河北博野	二三	仝	河北安國縣西伯章轉東村禮和堂	
潘英芳	四川犍爲	三十	仝	四川犍爲小十字榮興長轉	
蔡賓王	浙江嘉興	二四	東南大學修業二年	浙江嘉興新塍	
何鍾靈	河北文安	二六	本校預科升學	天津勝芳左各庄德生祥	
李　英	廣東番禺	二五	仝	Guan Hup Street. Klang. F. M. S.	
李蔚唐	安徽合肥	二四	仝	安徽省會大南門	復學
季秉時	吉林吉林	二四	仝	吉林省城福祥胡同十號季宅	
林昌恆	四川榮昌	二四	仝	四川榮昌燒酒房林源泰號轉	
孟勳瑞	河北威縣	二七	仝	威縣城東邵固鎮東孟家莊	

胡進吾	湖北穀城	二七	仝	湖北穀城石花街聚義恒號轉
俞雲飛	浙江新登	二五	仝	浙江新登
苗華雲	河北邢台	二六	仝	河北邢台縣西門裏張慎言轉
徐　靖	江蘇武進	二八	仝	琉璃廠西太平巷三號
陳如日	山西靈邱	二四	仝	山西靈邱下關鎮交
陳啟昌	江西永新	二六	仝	江西永新郵局
陳德新	四川秀山	二六	仝	四川秀山
陳肇文	四川樂山	二九	仝	四川樂山縣鳳陽街
馬鴻綱	山東莒縣	二六	北京滙文高中畢業	山東莒縣北鄉井邱轉官莊
袁文蔚	四川安岳	二七	本校預科升學	四川安岳馴龍場
張開瓊	雲南騰衝	二八	仝	雲南騰衝縣一保街
寧光江	四川眉山	二六	仝	四川眉山縣白馬舖

鞏樹棫	山東濮縣	二五	仝	山東濮縣海豐九	
解聚奎	河北沙河	二五	仝	河北沙河縣册井鎮	
劉玉田	遼寧鳳城	二四	天津南開高中畢業	遼寧鳳城天和生	
衛萍叔	四川新津	二六	成都公學高中畢業	四川新津陝西街	
閻國瑞	河北行唐	二四	本校預科升學	河北行唐縣毓豐成轉	
繆培基	廣東五華	二五	仝	汕頭揭陽安流鍾良記轉	
顏景璜	山東曲阜	二五	仝	山東曲阜城內池涯北	
譚啓愷	湖南長沙	二三	仝	長沙道正街譚萬興	
鄧堯佐	廣東龍川	二六	仝	廣州老隆皮潭萬隆號	經濟系改入
熊傳寶	湖北嘉魚	二七	仝	湖北嘉魚城內北街	復學
王詩敏	河南安陽	二六	鹽務學校四年肄業	河南安陽水治鎮德一堂	轉學
宋文瑞	台灣台南	二八	本校預科升學	台灣台南州新豐郡永寧庄二五二	

濟濟系三年級

沈兆銘	江蘇鹽城	三〇	本校法律系畢業	宣外椿樹下二條十二號
沙啟濂	遼寧鐵嶺	二四	天津南開高中畢業	遼寧鐵嶺南大汎河村轉新屯
李嘉典	廣東台山	二七	本校預科升學	廣東台山都斛李莘村
易鐵尹	廣東鶴山	二六	仝	廣東鶴山沙坪永安街長合號
馬寶珍	河北行唐	二七	仝	行唐縣聚益祥轉
陳乃華	廣西桂林	二三	鹽務學校四年修業	東四七條皐姑院六號
陳家芷	河北望都	二七	本校預科升學	河北望都縣城內文成號
張廷選	山西五台	二六	仝	山西五台耿鎮郵局轉南溝村
黃鏡銘	湖南醴陵	二五	仝	湖南醴陵劉家巷二十六號
楊庭桂	河北定縣	二七	仝	漢平路清風店德隆茶店
雷輯輝	四川富順	二七	仝	
錢家驥	浙江杭縣	二四	北京師大附屬高中畢業	松樹胡同九號

數學系二年級

鄭侃	福建長汀	二五	中國大學修業一年	
鄭合成	河北定縣	二五	本校預科升學	定縣李親顧轉東張謙
馮良輔	陝西長安	二七	仝	長安大差市十八號
秦嚼	四川酆都	二七	仝	四川酆都高鎮南華宮側
趙文選	遼寧興京	二七	仝	遼寧興京汪合門源興湧　復學
李恭任	山東曹縣	二六	仝	山東曹縣青堌集芝蘭寶 縣轉曹叵集
吳秀	吉林賓縣	三〇	仝	
杜宏遠	河南杞縣	二四	仝	河南杞縣北門街三號
胡哲家	浙江慈谿	二一	仝	浙江慈谿觀海衛胡光裕 堂
唐慶英	浙江蘭谿	二四	仝	浙江蘭谿后官塘狀元廳
郭新棨	湖北宜昌	二三	仝	湖北宜昌鵶鵲嶺
陳清祿	河北深澤	二三	仝	河北深澤南關義源興轉 小封村

管竹	湖南常德	二三	仝	湖南常德牛鼻灘管萃豐號轉
樊懷義	四川簡陽	二六	仝	四川簡陽龍泉寺同春堂轉
繆玉源	江蘇東台	二六	仝	江蘇如臯角斜
蘇道榮	廣東番禺	二三	仝	廣州花地山村龍灣社威林園

物理系二年級

張明示	四川內江	二二	仝	四川內江東興場太和祥
張崇年	河北獻縣	二四	仝	西城闢才胡同南半壁街十六號
崔璘	湖南益陽	二四	仝	湖南益陽二堡魏公廟巷樓碧記轉交　復學
薛兆旺	山東陽穀	二一	仝	山東東昌南胡樓轉薛棻

化學系二年級

梁昌熙	四川巴縣	二五	仝	四川巴縣二聖場
郭東霖	黑龍江景星	二七	仝	黑龍江省太來縣塔子城永增祥
莫運乾	湖南益陽	二六	仝	湖南益陽桃江鎮徐義順轉　復學
樊富民	河南內黃	二四	仝	河南彰德楚旺鎮福慶德

地質系二年級

劉紹宗	河北灤縣	二五	天津南開大學二年級肄業	唐山玉興恒	轉學
白士倜	陝西綏德	二四	天津南開高中畢業	陝西綏德縣增盛長	復學
李賢誠	四川犍爲	二四	本校預科升學	四川犍爲縣五通橋花鹽街春同永	
胡伯素	湖南攸縣	二二	仝		
高振西	河南汜水	二三	仝	河南汜水縣教育局轉交	
潘鍾祥	河南汲縣	二四	仝	河南衛輝西街十五號	復學

生物系二年級

石原皋	安徽績溪	二五	仝	安徽績溪縣石家村	復學
郝景盛	河北正定	二五	仝	正定西伯棠	

哲學系二年級

朱庭翊	河北正定	二四	仝	正定北街
余錫嘏	四川涪陵	二二	仝	四川涪陵教育局轉
李相殷	朝鮮咸鏡南道	二五	仝	朝鮮咸南定豐郡春柳面不絅
張繼善	河北廣宗	二四	仝	河北廣宗董里鎮轉

章志杰　江西南昌　二六　仝　南昌上諭亭正泰號轉

馮　韜　陝西咸陽　二四　仝　陝西咸陽西大街豐盛裕

温錫增　河北定興　二三　仝　定興縣辛告村

薛星奎　四川雲陽　二六　仝　四川雲陽縣南門集義生

劉韶華　陝西吳堡　二五　仝　山西磧口鎮天義長號轉交　數學系改入

沈仲章　浙江吳興　二四　唐山大學預科畢業　蘇州閶門打鐵弄岫雲里　物理系改入

王　斌　山西滎河　二五　滙文高中畢業　山西滎河縣賢胡村

王玉鏗　廣東合浦　二三　安南河內華僑振亞高中畢業　廣東河浦璣屯坊覲察第

徐伯訏　浙江慈谿　二一　湖南第三聯合縣立高中畢業　浙江慈谿洪塘鎮竺楊

賀仲蓮　河南許昌　二一　大同高級中學畢級　河南許昌朝陽寺街二號

楊愼修　四川彭縣　二三　成都公學高中修業期滿　四川彭縣東街三十號

趙家楨　山西交城　二六　南開高級中學畢業　山西交城廣興昌轉

教育系二年級

王如南	湖北黃梅	二六	本校預科升學	黃梅縣大河鋪王家楓樹
王汝森	山西汾陽	二六	仝	山西汾陽城內
王懷璟	河北成安	二四	仝	河北成安永聚號
王冠英	山東樂陵	二七	仝	山東樂陵盧家店
江銳	湖南益陽	二六	仝	湖南益陽蘭溪王義興號轉
李完	雲南宜良	二四	仝	雲南宜良湯池
高立	安徽舒城	二七	仝	安徽舒城高魁記
高秉然	山東臨邑	二五	仝	臨邑城裡德聚昌
張蘭堂	山東陽信	二六	仝	山東陽信潘莊
崔心泰	河北晉縣	二四	仝	河北晉縣城內同益成轉交
蒲敏政	甘肅伏羌	二六	仝	甘肅伏羌源順德號
解溫涵	安徽合肥	二四	仝	合肥桃溪鎮轉龍潭河解四維堂

盧奉璋	山西五台	二七	仝	山西五台巨鎮新莊村
王友凡	奉天撫順	二一	奉天第一高中畢業	遼甯撫順千金寨東巨川
王履嶸	河北武清	二六	南開學校高中畢業	黃化門內碾兒胡同十四號
李鍾灝	廣東南海	二一	中國大學預科畢業	廣州長樂馬路七號
李樂俅	江西瑞金	二五	華北大學預科畢業	江西瑞金聚懋昌寶號轉
孟際豐	山西五台	二一	中國大學預科畢業	山西五台縣陽白村
黃德筠	福建長汀	二三	今是學校高中三年	厦門汀州司前街楊奎興號轉
張世銓	河北定興	三〇	北京師範學校畢業	定興東關
顏長毓	湖南湘鄉	二七	湖南工業專門學校畢業	湖南萍鄉橋市鴻興泰號轉顏玉園
鄒　湘	湖南長沙	二三	畿輔大學預科二年	

國文系二年級

王國銓	江西崇仁	二八	本校預科升學	江西撫州秋溪街
田應震	河北博野	二五	仝	河北博野小店鎮轉西田村

周世香	河南溫縣	二六	仝	河南溫縣畨田鎮轉雙流
胡榮桂	陝西沔縣	二八	仝	陝西沔縣菜園渡廣義隆號轉
徐培蓮	山西五台	二六	仝	山西五台東冶鎮崇興永
馬志龍	吉林伊通	二七	仝	吉林伊通小孤山街通順德
陳其才	河北定縣	二七	仝	河北定縣邢邑村
張玉佩	山西忻縣	二七	仝	山西忻縣聚德昌
許　森	四川蓬安	二五	仝	四川蓬安楊家場
許惠芬	河北武強	二三	仝	河北武强成春堂轉劉家頭村
楊雋之	遼甯桓仁	二七	仝	遼甯桓仁縣義順和
楊緒吉	山東單縣	二六	仝	山東單縣縣署東路北楊宅
趙春庚	吉林吉林	二五	仝	吉林江沿李家胡同趙宅
趙景賢	河北深縣	二四	仝	河北深縣城內悅來號轉

趙棨璇	安徽太湖	二五	仝	絨線胡同七十二號	哲學系改入
劉國平	福建閩侯	二四	仝	福州東街一六二號	
劉振岳	河北蠡縣	二四	仝	清苑大莊鎮轉古靈山村	
蔣經邦	江蘇江陰	二四	仝	江蘇江陰西大街	
韓易田	河北博野	二五	仝	河北博野縣北楊村交許村	
蕭　璋	四川三台	二三	仝	西四兵馬司二十二號	
胡作敬	山西定襄	一九	本科英文系畢業	山西定襄公款局	
王克仁	吉林吉林	二三	吉林省立第二後期三年師範畢業	吉長鐵路下九台站	
王鴻裁	吉林伊通	二七	北京師大高師畢業	吉林新開門外鴻盛東東胡同王宅	
呂仰周	河北天津	二五	南開高級中學畢業	天津河東十字街東勝興齋茶食舖	
金福佑	四川廣安	二四	國立女子大學預科二年畢業	四川廣安縣大東街	
莊紀澤	山東莒縣	二七	中國大學預科畢業	山東莒縣大店鎮	

漢文系三年級

張惠民	遼寧遼陽	二四	奉天東北大學法科修業二學期	遼寧遼陽北大紙房轉小營盤
趙啟雍	湖南衡山	二五	明德中學高級畢業	湖南湘潭白果郵轉
甘師禹	雲南鹽豐	二六	本校預科升學	雲南鹽豐觀音井
呂如拴	雲南玉溪	二五	仝	雲南玉溪縣中和鄉
李玉嶺	河北交河	二八	仝	河北交河城南盧橋
李秀桂	遼寧莊河	二五	仝	遼寧莊河縣大孤山德盛永
宋仲濂	山東萊陽	二六	仝	山東萊陽趙格莊
和春煦	河北蠡縣	二五	仝	河北蠡縣小陳村天泰店
房　勤	河北定興	二五	仝	漢平路固城鎮江村
孫永顯	山東泰安	二六	仝	山東泰安范家莊轉孫家埠東
馬立勛	山東淄川	二四	仝	山東淄川西關裕升棧
張秉禮	山東福山	二三	仝	西單大木倉十三號

魏華灼	湖南寶慶	二五	仝	復學
丁百山	河北束鹿	二五	唐山大學預科畢業	河北束鹿舊城郵局送南張村
王傳禮	安徽巢縣	十九	中國大學預科畢業	安徽巢縣朝陽門
孔慶威	四川長壽	二五	四川工業專門畢業	四川長壽雙龍場郵局轉交
余紹彰	四川巴縣	二四	仝	四川巴縣蔡家場
余勳煒	四川金堂	二六	中國大學修業一年	四川成都內城機石街三四號
周景襄	河北博野	二五	上海私立羣治大學修業一年	河北博野小店鎮轉周于莊
高昌運	江蘇無錫	二一	桃塢高級中學畢業	江蘇無錫歡喜巷九號
高鳳翱	山東夏津	二四	中國大學預科畢業	山東夏津城東李官屯轉高莊
黃訪夷	廣東恩陽	二〇	新會縣立高中畢業	
張文通	河北任邱	二三	北京師範高級畢業	河北任邱縣鄭州
鄭遠瑜	四川巴縣	二四	四川工業高中畢業	四川重慶[illegible]門街二十號

劉　麒	四川瀘縣	二二	中國大學修業一年	四川瀘縣鈕子街新才門	
劉序功	山東壽光	二三	中國大學預科畢業	山東壽光城西陽河莊	
劉光埜	河北慶雲	二六	仝	河北慶雲城南周家福音堂轉	

史學系二年級

文藝陶	四川巴縣	二五	本校預科升學	四川巴縣走馬場	
王鑑藻	河北天津	二七	仝		國文系改入
申慶桂	河北固安	二三	仝	涿縣東宮村鎮四姓莊	仝
呂慶鐸	浙江紹興	二三	仝	北平西城南太常寺三號	
施忠義	浙江金華	二四	仝	浙江金華城內廣潤布莊轉	
師茂材	雲南綏江	二六	仝	雲南綏江正街樹生藥室	
單紹良	湖南湘陰	二三	仝	湖南湘陰城北正街大吉祥號轉交	
勞　鉌	湖南長沙	二三	仝		
趙守勤	山東單縣	二六	仝	山東單縣西門裡鴻順和號	

法律系二年級

劉官諤	河北棗強	二七	仝	德州西棗強雀[illegible]鎮東張平樓村
戴匡平	湖南衡陽	二八	仝	湖南衡陽洪羅廟協成酒店戴柏林先生轉
方定一	陝西褒城	二四	大同高中畢業	陝西南鄭新集
周光頤	湖北武昌	二三	民國大學預科二年修業期滿	
楊守智	河北房山	二五	師範大學高級部畢業	漢平支路坨里轉東莊村
楊華雲	山東城武	二三	山東大學附屬高中畢業	山東城武縣城內楊宅
魯琨	湖北孝感	二一	朝陽大學預科畢業	湖北孝感新流舖
謝興堯	四川射洪	二三	成都大學預科四學期	四川綿陽縣南街
李光緯	湖北長陽	二八	本校預科升學	湖北長陽縣厚浪泡
李雲山	吉林伊通	二六	仝	長春南滿路大屯站德合興
吳祖剛	江蘇武進	二三	仝	北平西四小院胡同一號
易竣	湖南湘鄉	二四	仝	湖南湘鄉潭市二畝街

張守正	河北天津	二三	仝	東城大佛寺東街七號
覃念聰	湖北長陽	二二	仝	西安門大街九十五號
婁德墉	吉林敦化	二五	仝	吉林敦化東關婁宅
楊錕	河北青縣	二六	仝	津浦興濟木門店後董景
雷振鋈	河北冀縣	二五	仝	河北冀縣謝家莊村
崔洵	河北武清	二四	仝	河北武清南蔡村
翟佩琦	河北雄縣	二四	仝	天津霸縣南史各莊德元號交
縱精琦	江蘇蕭縣	二七	仝	江蘇蕭縣王寨
朱德武	河北天津	二三	大同高級中學畢業	北平宣內一九九號
王煥斗	山東德縣	二五		山東德縣線市街
林植藩	廣西龍州	二四		廣西龍州橫街林永興號
徐迪光	浙江蘭谿	二六		浙江蘭谿游埠方豫豐號轉孟湖

政治系二年級

陳天祿	江蘇江寧	二二		遼寧大南關大什字街東天興泉轉
張清澍	吉林德惠	二五		吉林德惠縣天泰盛轉公興東
孫鳳樓	河北唐縣	二五		唐縣東街崇記號
秦道堉	山東歷城	二六		濟南後營坊街中間路北三三號
廖源泉	廣東潮安	二四		汕頭潮安東平路元興行
劉培栽	山東黃縣	二六		山東黃縣北馬隆興號
劉琛興	河北博野	二六		安國西伯章轉鑫村
尹文德	雲南騰衝	二七	本校預科升學	雲南騰衝五保街正茂興轉
王日新	河北磁縣	二五	仝	磁縣岳城鎮
王洪檠	四川萬縣	二三	仝	四川萬縣武陵
王宵華	吉林吉林	二六	仝	林吉朝陽門外福升棧交
朱德明	江蘇銅山	二五	仝	津浦路柳泉站靑山泉

李品衣	四川隆昌	二七	仝	四川隆昌教育局	復學
李炯之	四川簡陽	二四	同	四川成都東丁字街二十七號	
李夏雲	四川青神	二六	同	四川青神南街均太恒	
何寶震	遼寧遼陽	二三	同	遼寧大南關富教胡同馬宅	
胡宗昭	江蘇蕭縣	二四	同	江蘇蕭縣城內永貞吉轉	
周佩蘅	浙江紹興	二四	同	東四前墨河胡同四號	
紀清漪	河北獻縣	二五	同	黑龍江綏化萬興湧轉馬宅	
姜信	四川瀘縣	二六	仝	四川富順懷德鎮荊秀亨轉	
徐寶梯	山東諸城	二七	仝	山東諸城昌城鎮裕興號轉	
徐萬軍	河南新野	二四	仝	開封萬壽街二十四號	
夏次叔	湖南湘潭	二四	仝	湖南龍山宴復昌號轉	
郭亮才	湖南益陽	二五	仝		

郭登髗	貴州思南	二五	仝	貴州思南塘頭
孫　傅	廣東梅縣	二二	仝	汕頭梅縣井頭街仁根藥房
張　紳	浙江永嘉	二三	仝	温州南大街張仁豐號
張光勳	河北肥鄉	二二	仝	河北肥鄉天台山
黃鈞培	廣東羅定	二六	仝	廣東羅定素龍圩益生堂或廣州市仁濟街同益行
彭勳武	四川榮昌	二三	仝	四川榮昌峯高場
彭樹鑫	四川越巂	二五	仝	四川越巂城內南街
齊爾恂	河北昌黎	二四	仝	昌黎北張各莊
趙隆文	遼寧瀋陽	二二	仝	
魯　文	湖北孝感	二六	仝	湖北孝感新添舖
龍　雲	湖南寶慶	二五	仝	湖南寶慶界領龍正和收轉怡仁堂
謝汝昌	安徽青陽	二六	仝	安徽大通謝貽豐

戴鴻佐	四川長壽	二六	仝	四川長壽西門戴氏祠	
羅　彬	四川叙永	二五	仝	四川永寧縣	
龔良健	四川瀘縣	二四	仝	四川瀘縣興隆街水市上	
吉永昌	河北天津	二三	天津南開高級中學畢業	天津河北竹林村福泉里	
佘國屏	廣東台山	二八	安南河內華僑公立宏毅高級中學畢業	廣東台山荻海步安行	
吳英荃	江西臨川	二三	江西省立第二中學畢業	江西南昌繫馬椿二十三號周道熙轉	
周光湯	湖北武昌	二一	民國大學預科二年畢業		史學系改入
孫靜淵	山東博山	二三	河南省立第二高中畢業	山東博縣大街德厚成號	仝
鄧海籌	廣東開平	二三	廣東培正高級中學畢業	廣東開平護龍墟均昌隆	
尹彤墀	河北棗强	二七	本校預科升學	河北棗强城內後街	
王立箴	河北濮陽	二三	仝	河北濮陽東街復盛永	
王德芳	湖北崇陽	二四	仝		

經濟系二年級

李福雙	河北東鹿	二六	仝	河北東鹿南小陳村
杜逢辰	山東招遠	二七	仝	山東招遠杜家集
杜廣洙	山東東平	二四	仝	山東東平城內西門裡王樹德堂轉
何家驥	江蘇江陰	二〇	仝	江蘇江陰南街
林伯雅	廣東中山	二三	仝	廣東中山東鎮欖邊西江裏
宮天民	吉林依蘭	二三	仝	吉林勃利縣宮宅
張天民	山東益都	二四	仝	山東青州城內
崔金韶	河北衡水	二六	仝	河北衡水縣石家莊
彭康	貴州貴陽	二四	仝	貴州貴陽南京街一七號
藍端祿	貴州貴陽	二五	仝	貴州貴陽王家巷
劉玉田	山東泰安	二三	仝	山東泰安城裏關帝廟街路東
蔣良棟	湖南長沙	二三	仝	長沙上碧湘街二七號

數學系一年級

魯昌文	湖北鄂城	二五	仝	武昌梁子街葉開泰號	
梁建章	山東禹城	二三	天津南開高中畢業	山東禹城西街梁宅	
徐才熾	湖南桃源	二六	北京工業大學預科畢業	湖南桃源	
張啟德	遼甯遼陽	二五	奉天省立第一商科高中畢業	遼甯遼陽美倫祥轉商量台	
丁錫魁	陝西綏德	二七	本校預科升學	陝北綏德縣同意永店轉	
丁壽田	浙江義烏	二二	仝	西城石駙馬大街二十八號	復學
向大公	湖南衡山	二三	仝	衡山龍祠	
余逢仁	福建永春	二三	仝	厦門永春南門街協盛號轉	
胡仁魁	山西定襄	二八	仝	山西定襄蔣村	復學
范傳波	遼甯海城	二二	仝	遼甯海城大望台	
孫丕顯	河南汲縣	二二	仝	河南汲縣後曹營街四號	
夏宗錦	江西新建	二四	仝	江西南昌蒲扇行二十號	

物理系一年級

黨季川	河北安國	二三	仝	河北安國縣南關呂祖廟西黨宅	
張國棟	四川彭山	二四	仝	四川彭山青龍場	
楊炎和	江西萍鄉	二三	仝	江西萍鄉文甲陂楊永發號	
趙子璉	河北安國	二一	仝	安國縣鄭各莊	
趙麟熹	河北任邱	二一	仝	任邱城內廣義興轉交郝家鋪	
劉從謙	河北清苑	二二	仝	安國縣張家營轉顧家營	
羅維翰	江西吉安	二五	仝	江西吉安裕泰行	
方克誠	湖南平江	二一	仝	長沙南門外妙高峯南村一號	復學
王篤	山西猗氏	二五	仝	山西猗氏城內協成績	
任自立	湖南湘陰	二一	仝	長沙城隍街二十四號	
冷蜀德	四川酉陽	二三	仝	後門三眼井四十一號	
李志建	廣東瓊山	二三	仝	瓊州府城繡衣坊李宅	復學

林拱辰	廣東揭陽	二六	仝	汕頭揭陽西門外東林秦厝頭巷
武毓環	河北永年	二〇	仝	河北永年縣城內東街
范道鶚	四川永川	二二	仝	四川永川瀘州街范宅
唐寶圖	雲南江川	二三	仝	雲南省江川縣漁村
黃光弼	四川江津	二一	仝	四川江津衙門口街雲豐館轉
張　欽	河南臨潁	二三	仝	河南臨潁縣城西杜曲鎮
張徵祥	山西永濟	二二	仝	山西省臨晋縣七級鎮永樂豐號收轉大屯村
賈善珍	河南濟源	二三	仝	河南濟源北官莊郵局轉新莊
趙隆浩	江西奉新	二四	仝	江西奉新河湖井三號
齊長佑	河北高陽	二一	仝	崇文門內范子平胡同三十號
劉　璋	福建永春	二四	仝	福建厦門永春湖陽
鄭維成	遼甯遼陽	二二	仝	遼陽老大台

化學系一年級

俞光德	浙江諸暨	二五	浙江省立第十一中學	杭州清連巷五號	
朱遵僑	江蘇銅山	二三	本校預科升學	徐州柳泉	
李樂元	湖南攸縣	二〇	仝	湖南攸縣西城李光華號轉	
徐日昇	山東掖縣	二三	仝	山東掖縣城北後后呂村	
孫錫洪	浙江新昌	二二	仝	浙江嵊縣黃澤	
馬潤德	陝西綏德	二四	仝	陝北米脂轉吉鎮	
張功峨	湖南瀏陽	二五	仝	湖南瀏陽永和市	復學
富良澐	北平	二一	仝	安定門內方家胡同青炭局二十號	
蔣日度	山東廣饒	二三	仝	山東廣饒	
何德森	陝西南鄭	二一	清華大學一年肄業	陝西南鄭掛匾巷	新生
楊錫印	河南唐河	二二	河南省立第四中學	河南唐河祁儀鎮	
衛超偉	廣東台山	二二	京師大同中學	廣州西關逢源西二號	

地質系一年級

何瑭	雲南石屏	二三	本校預科升學	雲南昆明沈官石屏會館	復學
周光	湖南益陽	二五	仝	湖南益陽沙頭	復學
胡希廉	江蘇灌雲	二五	仝	江蘇灌雲南城	復學
高平	浙江海寧	二二	仝	杭州運司河下四十二號	
陳愷	廣東揭陽	二四	仝	汕頭揭陽南門泰玉紙行轉石頭鄉	
熊永先	四川大竹	二四	仝	四川大竹黃城寨轉雙河場	
趙金科	河北曲陽	二三	仝	河北曲陽天發祥交文德村	
趙緒培	湖南湘鄉	二六	仝	湖南湘鄉北正街萬成生轉	復學
吳燕生	江蘇金壇	二三	國立師範大學附中		
金耀華	湖北武昌	二二	大同中學畢業	前門內大中府二十七號	物理系改入

生物系一年級

王鳳振	河北獲鹿	二三	本校預科升學	河北獲鹿東關義成永	
趙德育	河北滿城	二一	仝	保定江城郵局轉龐村	

蔡譚	河南潢川	二二	仝	河南潢川雙柳樹	
顧光中	貴州貴陽	二二	仝	貴陽三聖宮七號	

哲學系一年級

王維誠	福建長汀	二六	本校預科升學	廈門汀州新橋	
朱世蘭	山東單縣	二六	仝	山東單縣城東北常集	復學
孫炳文	山東博山	二二	仝		
郝瑞恆	山西平遙	二六	仝	山西汾陽演武萬和義轉西羌城村交	
郭海清	河北大名	二二	仝	河北大名縣西村集郭馬陵村	
焦步青	河北曲陽	二二	仝	曲陽燕趙鎮光復裕轉交	
梁成化	黑龍江肇東	二二	大同高中三年期滿	黑龍江省甜草崗富有號	新生
葉審之	福建平和	二四	沙拉抵加中華高中畢業	廈門平和盧溪新村	

心理系一年級

李贊元	河北定縣	二二	本校預科升學	河北定縣城內北街八十號	
岳增瑜	山西平順	二五	仝	山西平順轉	

教育系一年級

傅培槐	江西萍鄉	二三	仝	江西萍鄉職業工廠轉	復學
王之法	河北行唐	二二	仝	河北行唐城內同仁堂	
王猷鴻	陝西南鄭	二五	仝	陝西漢中城內府街天香村後院王宅收轉南山海河王宅	
全國體	河南汝南	二五	仝	河南汝南王崗店集內轉交	
李恂謨	河南滎陽	二四	仝	河南汝陽須水鎮交	
周若度	湖南安鄉	二七	仝	湖南安鄉東後街周宅	
易楷	河北宜昌	二五	仝	宜昌南正街七十一號	復學
孫祺藩	吉林吉林	二二	仝	吉林三道碼頭孫宅	
馬正謜	河北靈壽	二二	仝	河北行唐西慈峪鎮	
張舫	湖南岳陽	二三	仝	湖南岳州魚子巷裕昌隆號	
張玉池	河北遵化	二三	仝	平奉路唐山北鐵廠鎮郵局	
張普仁	河南許昌	二二	仝	許昌維善街三十二號	

國文系一年級

章震南	湖南桃源	二四	仝	湖南桃源漆家河永泰升	
陳秉公	安徽泗縣	二二	仝	安徽五河縣轉雙溝鎮	
曾祥寬	北平	二一	仝	宣武門外西草廠六十九號	
劉樹楠	河北磁縣	二六	仝	河北磁縣	
劉顯焜	雲南景東	二〇	仝	雲南景東縣城內大街	
劉生濬	湖南瀏陽	二四	仝	湖南瀏陽永和市	復學 英文系改入
韓友璋	河北邢台	二四	仝	邢台城內文盛德鞋莊	
韓玉波	湖北江陵	二〇	銘義高中畢業		化學系改入
任傳鼎	遼寧寬甸	二四	天津南開畢業	遼寧桓仁沙光子豐順厚	新生
丁聲樹	河南鄧縣	二二	本校預科升學	河南鄧縣東河街丁宅	
朱松生	遼寧遼陽	二三	仝	西城皮庫胡同大元公寓許承鈞轉	
宋江永	河南唐河	二四	仝	河南河桐寨鋪轉宋營增壽堂	

李潤德	河南安陽	二四	仝	彰德東鄉瓦店集轉梅福村張利仁轉	復學
李維新	山西五台	三一	本校哲學畢業	五台東治鎮永盛恒	轉系
周維新	河南內黃	三二	本校化學畢業	汴洛路黑石關芝田	轉系
周樞	山東棲霞	二七	本校預科升學	山東棲霞北關	
梁崑	吉林雙城	一九	仝	吉林雙城縣信成久	
姚新民	湖北當陽	二五	仝	湖北宜昌鴉鵲嶺朱永升寶號	
張孝仁	湖南常德	二二	仝	湖南常德三鋪街德玉華號	
張建一	河南林縣	二二	仝	河南林縣南關東沙溝	
張應麟	廣東普寧	二四	仝	汕頭普寧泥溝鄉	
許維適	山東榮城	二七	仝	烟台石島恒升泰號	
陶賢棣	安徽蕪湖	二三	仝	蕪湖觀音橋慶餘倉	
童經立	江西萍鄉	二二	仝	江西萍鄉郵局轉	

楊伯峻	湖南長沙	二三	仝	湖南長沙清香流五號楊靜修堂	
翟永坤	河南信陽	二四	仝	河北信陽譚家河郵局轉交	
劉昌模	河北靈壽	二三	仝	河北靈壽慈峪鎮和順齋交	
劉延濤	河南鞏縣	二一	仝	河南鞏縣東站街慶泰林轉	
劉書堂	河北東鹿	二四	仝	河北東鹿社合莊村	
龔祖亮	江西吉安	二六	仝	江西吉安大街同發號轉交	
仲育生	山東黃縣	二五	仝	山東黃縣仲家集郵局轉西三甲	
徐夢蘇	江西修水	二一	京兆高中畢業	江西修水縣漫江德生祥號轉	新生
湯際亨	河北昌黎	二三	北平輔仁大學修業一年	平奉路歇昌黎縣歇馬台	新生

英文系一年級

王躬硯	山東單縣	二六	本校預科升學	山西單縣城北十八里石樓	復學
公振東	河北樂亭	二三	仝	河北樂亭公館營	
左浴蘭	江西永新	二一	仝	江西永新縣城內晉發號轉	

李仁聚	河南鞏縣	二三	仝	河南鞏縣孝義鎮同昇元交
李定中	河南太康	二四	仝	河南睢縣朱口集
林純如	福建漳浦	二三	仝	唐山扶輪前街一號
唐蔭昌	山東夏津	二四	仝	山東夏津縣大張莊
俞　棨	浙江諸暨	二六	仝	浙江臨浦次塢中和號交　復學
馬觀海	山東城武	二二	仝	山東城武苟村集
黃季珖	四川巴縣	二三	仝	四川巴縣二聖場郵轉
崔殿魁	吉林長春	二三	仝	長春西四道街天元木局
慈連淇	山東茌平	二六	仝	山東茌平丁槐慈莊
劉怡曾	山東壽光	二四	仝	山東壽光葉護
鄭金桂	山東恩縣	二四	仝	山東恩縣舊城
蔣　熊	北　平	二二	仝	北平東四牌樓北汪家胡同二號

	盧蘊蘭	四川巴縣	一九	仝	四川重慶五福宮鶴園	
	魏光榮	貴州貴陽	二四	仝	貴陽大十字街廣聚源號轉	
	關　紓	廣東開平	二三	仝	廣東開平赤坎下埠遠利隆	
	周文郁	河北蠡縣	二五	潞河高中畢業	保定蠡縣鄭村	
	錢振堃	江蘇武進	二三	政治大學預科二年期滿	江蘇常州府直街	新生
法文系一年級	張宗孟	河北通縣	一八	同等學力	西四北翠花街十五號	新生
	張景博	河北棗强	二三	仝	河北棗强三岔村	新生
德文系一年級	牛存善	山西屯留	二四	本校預科升學	山西屯留常村鎮郵局交	
	劉成三	山東惠民	二六	仝	山東惠民縣城東南劉家橋	
	張　行	廣東龍川	二一	同等學力	廣東老龍鶴市雅集村	新生
史學系一年級	王玉璋	河北大名	二一	本校預科升學	河北大名縣牙里集轉佃東村	
	王榮俊	河南鄧縣	二二	仝	河南鄧縣構林關恒興隆	

白進彩	陝西米脂	二一	仝	陝北鎮川堡轉
李崇德	陝西渭南	二六	仝	陝西西安東廳門四十五號
吳玉麟	河北欒亭	二四	仝	河北欒亭縣
胡先晉	湖北沔陽	二〇	仝	西安門內酒醋局九號
高桂馨	河南武安	二四	仝	河南武安繼城鎮永和號轉西營井村交
高維辰	河北新城	二五	仝	河北新城慶興永
高業茂	河南汜水	二三	仝	河南汜水白陽泰和長轉王村
侯俊德	河北定縣	二三	仝	河北定縣明月店裕祥成
姚廷芳	河南淅川	二三	仝	河南淅川南街姚宅交
張克昌	山西河曲	三十	本校政治系畢業	山西河曲縣城內敎育局　轉系轉
張基立	河南鄧縣	二三	本校預科升學	河南鄧縣城內御書摟轉交
張漢升	河南內黃	二二	仝	河南彰德楚望鎮南善村

張清麗　河南淅川　二三　仝　河南淅江恒盛公

張效籍　陝西長安　二六　仝　西安城隍廟巷九號　復學

趙君勝　河南唐河　二四　仝　河南唐河縣黑龍鎮同壽恒

劉普義　河北獲鹿　二三　仝　河北獲鹿石門市德信亨交

蕭炳離　河北博野　二五　仝　河北博野小店鎮轉蕭家莊

薛致乾　河北望都　二四　仝　河北省望都縣

閻煥廷　河北交河　二五　仝　津浦泊頭鎮保生堂轉交

瞿起模　湖南沅陵　二三　仝　湖南沅陵龍興街復升怡號

卜鳳儀　河北趙縣　二三　河北趙縣西關　法律系改入

吳夢蘭　河南鎮平　二五　燕京大學肄業一年　河南鎮平新街　新生

法律系一年級

李潤瀾　河北任邱　二一　本校預科升學　任邱縣范家莊

宋鄉魁　河北獲鹿　二三　仝　石家莊南郄馬轉東荆壁

政治系一年級

陳錫朋	江西東鄉	二二	仝	江西東鄉縣城方伯第九號	
許問穉	河北武强	二五	仝	河北武强小範西南平都交	
張世麟	河北元氏	二五	仝	河北元氏東長壽車站轉交	
張潔身	河北正定	二五	仝	河北正定城內瑞林生轉	
劉霜	山東郯城	二四	仝	山東郯城馬頭鎮	
趙延麟	河南宜陽	二九	本校化學系畢業	河南汴洛路黑石關蔡庄	轉系
趙峻峰	河北晉縣	二四	本校預科升學	河北晉縣城內轉周元方村	
王寶璨	雲南陸良	二五	仝	雲南陸良馬街	
朱顯曾	江蘇寶應	二五	仝		
李金愷	河北鹽山	二三	仝	河北鹽山縣尙義里	
李貞泰	山西大同	二六	本校經濟系畢業	大同張宅圪坨	轉系
吳省勤	河北靈壽	二五	本校預科升學	河北靈壽西關交	

吳曼陽	四川南充	二四	仝	四川南充龍門場郵轉	
吳尚惠	遼寧法庫	二六	仝	瀋陽市大西關潤興公司	
何鳳書	河北廣宗	二三	仝	河北威縣城內錦芳齋轉	
周嗣孟	四川資中	二一	仝	四川資中北街德成祥轉交	
易光禩	四川富順	二二	仝	四川富順	
岳希文	吉林吉林	二三	仝	吉林河南街永巨齋	
屈震寰	河北定縣	二四	仝	河北定縣城內北街	復學
胡應連	山西大同	二九	本校史學系畢業	大同城內天興元	轉系
胡嘉椿	貴州遵義	二三	本校預科升學	貴州遵義團溪場郵局轉	
柳志清	陝西榆林	二三	仝	陝北榆林中樓巷二號	
范景和	河北清苑	二一	仝	保定城內大箭道街二十七號	
孫寶源	河北易縣	二四	仝	易縣西營坊村	

賈世權	北　平	二二	仝	西直門內葱店胡同一號	
梁　驤	四川南溪	一九	仝	四川南溪水池街	
晏鴻雪	四川江津	二二	仝	重慶南城坪搗石欄杆	
桑毓英	遼寧西豐	二三	仝	遼甯省西豐縣北門外桑寓	
黃華燊	廣東新會	二六	仝		
黃維齊	廣東豐順	二六	仝	汕頭隔隍市黃恒源崑記	
張鴻濟	陝西長安	二四	仝	陝西西安南四府街五十六號	
許文奇	河北定興	二五	仝	定興縣石象村	
傅金耀	四川雙流	二一	仝	四川雙流縣郵局傅献廷轉	
喬光鑑	貴州鎮遠	二二	仝	貴州貴陽萬家巷	
楊宜春	安徽懷寧	二五	仝	安慶關岳廟街六號	復學
管敦僑	山東即墨	二六	仝	山東即墨	復學

劉啟倫	湖南武岡	二三	仝	江蘇蕭縣	復學
穆文富	北平	二七	仝	崇文門外珠營二十二號	復學
葛崇壇	遼寧鳳城	二三	仝	吉林濱江道外十一道街十四號	
熊績	四川巴縣	二四	仝	四州重慶玉帶街益厚長號轉	
翟吉喆	河北行唐	二六	仝	河北行唐同仁堂	
黎保民	雲南鎮沅	二四	仝	雲南磨黑庄盛祥號轉	
戴士烜	四川忠縣	二三	仝	四川忠縣	
繆紹頤	福建福安	二六	仝	福建三都漁穆洋	
韓慎樞	河南武安	二五	仝	河南武安北官街	
羅世告	廣東大埔	二五	仝	汕頭三河楓朗	
羅盛堯	江西信豐	二四	仝	江西信豐公和號	
饒攜伯	江西南昌	二五	仝	南昌廉讓里三號	復學

經濟系一年級

聶思坤	江西高安	二三	仝	江西高安南門聶忠成	復學
李威廉	遼寧撫順	二二	奉天第一高中畢業	遼寧撫順東營盤轉關門山	
李紹曾	湖南常甯	二二	燕京大學一年級肄業	湖南常寧曲潭橋茶園冲	新生
康　誦	福建長汀	二三	汀州高中畢業	福建長汀水東街協泰昌	新生
萬　巽	吉林長春	二〇	北方東方高中畢業	黑龍江肇州縣豐東鎮興發福	新生
潘永楨	江蘇宜興	二六	河北大學預科畢業	江蘇宜興徐舍	
千家駒	浙江武義	二二	本校預科升學	浙江武義	
王正俊	四川資中	二二	仝	四川資中蘇家灣郵局轉	
王守禮	浙江諸暨	二五	仝	浙江諸暨楓橋	
王衍禮	山東福山	二五	仝	烟台北大街東順錄號轉交	
王振綱	福建清流	二四	仝	福建清流縣明倫坊	
王俊讓	陝西綏德	二五	仝	陝北綏德三皇苑	

王國障	河北束鹿	二四	仝	河北束鹿舊城萬聚永
尹樹藩	四川武勝	二〇	仝	四川武勝烈面溪郵轉走馬鄉
中立超	四川江安	二五	仝	四川江安小西門
包緘三	四川南溪	二三	仝	四川南溪鐘鼓樓信豐明
呂經緯	熱河建平	二四	仝	熱河建平縣魁德素永興和轉
朱微白	四川江津	二四	仝	四川江津稿子場恒泰祥轉
艾和薰	四川灌縣	二四	仝	四川灌縣上瑞蓮巷七號
李宏讓	山東文登	二二	仝	威海城裡東街同春和
李季燕	山東諸城	二五	仝	濟南南關南新街三十四號
李景源	河北平山	二三	仝	平山縣南關
李應兆	廣東潮安	二五	仝	汕頭潮安鶴巢鄉
李鴻逵	河北安國	二四	仝	河北安國城內東街

李廣綵	河北行唐	二四	仝	河北行唐縈茂昌	
吳　珣	廣東番禺	二〇	仝	廣東惠州水東街升恒鐘表店轉	
宋文魁	山西屯留	二七	仝	山西屯留宋村	復學
宗敬珩	河北沙河	二二	仝	平漢道沙河縣北掌村	
延家駿	山東廣饒	二五	仝	山東廣饒稻莊宋家店	
胡勤上	河北沙河	二四	仝	沙河縣白錯村	
徐世澄	貴州銅仁	二三	仝	西城巡捕廳胡同二十六號	
高志濤	河北河間	二二	仝	河北任邱北瀚轉四公村交	
郝　綸	四川滎縣	二四	仝	四川滎縣鎮紫場	
衷承德	四川瀘縣	二三	仝	四川成都福德街三號	
陳　銓	河北贊黃	二二	仝	河北贊黃縣廣和永交	
陳　德	江西玉山	二六	仝	江西玉山源茂椿布莊	

陳澤恩	四川富順	二四	仝	四川富順懷德鎮	
黃希濂	四川資中	二四	仝	四川資陽忠義場蔚豐榮	
張雩	河北深縣	二四	仝	深縣大李村郵局轉徐祥口村	
張中理	湖南沅江	二六	仝	湖南沅江	復學
張百川	山東冠縣	二一	仝	山東冠縣義興隆轉	
張宗羣	湖南醴陵	二三	仝	嵩祝寺夾道二號	
張東初	廣東開平	二四	仝	廣東開平公興圩	
張奠亞	河北武清	二六	仝	河北武清崔黃口同聚豐	
郭琦	山西霍縣	二四	仝	山西霍縣城內東街	
郭琳天	廣東中山	二二	仝	廣東中山縣竹秀園	
賀昌英	河南安陽	二四	仝	河南安陽水冶鎮三官巷	
楊文炤	山西猗氏	二三	仝	山西猗氏嵋陽鎮永興厚轉交	

六三

單鴻圖	遼寧法庫	二三	仝	遼寧法庫縣東拉馬河子世發合	
蒲雅南	四川南部	二四	仝	四川南部縣石龍場郵轉	
趙作霖	山西平順	二四	仝	山西平順	
趙中傑	河北井陘	二五	仝	河北平山城積玉興王鴻賓轉	
趙家驊	四川南溪	二二	仝	四川南溪縣水池街梁舉廷轉	
趙育麟	河北沙河	二三	仝	河北沙河册井鎮	復學
齊國琳	河北平山	二三	仝	河北平山縣城內德成泉	
劉文衡	安徽阜陽	二五	仝	安徽阜陽楊橋集	
劉炳信	江西安福	二三	仝	江西安福舟市長興順轉拓溪	
劉家銘	安徽南陵	二七	仝	安徽南陵東門	
劉焯昌	貴州興義	二四	仝	貴州黃草壩下五屯	
蔡琨輝	廣東梅縣	二三	仝	汕頭梅縣沙坪鄉信櫃	

錢枚生	浙江諸暨	二六	仝	浙江諸暨姚公埠轉陳家山頭	
韓穀	甘肅固原	二三	仝	甘肅固原乾順德號轉	
譚象乾	雲南平彝	二六	仝	雲南省城通城巷三號	
龐永福	河北定縣	二四	仝	河北定縣城內南街鹽店	
龐善守	山西大同	二八	本校英文系畢業	大同城內天興元	轉系
蕭芳瑞	四川廣安	二四	本校預科升學	四川廣安城內厚街春城棧轉	
滕鴻凱	遼寧海城	二五	奉天省立第一高中畢業	遼寧海城高坨子	新生

部別年級	姓名	籍貫	年歲	經過學校	通信處
預科甲部二年級	王鈺	河北深澤	二三	北平私立四存中學畢業	深澤城內
	王瑞秋	河北正定	二一	河北省立第七中學畢業	正定城內華北書社
	王存貞	河南濬縣	二一	保定育德中學畢業	河南淇縣河東趙崗村
	尹以瑩	湖北恩施	二〇	成都儲才中學畢業	湖北恩施縣辭家巷十三號
	毛宗海	湖南華容	二一	湖南省立第一中學畢業	湖南華容西正街何海清轉
	石祚琦	山東桓台	二一	北平學院畢業	山東桓台石橋轉呂家莊
	左培琨	河南固始	二一	京師公立第三中學畢業	
	任達理	山西崞縣	二三	山西崞縣中學畢業	山東崞縣原平鎮義盛成
	江安才	廣西桂平	二三	廣西桂平中學畢業	廣西桂平白沙郵務處轉
	祁廷儼	遼寧遼陽	二〇	北京學院畢業	遼陽小屯子
	李芳之	河北定縣	二二	適存中學畢業	定縣城內同合裕交

李寶成	安徽婺源	二三	京師私立安徽中學畢業	宣武門外後孫公園十二號	
李棲鷁	山西五台	二二	山西省立川至中學畢業	山西五台東冶晉勝源號轉	復學
余尊三	四川涪陵	二三	四川省立第四中學畢業	四川培陵敎育局轉	復學
吳英東	吉林伊通	二〇	北平志成中學畢業	吉林伊通縣西小孤山街通順德	
狄瑋	河南開封	二二	北京河南中學畢業		
周宗浚	山東膠縣	二三	天津覺民中學畢業	山東膠州西南鄉黑察集轉	
林詒盛	廣東揭陽	二四	廣東省立第四中學畢業	汕頭揭陽新亭鄒健華轉	
胡美	安徽桐城	二〇	京師志成中學畢業	西城大覺胡同三十號	
孟昭廩	山東夏津	二十	北京弘達學院中學畢業	山東夏津城東淤官屯	
郝寶眞	山西大同	二三	河北省立第十六中學畢業	平綏線大同萬勝衡	
索國棟	山西崞縣	二二	山西崞縣中學畢業	山西崞縣南閣莊郵局	
馬振圖	吉林榆樹	二五	吉林省立第一師範畢業	吉林榆林務字大八鎮	

孫天民	吉林烏珠河	二一	北京學院	吉林珠合縣東興飯莊	
孫典禮	河北正定	二三	河北省立第七中學畢業	河北正定城西曲陽橋轉高平村	
陳桑榆	福建永春	二〇	北京師大附中畢業	南洋英屬彭亨文東坡福美號	
梁九光	黑龍江安達	二二	北京學院	黑龍江安達站吉興汽車公司	
梁國弼	河北天津	二一	京師公立第三中學畢業	西城南魏兒胡同十六號	
姜振民	吉林榆樹	二七	吉林省立第一中學畢業	長春轉弓棚子甡生醫院	
張甲洲	黑龍江巴彥	二三	黑龍江省立第一工科高級中學	黑龍江巴彥縣龍泉河張館子	
黃宗安	浙江松陽	二三	天津南開中學畢業	西交民巷四十一號	
許瀛甲	山西臨晋	二三	山西省立第一中學畢業	山西臨晋五瑞成轉	復學
曹國彥	河南郾城	二四	河南省立第二中學畢業	河南郾城五溝營	復學
靳古訓	河南沁陽	二三	天津南開高中修業一年	河南焦作東王封	復學
楊廣士	吉林長春	二一	弘達中學畢業	長春九聖祠後德升堂	

嘉康佐	山西夏縣	二五	畿輔中學畢業	山西夏縣尉郭鎮万盛和
趙　耕	四川眉山	二〇	北京大中公學畢業	四川眉山張家坎
趙文炯	甘肅臨潭	二六	甘肅省立第一中學畢業	甘肅臨潭新城天成隆號
薛培貞	河北臨城	二〇	直隸正定第七中學畢業	河北臨城縣醴泉號轉
薛篤光	四川雲陽	二四	四川雲陽中學畢業	四川雲陽縣恒昌石印局轉
蔡陛龢	河北薊縣	二〇	京師公立第三中學畢業	西單大柵欄南安里前馬館七號
葛庭燧	山東蓬萊	二〇	山東濟南正誼中學畢業	山東煙台西巨峯集轉大葛家村
鄧鍾俊	河北霸縣	二一	北京私立四存中學畢業	河北霸縣城內
顧東岳	河北任邱	二五	直隸省立第三中學畢業	天津馬廠西臥佛堂滿堂村
龔瑞霖	吉林依蘭	二三	吉林省立第五師範學校	吉林三姓城內西北隅龔宅

預科乙部二年級

王心平	河南濬縣	二一	保定預德中學畢業	河南淇縣趙崗村
王秉鉞	北平	二三	京師第四中學校畢業	前門後果子巷包頭章胡同九號

王鏡清	河北無極	二三	直隸省立第七中學畢業	河北省無極縣北虎村
王錫祥	河北靈壽	二三	仝	河北靈壽東關玉成銀樓轉北寨村
王植先	河北曲陽	二一	保定育德中學畢業	河北曲陽城內恒興泰
王嘉謨	四川雅安	二三	四川省立第二中學畢業	四川雅安道前街四十九號
王暉曾	河北天津	二三	直隸省立第一中學畢業	天津宜興埠
白傑	河北平山	二一	直隸省立第七中學畢業	河北平山北關慶豐棧
朱滋萃	浙江嘉興	二七	浙江省立第一師範畢業	浙江嘉興新塍西柵
安紀	河北井陘	二二	直隸省立第七中學畢業	河北平山縣山泉湧轉交
李文瀾	河北欒城	二一	仝	欒城城內德順恒
李本貴	察哈爾宣化	二四	直隸省立第十六中學畢業	宣化南鄉崞村
李玉堂	河北定興	二四	直隸省立第六中學畢業	河北定興石象村
李克明	河北井陘	二三	北京弘達學院中學畢業	河北井陘橫口

李廷棟	河北藁城	二三	直隸省立第七中學畢業	河北藁城倪家莊轉西白露村
李善豐	湖北孝感	二〇	京師第二中學畢業	湖北孝感東陽家崗交大李家灣
李樹桐	山東牟平	二一	山東省立第四師範畢業	山東牟平小疃郵局轉南西屋村
宋治盛	吉林雙成	二〇	北京弘達學院中學畢業	吉林雙城南大街路東宋宅
范覺民	黑龍江巴彥	二七	黑龍江甲種農業學校畢業	黑龍西訥河訥南鎮公升合
紀元	江西上饒	二〇	四存中學畢業	南長街二十九號
段道遯	陝西華縣	二一	京師第四中學	陝西華縣羅紋橋正順祥轉汀村段宅
耿憲章	河北寗晉	二二	直隸省立第七中學畢業	河北寗晉蘇家莊轉北齊莊
姜足新	山東霑化	二五	山東省立第四中學畢業	山東霑化大姜家
馬樹楨	山東濰縣	二四	山東省立第一師範畢業	濰縣城裡北門大街南頭路西
夏竹林	河北任邱	二五	京師第四中學	河北安新端村協盛號
郭樹松	河南濬縣	一九	保定育德中學畢業	河南淇縣轉南紙坊

莽俊魁	吉林吉林	二五	吉林省立第一中學畢業	吉林省城尚義街莽宅
崔新民	山東濱縣	二三	京師山東中學畢業	河北遵化平安城鎮聚泉棧
常積仁	河北文安	二三	保定育德中學畢業	天津霸縣南史各莊紹記號
陳紹勳	廣東瓊東	二〇	弘達學院中學畢業	廣東琼州加積市益記號轉
彭榮棠	河北靈壽	二二	直隸省立第七中學畢業	河北靈壽東關萬順德轉
彭樹甲	雲南建水	二六	雲南省立第一中學畢業	雲南建水縣勸學所轉
婁海山	山東商河	一九	山東省立第四中學畢業	山東商河城北于家莊
趙士煒	貴州貴陽	二〇	京師第四中學	
潘成義	浙江松陽	二三	浙江省立第一中學畢業	浙江松陽太平坊弄
解迺燿	山西萬泉	二四	山西省立第一中學畢業	山西萬泉南牛地轉北牛地西巷
蕭憲廣	河北靈壽	二一	直隸省立第七中學畢業	河北靈壽東關天順成轉南寨
于傳曾	山東招遠	二四	直隸省立第一中學畢業	龍口錦榆春長

李化棠	仝	二〇	仝	
李長山	河北唐縣	二一	溫泉中學	河北唐縣白沙村
杜承鈞	陝西榆林	二四	陝西聯合縣立榆社中學畢業	陝北鎮川堡亭茂德
吳德芳	江蘇江寧	二三	京師第一女子中學畢業	西城東太平街七號
孫德先	江蘇無錫	三〇	江蘇第三師範畢業	江蘇無錫堰橋
夏　時	山東樂陵	二〇	山東省立第四中學畢業	山東樂陵西城南小夏家
張硯田	河北樂亭	二〇	北京師範高級修業一年	河北樂亭龍王廟
張保聚	山東濮縣	二三	山東省立第六中學畢業	山東濮縣王堌堆集義和成轉
張聯元	察哈爾懷安	二一	河北省立第十六中學畢業	平綏孔家莊轉左衛
張香桐	河北獲鹿	二三	河北省立第七中學畢業	石家莊同樂街永順成轉交
章駿儀	江西玉山	二一	京師第一女子中學畢業	江西玉山縣城內大街章宅
鄒科蒿	湖南永綏	二〇	私立四存中學畢業	湖南永綏縣小北門內

閔繁蔭	河北藁城	二三	河北省立第七中學畢業	河北藁城縣城內
葛世傑	河北順義	二一	京師第三中學畢業	北平阜城門內福綏境五十二號
熊偉	貴州貴陽	一九	貴州省立第一中學畢業	貴陽順城街八十三號
趙文琨	吉林甯安	一九	北平師範高級修業一年	
趙炳漢	河北寶坻	二一	求實中學畢業	寶坻縣大口屯鎮福德摟轉交趙家牌
趙庸翔	山東曹縣	二五	山東省立第六中學畢業	山東曹縣城內黨部轉
葉昂	浙江松陽	二七	浙江省立第一中學畢業	浙江松陽葉公興轉交
劉仁椿	湖南湘鄉	二〇	京師第三中學畢業	南京水西門柳葉街九十號
劉芳勳	河南濬縣	二一	保定育德中學畢業	河南淇縣趙崗村
劉景翔	河北昌黎	二三	北京弘達學院中學畢業	河北昌黎梨園河
劉紹武	吉林同賓	二一	北京學院中學畢業	吉林同賓春生堂
韓士傑	河北饒陽	二五	直隸省立第三中學畢業	河北饒陽南韓村轉交北韓村交

謝　昇	湖南新化	二七	湖南工業專門預科畢業	湖南安化藍田德茂隆轉
閻子桂	山東夏津	二三	北京中國大學預科一年	山東夏津東劉堤
關建秋	河北景縣	二〇	京師第二中學畢業	河北景縣城內
蕭道恕	河南光山	二一	京師河南中學畢業	河南光山新集
龐志傑	陝西臨潼	二四	陝西省立第一中學畢業	陝西臨潼新豐鎮忠順成號
吳宗永	四川隆昌	二五	富順縣立中學畢業	四川隆昌周興鄉
徐志敬	山東萊陽	二五	山東省立第一中學畢業	山東即墨金家口轉洋郡
王　興	綏遠豐鎮	二三	察哈爾區立第一中學畢業	平綏豐鎮南伍號
王孔武	陝西鄠縣	二一	北京志成中學畢業	陝西省城內西大街王三錫號轉
王尙賢	河北寶坻	二四	京師第二中學畢業	
王亞超	吉林榆樹	二三	京師弘達學院中學畢業	中東路張家灣萬聚增
王培祚	山東棲霞	二一	京師公立高級中學一年	山東棲霞唐家伯同興泰

王俊升	吉林長春	一九	京師弘達學院中學畢業	長春西三道街世德增
王炎生	吉林濱江	二五	北京學院中學部畢業	北平東門倉甲六號俞宅轉
牛福田	湖北鄂城	二一	京師第二中學畢業	
由毓森	山東福山	二二	京師弘達學院中學畢業	山東福山岡瑜村聚德堂
牟宗三	山東棲霞	二〇	仝	山東棲霞蛇窩伯壽山堂
任今才	山東平原	二五	北京中國大學預科肄業	山東平原城東任庄
杜子欽	四川江津	二三	江津縣立中學畢業	四川江津縣朱家沱謝國珍轉
李紹𡎺	吉林扶餘	二五	北京學院中學畢業	吉林扶餘長春嶺鎮裕和興
李樹新	吉林吉林	二三	吉林第一高中修業二年	吉林省城東關岔路口福順益
李鳳岐	黑龍江嫩江	二五	黑龍江省立第一師範畢業	黑龍江嫩江同發和
吳蘭生	吉林德惠	二四	吉林省立第五中學畢業	吉林德惠十二馬架子天成玉
邵之樾	安徽績溪	二〇	京師第二中學畢業	前門外琉璃廠老胡開文轉交

宋復殷	四川青神	二一	成都高等師範附屬中學畢業	四川青神南街
呂存心	山東高苑	二四	北京中國大學預科肄業	山東高苑縣城北呂家寨
周志遠	吉林寗安	二一	吉林省立第一師範畢業	吉林寗安縣乜河鎮杏林堂
周季韜	吉林楡樹	二三	京師弘達學院中學畢業	吉林楡樹四合城福源永
范蔭桐	北平	二〇	京師第二中學畢業	崇文門外河泊廠五號
梁錫福	河北冀縣	二三	直隸省立第一中學畢業	河北棗强忩鎮蔭昌號轉
唐玉成	湖南漵浦	二三	嶽雲高中修業一年	湖南新化轉龍潭鎮
姜孝昌	江蘇武進	二一	大同中學高級修業一年	騎河樓十八號
高祖傳	河北甯河	二三	豐潤縣立中學畢業	平奉路蘆台藥王廟
姚樹崢	河北沙河	二〇	京兆高中修業一年	漢平路裕褳鎮東站轉交
陳玉均	四川樂山	二三	四川嘉定中學畢業	四川樂山縣蘇溪場太盛店轉
陳召培	廣東陽江	二三	陽江縣立中學畢業	廣東陽江閘坡源泰號

陳其柯	湖南溆浦	二三	嶽雲高中修業一年	湖南溆浦豫泰長
許道齡	廣東瓊東	二四	廣東省立第十三中學畢業	廣東瓊州瓊東福田市永遠昌號轉
張書堂	吉林磐石	二六	吉林省立第一師範畢業	吉林磐石縣耕讀堂
張馥菽	山西安邑	二二	山西省立第二師範畢業	山西安邑縣城內郵局轉東王村本人收
張藝林	湖南安化	二四	湖南嶽雲中學畢業	湖南安化馬蹲市轉白羊塘
賈維桀	察哈爾蔚縣	二〇	私立四存中學畢業	廣靈縣充實茂號
魯仁育	河北遵化	二四	直隸省立第五中學畢業	河北遵化城內萬興永轉交
鄧　炤	察哈爾蔚縣	二三	山西省立第三師範畢業	山西廣靈西關惠德貞轉
潘先桐	廣東樂會	二三	廣東省立第十三中學畢業	瓊崖瓊東長坡市永益昌號
趙六生	山西五台	二一	大同中學高級一年	山西五台槐蔭村
趙景森	河北安次	二一	北京第一英文學校中學畢業	平津路楊村站石各莊穆家口
劉壯武	陝西綏德	二二	晉汾公理會立銘義中學畢業	陝北綏德聚合德

劉雨新	黑龍江大賚	二二	北京學院中學畢業	黑龍江大賚縣玉豐瑞轉
劉思愛	山東黃縣	二三	大同中學高級一年	山東龍口宜興德
劉繼曾	河北徐水	二三	保定育德中學畢業	河北徐水縣蘆草灣村
劉鴻業	吉林雙城	二六	吉林省立第三中學畢業	吉林雙城東北隅後府前院本宅
蔣恩溯	遼寧北鎮	二一	奉天東邊林科高中畢業	奉天省黑山縣西正安堡
齊廣華	河北隆平	二三	直隸省立第十二中學畢業	河北隆平千戶營鎮東街
譚忠方	察哈爾宣化	二〇	直隸省立第十六中學畢業	宣化炸子市街
薛維嶽	四川雲陽	二二	雲陽縣立中學畢業	
龍程銓	廣東瓊山	二一	瓊山縣立中學畢業	廣東瓊州海口大街泰昌隆號轉交
羅逢讓	河北靈壽	二二	保定育德中學畢業	河北行唐城內西街隆盛和轉岔頭鎮德裕成
于仁和	吉林琿春	二五	吉林省立第一中學畢業	吉林琿春海關郎寶宸轉
王慰遲	廣東梅縣	二三	北京弘達學校畢業	汕頭松口松源新圩東興公司

杜士林	河北肅寧	二二	直隸河間第三中學畢業	獻縣窩北鎮蚨生長轉龍泉村交	
何邦儒	四川華陽	二一	成都高專附中畢業	成都慶雲南街十九號	
周聚瀛	河北趙縣	二一	保定育德中學畢業	河北趙縣城內大有恒	
孟尊德	河北行唐	二二	直隸省立第十五中學畢業	行唐城內德祥成	
段振剛	河北安平	二二	河北省立第六中學畢業	安平縣長屯村	
陳洪範	廣東文昌	二六	廣東省立第六師範學校中學部	廣東瓊州海口得勝沙街泰安號	
焦藴柟	河北井陘	二三	天津扶輪中學校畢業	正泰鐵路岩峯車站郵局轉	
劉文炳	河北安國	二三	直隸省立第六中學畢業	河北安國縣南關裕亨源交	
劉昌星	福建福安	二四	京兆高級中學畢業	福建福安柏柱鄉	
苑守智	河北晉縣	二四	直隸省立第七中學畢業	河北晉縣同義成轉	復學
郭光華	河北大名	二五	同等學力	大名金灘鎮恒豐裕	復學
馮芾周	陝西臨潼	二六	陝西省立第三中學畢業	陝西三原東關蕭家巷四號	復學

曹樹琚	江蘇銅山	二五	江蘇省立第十中學畢業	徐州單家集福茂行	復學
楊繼業	湖南湘潭	二五	湖南長郡公學中學部畢業	湖南湘潭德裕和	復學
劉嘉祥	河北天津	二二	天津南開高中修業一年	沙灘新開路一號	復學
王耕田	山東曹縣	二四	山東省立第六中學畢業	山東曹縣東關心一店	復學
王龍輿	廣東瓊山	二三	瓊山中學畢業	廣東瓊州海口大街合和昌號轉	復學
李子壬	甘肅武都	二四	甘肅省立第一中學畢業	甘肅武都唐家巷	復學
李紹孟	河北沙河	二二	直隸省立第十二中學畢業	沙河縣贊善鎮轉交大掌村	復學
何炳烈	四川武勝	二三	重慶聯合縣立中學畢業	四川武勝縣西街何根培轉	復學
徐秉經	山東曹縣	二三	山東省立第六中學畢業	山東曹縣姚萬摟宅	復學
馬玉麟	陝西綏德	二四	陝西咸林中學畢業	陝西綏德縣義合鎮同德成	復學
陳鎮原	湖南新化	二四	新化縣立中學畢業	湖南新化白溪圳上信箱	復學
張金鑑	河南安陽	二五	河南省立第十一中學畢業	河南安陽夏寒村	復學

預科甲部
一年級

崔升公	河北沙河	二三	直隸省立第十二中學畢業	河北沙河縣冊井鎮轉	復學
傅關泉	浙江蕭山	二七	浙江安定中學畢業	杭城臨浦永記絲行轉	復學
覃濬玄	湖南石門	二四	石門縣立中學畢業	湖南石門縣磨市	復學
滕慶琛	安徽蕪湖	二三	民國大學預科修業一年	蕪湖北門內淳良里三號	復學
劉清泗	山東曹縣	二六	山東省立第六中學畢業	山東曹縣付堂街劉宅	復學
毛士蓮	河北通縣	一九	京師第一女子高中一學期		
王盂鍾	廣東番禺	一八	北平崇德中學四二制初中畢業	廣州西關存善北街九號王遠蔭堂	
王殿魁	遼寧莊河	二〇	東邊道商科高中一學年	遼寧金州城子疃福興海	
王國華	黑龍江巴彥	二三	北京中學四年畢業	黑省彥裕豐泰	
石振亞	河南偃師	一八	師大附屬高中肄業一年	河南偃師城內牛池街石宅	
史凱元	河北安國	二一	直隸省立第六中學畢業	河北安國城東西王奇村	
杜鴻雄	陝西米脂	二一	晉汾公理會立銘義中學畢業	陝西米脂縣	

李文東	河北高邑	二二	河北省立第六中學畢業	河北高邑縣翼盛裕交
李忠熾	四川巴中	一九	天津河東初中四年畢業	宣外大街中央刻經院
李鳳翱	吉林伊通	一八	奉天遼中縣立第一高中一學年	吉林伊通伊丹鄉天增祥
吳　愷	河北吳橋	一九	河北省立第二中	河北吳橋縣城內太平街
尙崇訓	陝西榆林	二二	陝北榆林中學畢業	陝北榆林古樓後巷門牌八號
林基齊	山東文登	一九	北平弘達中學初中四年畢業	山東文登縣萬春和轉
武　斌	黑龍江巴彥	二四	北京弘達中學四二制初級畢業	黑龍江巴彥縣教育局
范聲颺	廣西桂林	二〇	合川縣立中學畢業	桂林八角塘鉢園間壁安慶堂
姜元科	河北冀縣	二〇	保定育德四二制初中畢業	河北冀縣甯晉營台村交大羅
姜岳胤	四川重慶	一九	天津南開高中肄業一年	四川巴縣姜家場場口
郝毓英	山北武强	一九	河北十七中學高級修業二年	天津河東小間只家胡同十一號
袁秩恩	山東榮城	二〇	北平特別市第一中學高級一年	山東榮城城裏文興成轉

秦　琍	河南固始	二〇	北平河南高中四二制二年肄業	宣武門外校場三條四十六號
陳梅雨	河北獲鹿	二一	河北省立第七四二制初中畢業	石家莊李村鎮天意成
陳華癸	江蘇崑山	一七	北平弘達四二制初中畢業	江蘇吳縣顏家巷二十六號
雷利堅	四川富順	一九	四川省立第四中學畢業	四川自流井謙益當交
張壽常	河北定縣	一九	河北省立第九中學畢業	河北定縣城內養源堂
楊自林	吉林寗安	一九	北平公立第一中學高級一年	吉林會館（東城乾面胡同）
楊治洲	湖南長沙	一九	香山慈幼院舊制中學畢業	長沙保安里十八號
路兆洽	河北清苑	一九	保定育德四二制初中畢業	河北清苑城南張登鎮轉牛家莊
靳　瀛	山西高平	二一	山西省立第四中學畢業	山西高平北詩村郵局轉
曾憲彭	山東曹縣	二一	京師大同高中修業一學年	山東曹縣青堌集源遠長轉曾寨
孫殿卿	吉林同賓	二三	吉林省立第三師範畢業	吉林哈爾濱上號三巨永
崔垂虹	吉林長春	二一	吉林省立第二中學畢業	長春西四道街天元木局

預科乙部一年級

劉瑞	河北甯河	二一	北平弘達中學四二制初級畢業	河北省甯河縣福興長
劉亦璡	河北安新	一九	北平四存中學初級四年畢業	河北安新北馮村
潘守烈	山東濟甯	二五	北平勵志中學初級四年畢業	山東濟甯石門口
潘守熙	山東濟甯	一七	仝	山東濟甯石門口
葛維賢	江蘇蕭縣	二一	徐州高中二年期滿	江蘇蕭縣聖發街
閻克明	河北無極	二三	保定同仁中學畢業	河北無極西漢村
顧兆豐	浙江紹興	一七	北平河南四二制初中畢業	前門外西河沿一百七十八號
冀丕揚	綏遠豐鎮	二〇	河南省立第五高中肄業一年	平綏路豐鎮福興街十八號
沈德松	湖北恩施	一九	京師第三中學畢業	四川夔州三角壩萬盛全轉
牛佩瑤	山西定襄	二四	山西崞縣縣立中學畢業	山西定襄天生信
王玉林	吉林吉林	二五	吉林省立第一師範畢業	吉長路樺皮廠站王宅
王士貞	吉林吉林	二三	京大文科補習班	吉林中國銀行東胡同五號

王永安	遼寧遼陽	二三	私立北平中學四年畢業	遼寧遼陽北小烟台轉大黃金屯
毛存學	河南濬縣	一九	河南彰德高中肄業一學年	河南淇縣河東趙崗村
王希曾	河北唐縣	二一	河北省立第二師範肄業四年	河北省唐縣崇記號交
王煥勛	河北定興	二一	保定育德中學畢業	定興楊村一本堂交
王振洲	山西天鎮	二〇	山西省立第三中學四年畢業	山西天鎮東井集鎮郵局轉
王象咸	河北安平	二一	保定育德四二制初中畢業	河北深澤鐵干鎮交張敖村履祥堂
王秉文	吉林伊通	二六	奉天省立第三高中畢業	吉林省伊通縣城隍廟東院
王滎棠	河北趙縣	二一	直隸省立第十五四二初中畢業	河北趙縣城內王宅
王曉聃	吉林長春	二〇	吉林省立第二中學畢業	長春西四馬路朝陽胡同南四片五一八
王覺民	北平	二一	同等學力	平南麗各莊祥泰棧
王靄芬	浙江蕭山	一九	同等學力	東四南箭廠胡同十二號
石寶瑚	河北樂亭	二〇	東省特別區第一中學理科一學年	樂亭新口靜心堂

田濱	河北曲陽	二三	河北省立第六中學畢業	河北安平馬店鎮香官村
田金生	黑龍江慶城	二一	黑龍江省立第一工科高中二學期	黑龍江省慶城茂生恒
田春霖	河北薊縣	二三	北平師範學校畢業	河北薊縣馬伸橋永盛隆轉驗甲營
包乾元	浙江吳興	一九	同等學力	嵩祝寺後身一號
朱僑	浙江海鹽	一八	同等學力	德勝門內草廠大坑二十一號
池興貴	黑龍江望奎	二五	私立北京中學四年畢業	黑龍江省望奎縣教育局
杜金桂	河北任邱	二三	保定育德四二制初中畢業	河北任邱縣石門橋台基寺
祁俊德	河北正定	二三	保定培德中學初級四年畢業	石家莊郄馬鎮轉北豆村
李斐文	河北深澤	二一	保定育德四二制初中畢業	河北省深澤縣南關福泉湧
李潤生	江蘇銅山	二三	江蘇省立第十中學舊制畢業	徐州隴海路郝寨站王套轉
李福瀚	北平	二一	京師第三中學四二制初級畢業	北平宮門口西廊下十一號
吳有謙	河南潢川	二〇	中州大學附設高中一學年	河南開封右司官口四十四號

吳守謙	河北博野	一九	同等學力	河北博野縣北楊村鎮轉小西章村
金鳳儀	黑龍江龍江	二一	黑龍江第一師範高級一年半	黑龍江省城北關女子中學後院
金嶺峙	河北行唐	二一	河北省立第六中學畢業	河北行唐南曲河鎮仁術堂
周文林	河北唐縣	二〇	同等學力	河北唐縣南街同生號轉交西迷城村
易廷毓	四川梁山	二三	武昌中華大學預科修業一年	四川梁山教育局
武紹周	山西大同	一九	太原進山中學四二制初級畢業	山西大同府一間房十一號
胡福林	河北望都	二一	保定培德中學初級四年畢業	平漢路望都縣通興煤廠王家莊
高永昌	河北霸縣	二五	京兆師範學校畢業	天津西辛章策城
陸隱我	廣東梅縣	二〇	廣東省立第五中學畢業	廣東梅縣
郎依山	吉林伊通	二三	吉林省立第一高中一年修業	吉林省伊通縣福玉木局
梁輝章	河北滿城	二〇	保定育德中學畢業	保定西大街德興藥局轉交
陳　智	山西崞縣	二四	崞縣縣立中學畢業	山西崞縣原軍萬錦榮

陳東旭	河南濬縣	二〇	河北彰德高級中學一學年	河南濬縣洪門鎮高級小學轉交雙鵝頭
陳鴻寰	河北玉田	二一	天津河北中學初中四年畢業	河北玉田縣錢家溝
馬珏	浙江鄞縣	一九	同等學力	寗波市湖西虹橋
馬耀琳	河北定縣	二三	潞河高中肄業二年期滿	河北定縣東停鎮馬家莊
馬寶珠	河北行唐	一九	河北省立第七四二制初中畢業	河北行唐南街聚益祥交賈木
黃淑懿	湖南沅陵	一五	同等學力	前門內馬神廟五號
温紀鈁	山東招遠	二五	河北第十七高中修業一年	山東招遠城西門裡
姬應運	山西永濟	二三	山西省立第二師範畢業	山西永濟張營鎮同心粟店轉東張村
張以楨	江西萍鄉	一八	京師第一女子高中一學期	西單斜街八號
張立德	山西夏縣	二一	太原戉成舊制初中中畢業	山西夏縣集義誠號史莊村
張承鉌	山東長清	二〇	山東大學附設高中肄業二學期	山東省長清縣城西辛店屯轉白草林
張富歲	湖北襄陽	二〇	同等學力	湖北襄陽張家集

張錫瑞	山西崞縣	二三	崞縣縣立中學畢業	山西崞縣原平永元亭
張崑山	吉林甯安	二三	東省特別區第二高中一學年	吉林甯安縣東馬道路東張宅
張德明	河北藁城	二三	河北省立第七初中四年畢業	河北藁城九門
張聯沛	河北天津	一八	天津南開高中肄業一學年	天津南開壽康里十六號
楊有奇	河北樂亭	二一	田氏私立高中肄業一年半	樂亭西南楊崗子莊
楊克銳	黑龍江龍江	二七	黑龍江省立第一中學畢業	黑龍江龍江縣省立中學東院楊宅
馮家藩	江蘇蕭縣	二三	浦東高中畢業	徐州隴海路楊樓車站馮場寨
曾學廣	四川江油	一九	北平志成四二制初中畢業	
崔承訓	河北安次	一九	同等學力	平奉路萬莊站轉舊州保和堂交茨鄉村
趙燕孫	河北唐縣	二三	河北甲種工業學校畢業	河北康縣大張合莊村
鄭文華	察哈爾張北	二二	同等學力	張垣深溝西糖房巷
劉杲	山西靈邱	二三	太原平民中學高級一學年	山西靈邱縣福中興轉

九一

劉鉞	山西右玉	二四	山西省立第三師範畢業	山西右玉縣殺虎口
劉松雲	山東長清	二〇	中大區立東海高中肄業一年半	濟南大槐樹英華醫院
劉慶衍	福建閩候	一八	山東正誼高中肄業二年	
齊聯科	河北完縣	二一	保定育德四二制初中畢業	河北完縣教育局
桑毓森	遼寧西豐	二〇	北平大學附中高級肄業一年半	遼寧省西豐縣桑宅
葉祖灝	河南商城	一九	南京鍾英中學高級一年半	河南商城南關信和宏收轉
婁壽昌	河北冀縣	二一	保定育德中學四二制初畢業	河北束鹿王口交西堤張家莊
鄧國材	湖南郴縣	一八	香山慈幼院四二制初中畢業	平西青龍橋第三慈幼院
賴賢頴	福建思明	一九	京大文科補習班	台灣彰化街市子尾一六零號
賴濟康	福建長汀	二三	汀州高中肄業一學年	福建長汀南門二十二號
韓映坡	江蘇江寧	二〇	香山慈幼院中學科畢業	江蘇鎮江江南印書館
繆振鵬	福建福安	二〇	河北第十七中學高級一學年	福建福安穆陽

龐景仁	吉林寧安	二〇	哈爾濱廣益高中肄業一年半	王府井大街華北日報社副刊編輯部	
續庭模	山西崞縣	二五	崞縣縣立中學畢業	山西崞縣宏道鎮三益公	
蕭家駒	貴州貴陽	二一	貴州省立師範學校畢業	貴州貴陽南大街	
李登霄	陝西綏德	二三	陝西華縣咸林中學畢業	陝西綏德城內興隆巷	復學
陳列	浙江樂清	二四	浙江省立第十中學畢業	溫州樂清白象轉山東	復學
徐運元	江西瑞昌	二〇	北京成達中學畢業	江西瑞昌縣石壁徐村	復學
許清棋	甘肅海源	二六	甘肅省立第一中學畢業	甘肅海原興仁堡	復學
王毅君	山東掖縣	二三	弘達學院中學畢業	山東掖縣過西育仁堂	
王恩川	山東棲霞	二三	北平弘達學院畢業	烟台東馬路德豐和	
侯恩釗	河北高陽	二五	保定第六中學畢業	高陽城南大團丁鎮河西村	
李秀華	廣西桂平	二七	廣西省立第二中學畢業	廣西桂平振安圩郵轉	
吳建屏	湖北通城	一七	北京志成中學業畢	湖北通城吳永豐轉	

梁金榮	廣東羅定	二三		廣東羅定太平圩泰利號
唐慶雲	湖南常寗	二三	湖南省立第三師範畢業	湖南常寗西門外協和
喬鴻瑞	江蘇寶應	二一	大同中學高級修業一年	江蘇界前沙溝迎巽橋
鄂裕綿	北平	二一	京兆高級中學一年	北新橋褡褳坑四十四號
張國楨	綏遠豐鎮	二三	直隸省立第十六中學畢業	綏遠豐鎮隆盛莊大瑞恒
歐陽卓	湖南湘陰	一九	北平畿輔中學畢業	湖南湘陰縣袁家鋪以農莊
劉茂恆	河南鞏縣	二三	弘達學院中學畢業	河南鞏縣乾泰成交
劉緝熙	河北武清	二一	私立四存中學畢業	楊村北雙樹郵局轉後迤寺
劉善繼	河北深澤	二三	直隸第一師範畢業	河北深澤商會轉

本科旁聽生

系別	姓名	籍貫	年歲	通信處	備考
國文系	申佩芬	吉林吉林	二四	吉林省城北山神廟德慶永後胡同	
	李棟	北平	三二	大興縣街二十號	
	高喬君平	日本	三二	東京市神田區中原樂町日華學會	
	吉川幸次郎	日本	二六	日本京都市京都帝國大學	
	倉石武四郎	日本	三三	仝	
	植田修	日本	二五	北平日本公使館	
英文系	丁來東	朝鮮	二七	朝鮮全南谷城郡過內里默容室	
	萱原信雄	日本	二五	北平日本公使館	
史學系	單士元	北平	二五	地安門內安樂堂十一號	
政治系	侯啟仁	陝西藍田	二八	陝西西安南廣濟街福興張	

九六

國立北京大學畢業同學録（一九三〇）

本册全名「民國十九年國立北京大學畢業同學録」，是現存1926年之後的新一册畢業同學録。與1926年畢業同學録相比，本册内容有增删，主要包括校長、教務長、總務長及各系主任、教員照片，各系畢業同學以及校景照片，最後附有教職員名録。删去了「本校狀況紀要」，增加了職員名録，不再是僅收録教員。

本册首先刊登有校旗，然後是代理校長陳大齊的「臨别贈言」。1929年9月，南京國民政府任命蔡元培爲復校後的北京大學校長，未到任前由陳大齊代理，蔡元培因種種原因，未能到任，一直由陳大齊代理。陳氏在贈言中希望北大學生畢業後「仍以治學之方法治事」，並發揚「堅毅」精神，入社會之大「冶爐而不爲鎔化」。此外，從贈言我們還可知，當時的北京大學「設有十八學系」。

陳大齊的贈言之後，刊有北大「文化之鐘」圖像，接下來是時任總務長王烈的贈言。王氏贈言開篇感慨「在我國這種風雨飄摇的教育狀況之下，諸君居然完成了大學教育，真是一件很不易的事」。贈言希望畢業生在學業上繼續研究，在服務上繼續爲社會爲國家奮鬥，「發揚北大的光榮於全國」。

此後是校長蔡元培、代理校長陳大齊、總務長王烈、教務長何基鴻，以及各系主任及教員的照片。與1926年畢業同學録所刊登的照片相比，化學系主任改爲胡壯猷，哲學系主任改爲張頤。雖然1926年未刊登英文系主任照片，本年英文系主任温源寧也是一個變化。此外，周作人任最新增設的東方文學系主任。

本册刊登教員照片111人，物理學系講師張佩瑚，哲學系講師傅銅、嵇文甫、林志鈞、張崧年（申府），中文系講師余嘉錫，東方文學系講師錢稻孫，史學系講師葉瀚、劉崇鋐等照片，較爲稀見。畢業生照片按系别分類，以單頁分隔，單頁上印本系系名。各系同學以姓氏筆畫順序排列，並有合影、校景、實驗室等圖片，地質系還刊登了野外地質考察照片。

本册收録各系畢業生人數，數學系11人，物理學系7人，化學系4人，地質學系2人，哲學系11人，心理學系1人，教育學系7人，中國文學系12人，英文學系11人，法文學系3人，德文學系1人，史學系4人，法律系16人，政治系25人，經濟系15人，共計130人。將畢業生名單與1929年《國立北大學院同學録》對比，可知本年畢業生即1929年《國立北大學院同學録》中的本科三年級。1929年同學録收録三年級140人，到1930年畢業時爲130人。

畢業生中，選取幾位略加介紹。

哲學系韓儒林（1903—1983），歷史學家。1933年赴歐洲留學，1936年回國，歷任燕京大學講師、輔仁大學教授、成都華西大學教授、中央大學教授等職。新中國成立後，任南京大學歷史系主任，創立南京大學元史研究中心。1965年任内蒙古大學副校長。

國文系韓壽萱（1899—1974），博物館學家。1931年留美，攻讀博物館學。1937—1946年任職於紐約大都會藝術博物館。1947年回國，任北京大學教授，次年創辦博物館專科，任主任。新中國成立後，任北京歷史博物館館長、中國歷史博物館副館長。

英文系袁家驊（1903—1980），語言學家。畢業後任上海北新書局編輯、北京大學助教。1937年赴英國牛津大學留學。1940年回國後，任西南聯大教授。抗戰勝利後，隨北京大學復員北平。1947年再度赴英，1949 年回國，繼續任教於北京大學，1952 年任北京大學語言專修科主任。

畢業生照片之後是軍事訓練部主任白雄遠撰寫的《本校學生軍之起源及經歷》一文，並配有相關照片 12 幅。

此後刊登有北大校景、實驗室等照片 24 張，除了常見的第一至三院，以及各宿舍大門照片外，研究所國學門、「三一八」紀念碑、大禮堂、二院水池、地質系生物系大樓、物理實驗室、化學實驗室、生物陳列室等都比較珍貴，反映了當年北大建築設施的實景。

校景之後是「本届同學録籌備委員合影」。

本册最後是北京大學教職員名録，共計 417 人，包括姓名、别字、籍貫、職務、通信處等基本信息。除了教員外，也包括圖書部、庶務部、出版部、注册部、儀器部等職員，爲歷届畢業同學録、在校同學録收録職員信息之始。

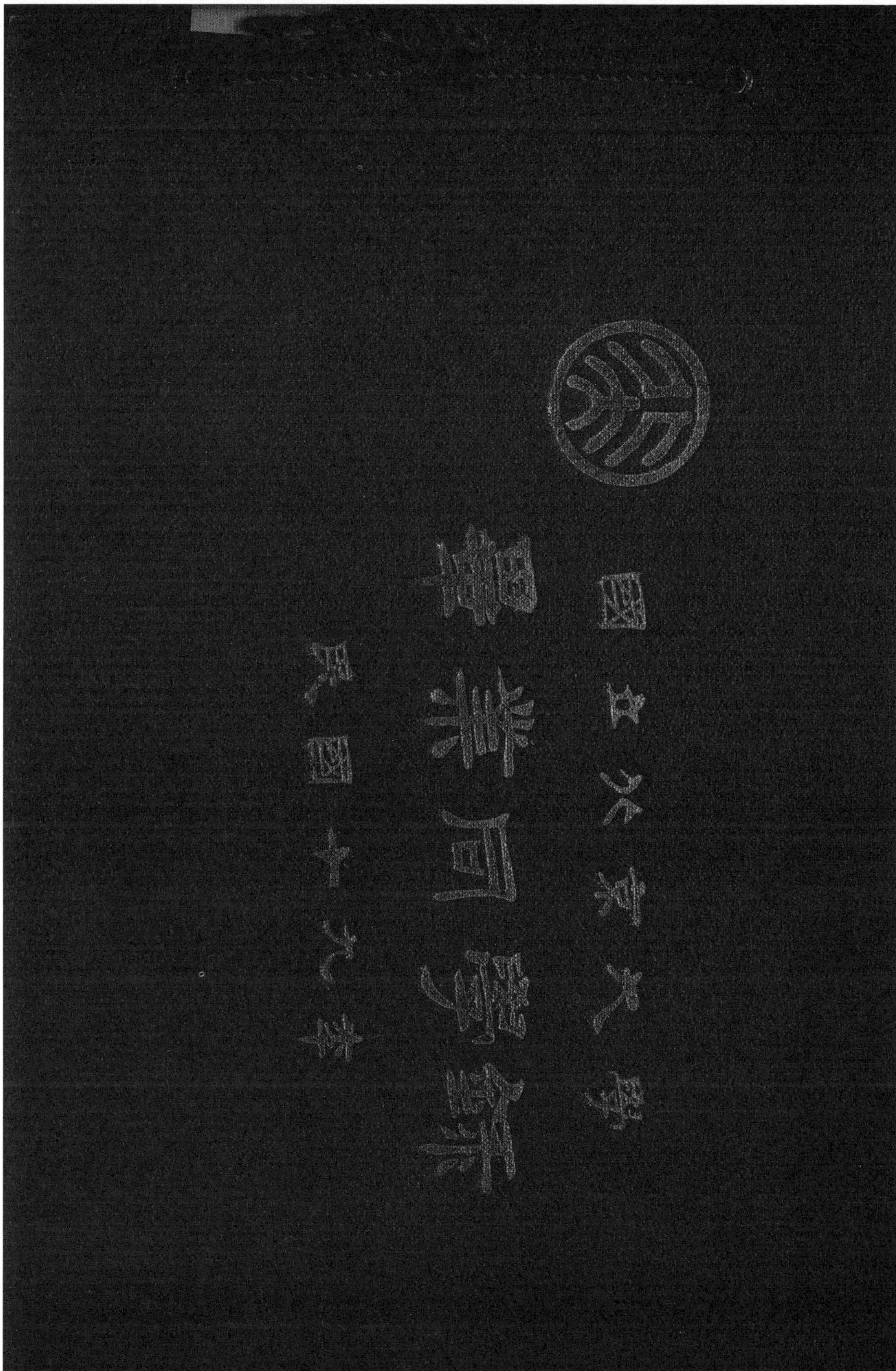
國立北京大學
畢業同學錄
民國十九年

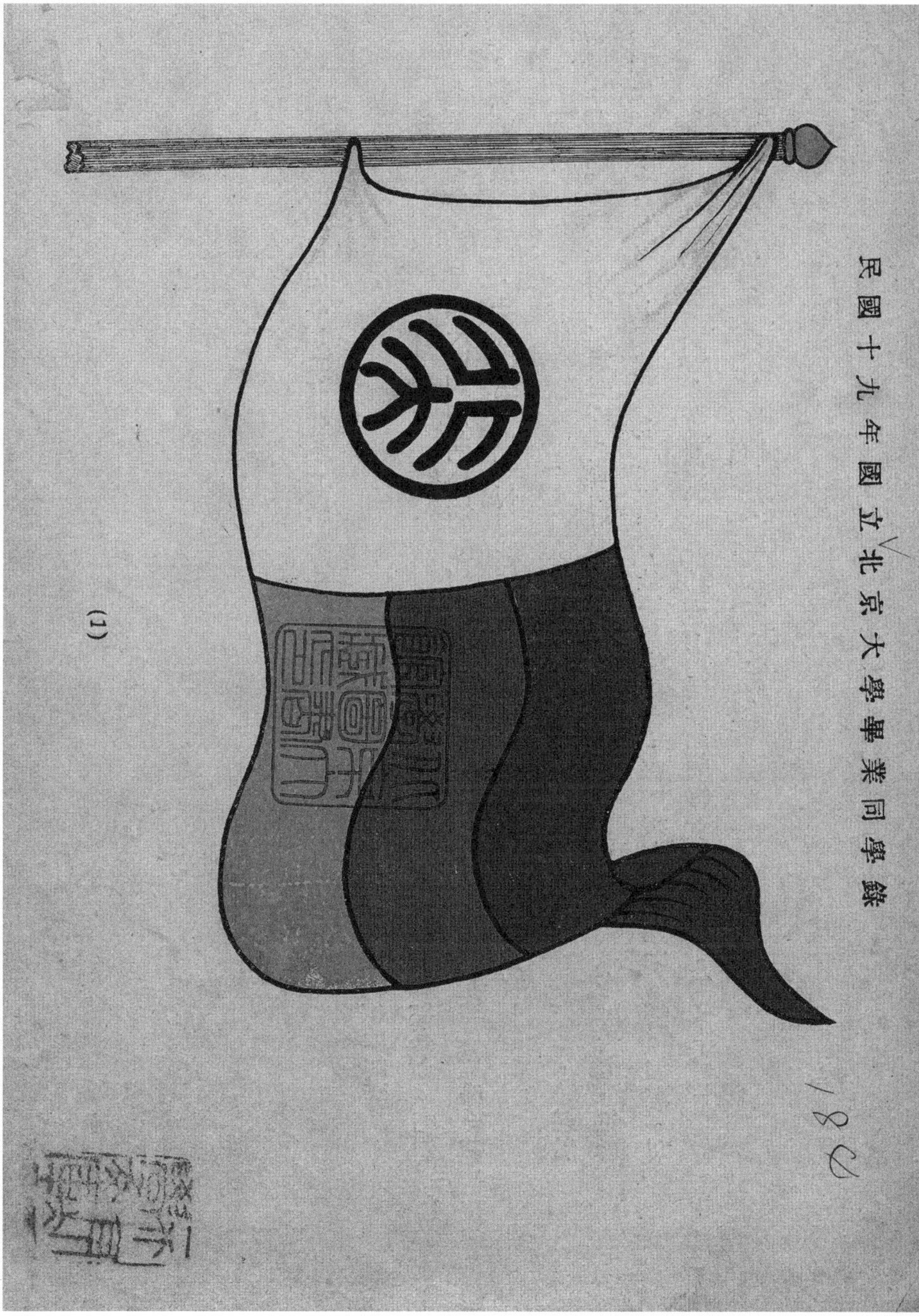
民國十九年國立北京大學畢業同學錄
(1)

臨別贈言

十九年六月，北京大學畢業諸君將離校，有編印同學錄之舉，乞言於余。余維諸君之來學於是，倏已六載。吾校設有十八學系，諸君好尚不侔，肄業各異，卽同列一學系，亦不免互有畛崎。然治學一本科學方法，此則無或稍殊者也。社會事業之繁賾，豈止如吾校之學系。若仍以治學之方法治事，則所業不同，而獲濟則一。此余所望諸君者一也！

社會如一大冶爐，平日無精邃之修養，臨時無堅毅之魄力，投身其中，鮮有不爲鎔化者。諸君自小學而中學而大學，平日之修養不可謂不精邃矣。然則入此冶爐而不爲鎔化，要在諸君之能堅毅而已。此余所望於諸君者二也！

諸君行矣，願各勉旃！

中華民國十九年六月二十五日陳大齊

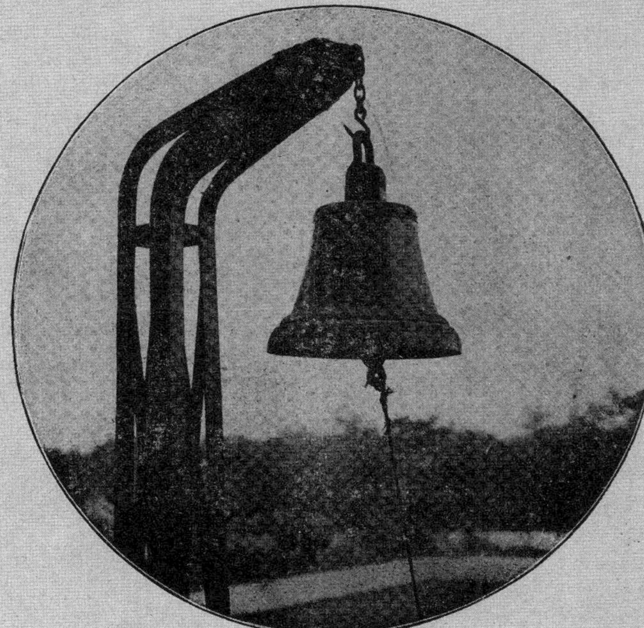

文化之鐘

(3)

民國十九年國立北京大學同學錄

在我國這種風雨飄搖的教育狀況之下，諸君居然完成了大學教育，眞是一件很不易的事。回憶這六年中，我校經過了多少困難，才得到今日這樣的地位。現在諸君畢業了。我一方面很榮幸的來慶賀你們；一方面還希望諸君在學業上，本着精益求精的宗旨，去繼續研究，在服務上，本着在校飽受困苦的經驗，百折不回的精神，去繼續爲社會爲國家奮鬥，發揚北大的光榮於全國。諸君前程無量，願各好自爲之。

王烈

民國十九年國立北京大學畢業同學錄

校長
蔡元培先生

(5)

民國十九年國立北京大學畢業同學錄

代理校長
陳大齊先生

總務長
王烈先生

教務長
何基鴻先生

民國十九年國立北京大學畢業同學錄

數學系主任
王仁輔先生

物理學系主任
夏元瑮先生

化學系主任
胡壯猷先生

民國十九年國立北京大學畢業同學錄

哲學系主任
張頤先生

心理學系主任
樊際昌先生

教育學系主任
戴夏先生

中國文學系主任
馬裕藻先生

英國文學系主任
温源寧先生

法國文學系主任
賀之才先生

民國十九年國立北京大學畢業同學錄

德國文學系主任
楊震文先生

東方文學系主任
周作人先生

史學系主任
朱希祖先生

民國十九年國立北京大學畢業同學錄

經濟學系主任
徐寶璜先生

軍事訓練部主任
白雄遠先生

數學系教授
胡濬濟先生

(11)

民國十九年國立北京大學畢業同學錄

數學系教授
秦汾先生

數學系教授
王尙濟先生

數學系講師
顧澄先生

數學系講師
趙淞先生

數學系講師
吳維清先生

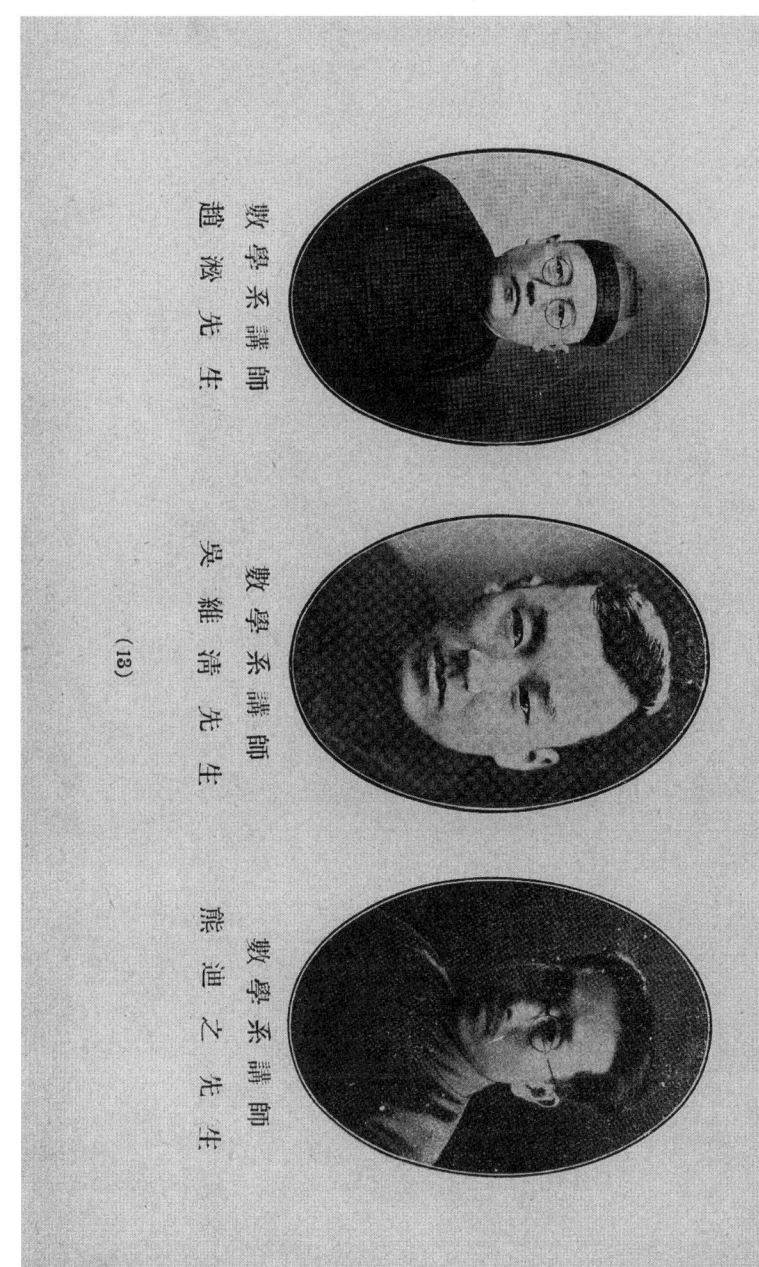

數學系講師
熊迪之先生

民國十九年國立北京大學畢業同學錄

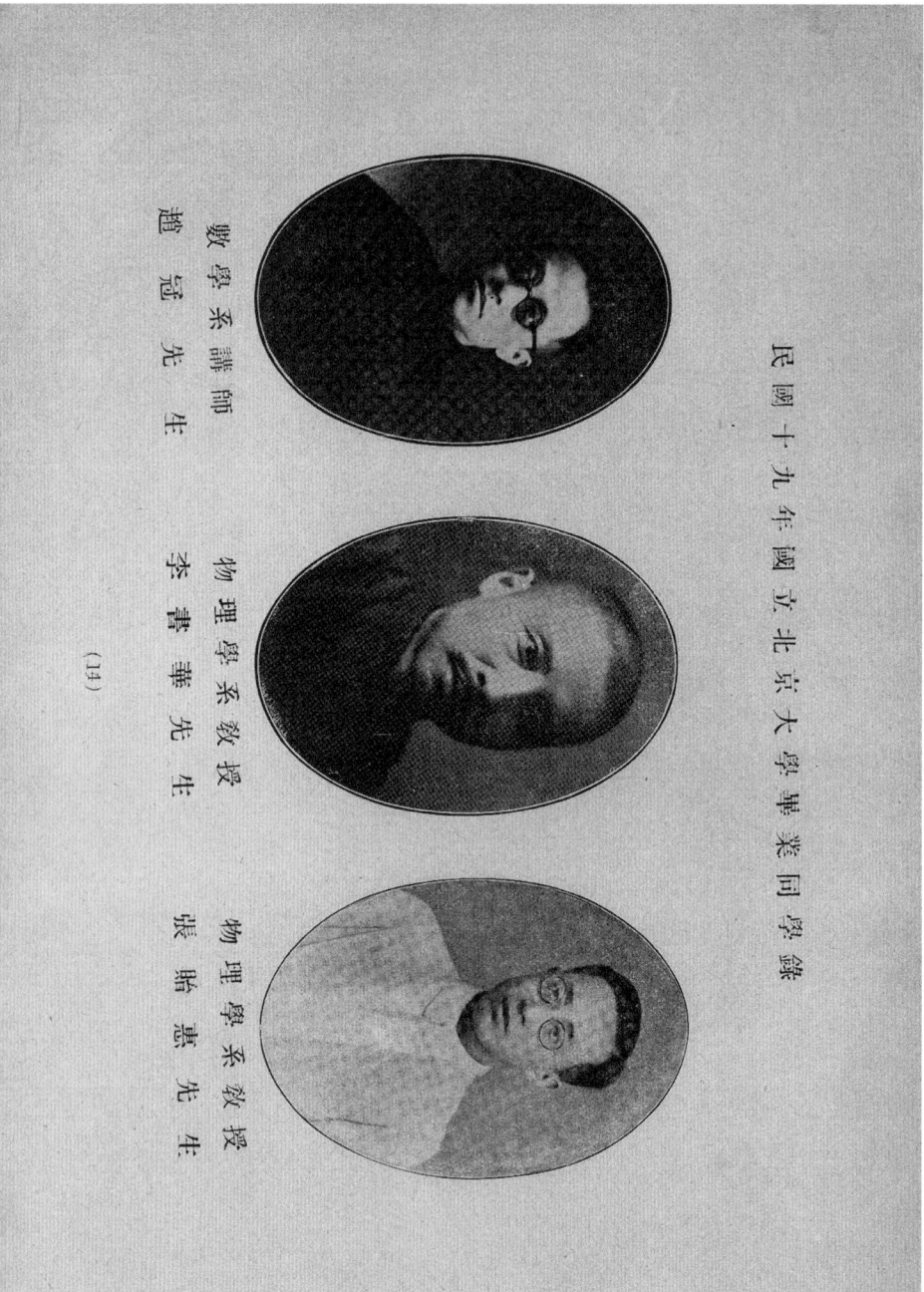

數學系講師
趙冠先生

物理學系教授
李書華先生

物理學系教授
張貽惠先生

民國十九年國立北京大學畢業同學錄

物理學系教授
何育杰先生

物理學系教授
龍際雲先生

物理學系講師
梁引年先生

(15)

民國十九年國立北京大學畢業同學錄

物理學系講師
張佩瑚先生

物理學系講師
楊肇濂先生

化學系教授
李麟玉先生

化學系教授
張貽侗先生

化學系教授
丁緒賢先生

化學系教授
趙仁鑄先生

民國十九年國立北京大學畢業同學錄

化學系講師
俞同奎先生

化學系講師
郭世綰先生

化學系講師
楊公庶先生

化學系講師
楊光弼先生

化學系講師
楊塤先生

化學系講師
厤沃畬先生

民國十九年國立北京大學畢業同學錄

化學系講師
周振禹先生

化學系講師
沈奎先生

地質學系教授
王紹瀛先生

民國十九年國立北京大學畢業同學錄

地質學系教授
孫雲鑄先生

地質學系教授
葛利普先生

地質學系教授
李四光先生

(21)

民國十九年國立北京大學畢業同學錄

地質學系講師
黃福祥先生

地質學系講師
衞梓松先生

地質學系講師
金紹基先生

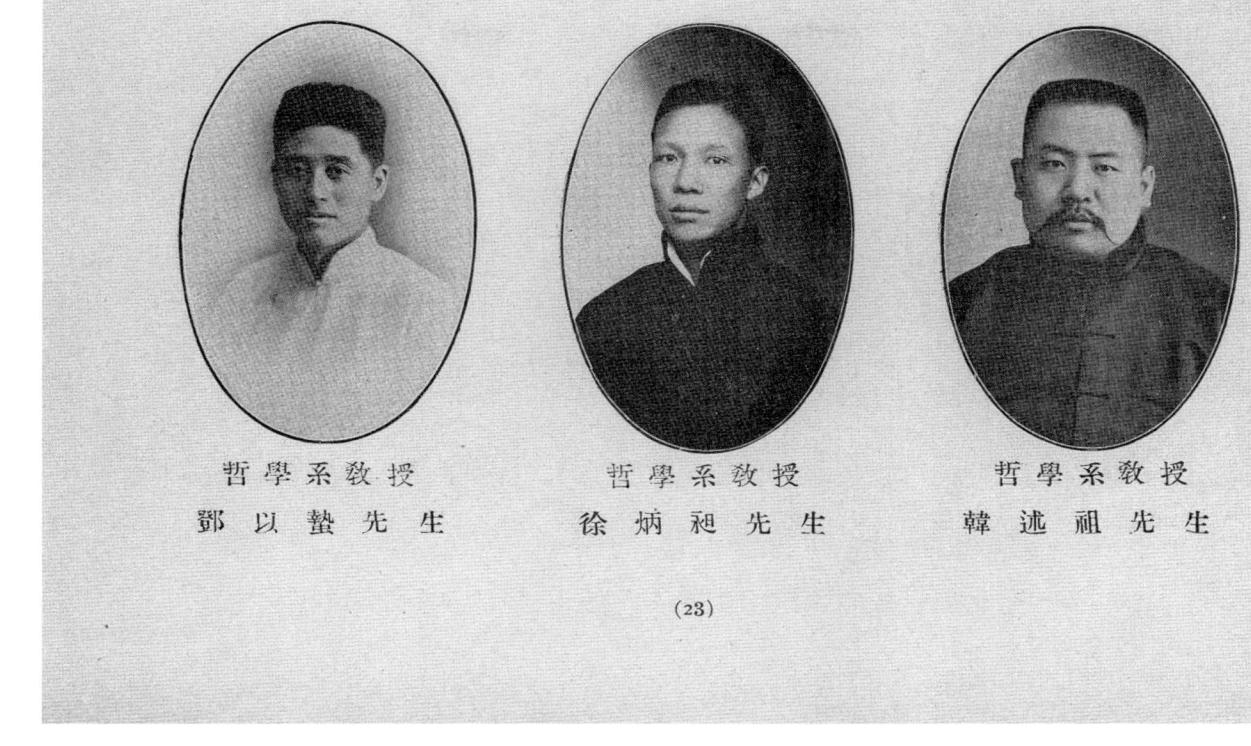

哲學系教授
鄧以蟄先生

哲學系教授
徐炳昶先生

哲學系教授
韓述祖先生

民國十九年國立北京大學畢業同學錄

哲學系講師
鄧秉鈞先生

哲學系講師
傅銅先生

哲學系講師
鄭壽麟先生

哲學系講師
彭彼得先生

哲學系講師
嵇文甫先生

哲學系教授
林志鈞先生

民國十九年國立北京大學畢業同學錄

哲學系講師
張崧年先生

教育學系教授
劉廷芳先生

教育學系教授
童德禧先生

教育學系教授
劉鈞先生

教育學系教授
馬師儒先生

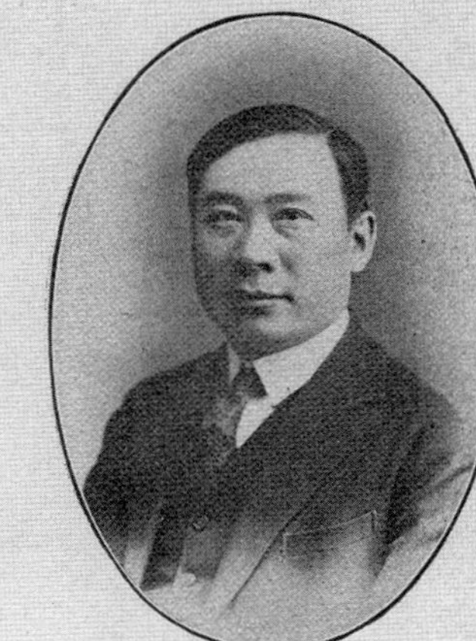

教育學系講師
李建勛先生

(27)

民國十九年國立北京大學畢業同學錄

中國文學系教授
沈兼士先生

中國文學系教授
劉復先生

中國文學系教授
黃節先生

民國十九年國立北京大學畢業同學錄

中國文學系教授
錢玄同先生

中國文學系教授
許之衡先生

中國文學系教授
俞平伯先生

（29）

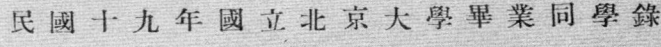

民國十九年國立北京大學畢業同學錄

中國文學系講師
黎錦熙先生

中國文學系講師
卓定謀先生

中國文學系講師
郝立權先生

中國文學系講師
嚴鍥先生

中國文學系講師
金九經先生

中國文學系教授
沈尹默先生

中國文學系講師
余嘉錫先生

英國文學系教授
芮卡慈先生

英國文學系教授
胡適先生

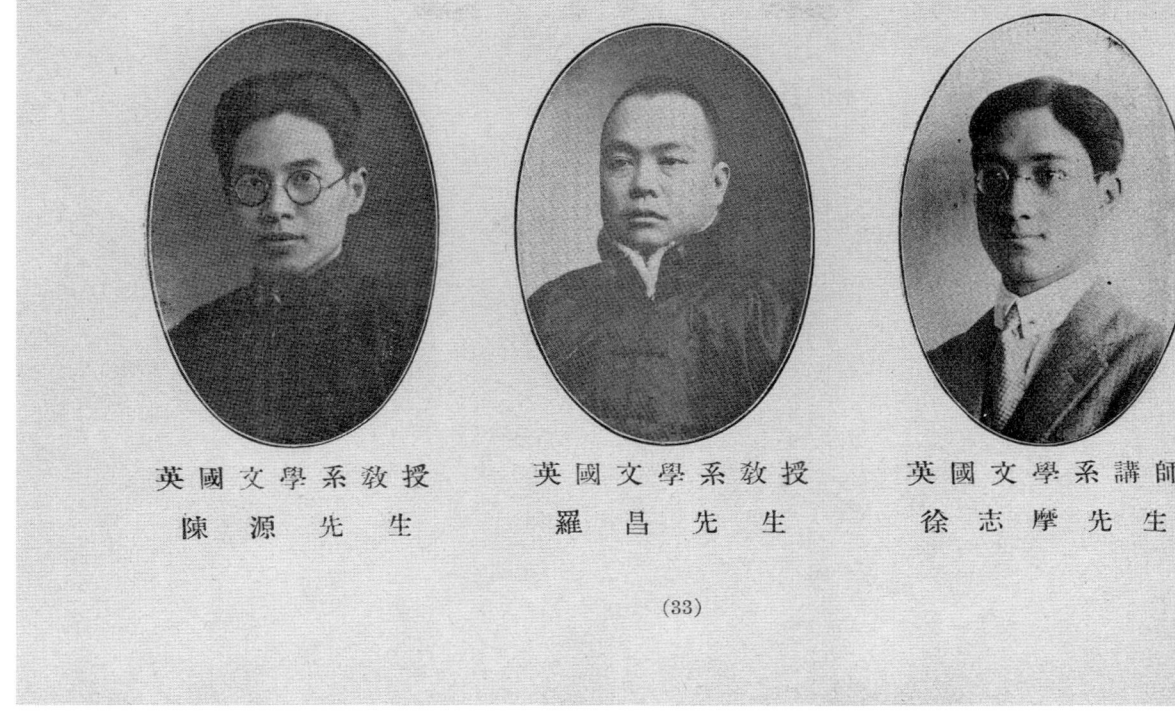

英國文學系教授
陳源先生

英國文學系教授
羅昌先生

英國文學系講師
徐志摩先生

民國十九年國立北京大學畢業同學錄

英國文學系講師
吳宓先生

英國文學系講師
王文顯先生

英國文學系講師
陳逵先生

民國十九年國立北京大學畢業同學錄

法國文學系教授
朱家健先生

法國文學系講師
陳伯早先生

法國文學系講師
鄧夫人

(35)

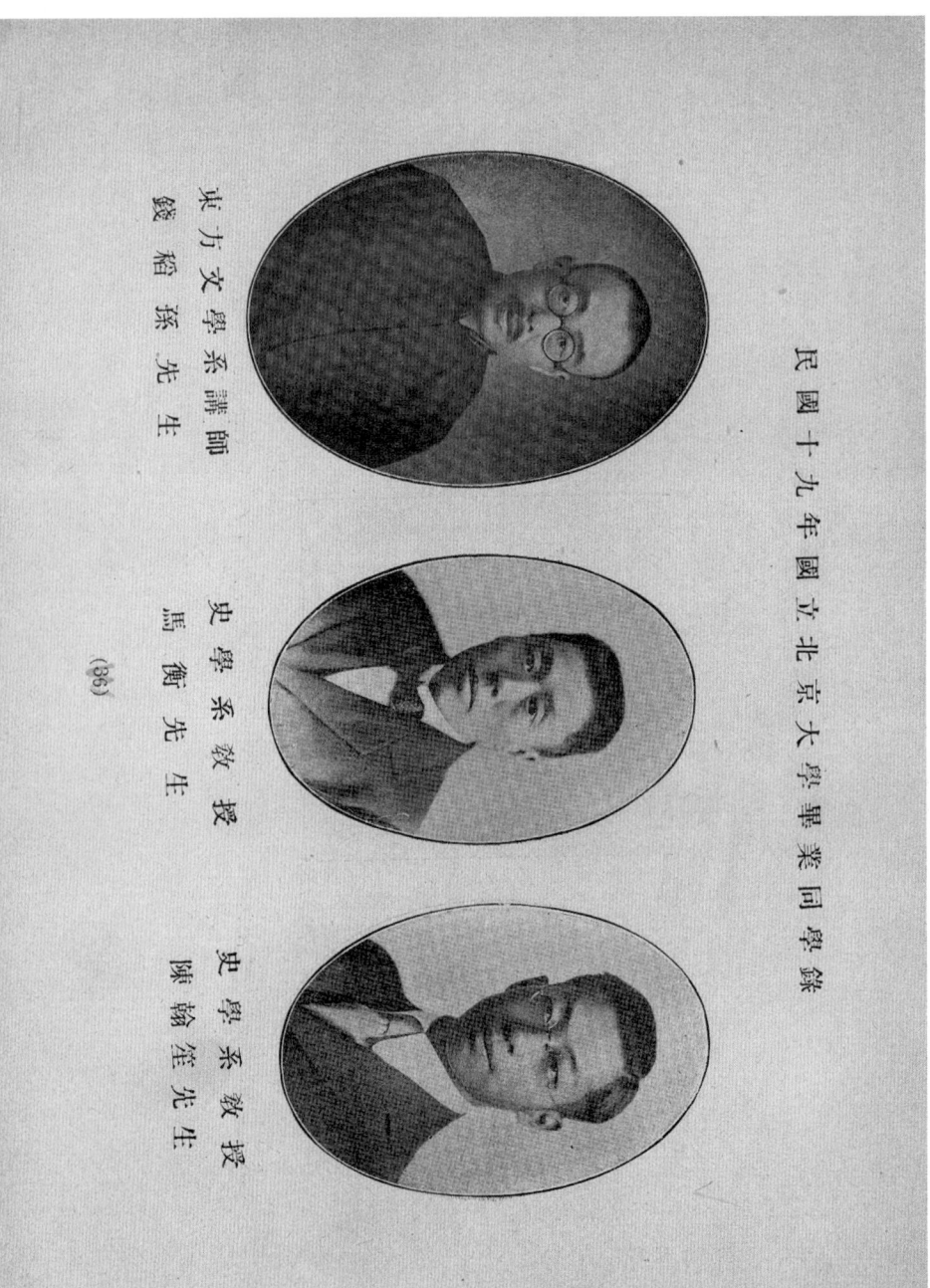

民國十九年國立北京大學畢業同學錄

東方文學系講師
錢稻孫先生

史學系教授
馬衡先生

史學系教授
陳翰笙先生

民國十九年國立北京大學畢業同學錄

史學系教授
毛準先生

史學系講師
葉瀚先生

史學系講師
陳垣先生

(37)

民國十九年國立北京大學畢業同學錄

史學系講師
劉崇鋐先生

史學系教授
陳衡哲先生

史學系講師
鄧之誠先生

史學系講師
孔繁霱先生

史學系講師
陳立廷先生

史學系講師
張星烺先生

民國十九年國立北京大學畢業同學錄

史學系講師

陳映璜先生

史學系講師

陸懋德先生

史學系講師

王桐齡先生

史學系講師
蔣廷黻先生

法律學系教授
黃右昌先生

法律學系教授
燕樹棠先生

民國十九年國立北京大學畢業同學錄

法律學系教授
趙任先生

法律學系教授
王世杰先生

法律學系教授
耿光先生

民國十九年國立北京大學畢業同學錄

法律學系講師
程樹德先生

法律學系講師
劉兆林先生

政治學系教授
陶履恭先生

民國十九年國立北京大學畢業同學錄

政治學系教授
周覽先生

政治學系教授
高一涵先生

政治學系講師
白鵬飛先生

民國十九年國立北京大學畢業同學錄

經濟學系教授
馬寅初先生

經濟學系教授
余文燦先生

經濟學系教授
皮宗石先生

(45)

民國十九年國立北京大學畢業同學錄

經濟學系教授
朱錫齡先生

經濟學系講師
舒宏先生

經濟學系講師
王建祖先生

經濟學系講師
額爾德先生

經濟學系教授
周作仁先生

經濟學系講師
胡立猷先生

民國十九年國立北京大學畢業同學錄

經濟學系講師
鍾柏青先生

經濟學系講師
李浦先生

數學系

疑古玄同題

民國十九年國立北京大學畢業同學錄——數學系

王秉和
景惠年二十六
河北安國
通信處：河北安國伍仁橋
萬集和

石法仁
厚齋年二十八
河北河間
通信處：河北高陽南大園
丁轉石家連城

李叔熙
年三十
湖北黃陂
通信處：平漢路祁家灣油
榨埠余天順轉

民國十九年國立北京大學畢業同學錄——數學系

高揚芝

瑞英年二十六

江西新建

通信處：江西新建

馬立功

冠三年二十五

河北安平

通信處：河北安平城內

陳積驊

哲華年二十七

浙江鄞縣

通信處：浙江寧波城內縣學前陶家弄二號

民國十九年國立北京大學畢業同學錄——數學系

傅乃元

亦文年二十七

江西高安

通信處：江西高安傳廣茂號

梅祖蔭

年二十四

浙江永嘉

通信處：浙江溫州石坦巷十六號

鍾正

嘯青年二十四

廣東梅縣

通信處：廣東梅縣下市鍾九興廠

民國十九年國立北京大學畢業同學錄——數學系

蘇德煌

吾生年二十六

安徽太平

通信處：南京轉六合縣城

內文昌宮前一大茶莊轉

崔銘琪

明奇年二十六

廣東電白

通信處：廣東電白霞洞同

盛和轉

二院風景

民國十九年國立北京大學畢業同學錄

物理學系

(55)

物理學系畢業同學合影

民國十九年國立北京大學畢業同學錄——物理系

李　炳　芳

季暉年二十七

河北束鹿

通信處：河北束鹿辛集田家莊食德堂

林　樹　棠

杞材年二十五

四川峩眉

通信處：四川峩眉西正街張林昌轉

趙　廣　增

盧谷年二十六

河北安國

通信處：河北安國西伯章村廣興裕

民國十九年國立北京大學畢業同學錄——物理系

蔡陛星
年二十三
河北薊縣
通信處：河北薊縣

鍾盛標
年二十五
廣東梅縣
通信處：廣東梅縣丙村鍾聚和

賈　國　永

年二十八

湖南石門

通信處：湖南石門城內王

文次轉

周　相　元

擘堪二十四歲

四川江津

四川江津李市塲郵局

代辦處轉

民國十九年國立北京大學畢業同學錄

北大河沿

化學系

民國十九年國立北京大學畢業同學錄——化學系

張道政

希平年二十七

安徽壽縣

通信處：安徽壽縣吳山廟

張聯聖

年二十八

廣東開平

通信處：廣州市大新街恒

益號

民國十九年國立北京大學畢業同學錄——化學系

楊大烈

德鄰年二十七

四川屏山

通信處：四川犍爲清火溪

轉利店

楊鳳岐

獻瑞年二十六

河北高邑

通信處：河北高邑元泰昌

(63)

民國十九年國立北京大學畢業同學錄

化學試驗室之一

地質學系

民國十九年國立北京大學畢業同學錄——地質學系

計榮森

曉清年二十四

浙江慈谿

通信處：北平西城舊刑部街七十號

常隆慶

兆寧年二十六

四川江安

通信處：四川江安梅鎮豐裕同轉

民國十九年國立北京大學畢業同學錄

地質系旅行攝影（一）

地質系旅行攝影（二）

山西五台山之菩薩頂

西恒山懸空寺寒武紀岩層

(67)

地質系旅行攝影（三）

山西之北嶽恒山

地質系旅行攝影（四）

山西渾源縣小道溝白堊紀之地層

哲學系

民國十九年國立北京大學畢業同學錄——哲學系

哲學系畢業同學合影

民國十九年國立北京大學畢業同學錄——哲學系

王　浩

養齋年二十八

河北薊縣

通信處：河北薊縣城內白塔寺崔宅轉

王蘭生

畹九年二十六

河南許昌

通信處：河南許昌城內榆樹街南口路西

孟繁倬

雲嶠年二十六

山東章邱

通信處：膠濟路棗園站轉孟家塢

(71)

民國十九年國立北京大學畢業同學錄——哲學系

許　濟　航
楫卿年二十八
河北晉縣
通信處：河北晉縣教育局轉

張　桂　芳
希之年二十六
河北井陘
通信處：河北井陘威州鎮

張　常　春
撫同年三十
湖南瀏陽
通信處：湖南瀏陽張坊張氏良源學校

民國十九年國立北京大學畢業同學錄——哲學系

楊振福

鶴齡年二十八

遼寧遼原

通信處：遼寧遼源萬育和

韓儒林

鴻菴年二十六

河南舞陽

通信處：河南舞陽北舞渡

李薦儂

年二十七

廣東五華

通信處：汕頭畬坑水寨萬祇號轉

(73)

民國十九年國立北京大學畢業同學錄——哲學系

蕭　而　敬

公愼年二十六

江西萍鄉

通信處：江西萍鄉北門外純靑和轉東村

蔣　倉　意

滄意年二十五

四川巴縣

通信處：四川巴縣鹿角塲公所

心理學系

(75)

民國十九年國立北京大學畢業同學錄——心理學系

王　德　崇

子修年二十八

陝西高陵

通信處：陝西西安通開巷

六十八號

教育學系

教育學系畢業同學合影

李辛之

達夫年二十六

廣東豐順

通信處：汕頭潮州新渡

益記轉

李榮蔭

年二十六

河北永年

通信處：河北永年城內

西大街

秦槐士

才仲年二十六

四川酆都

通信處：四川酆都高鎮

問園

民國十九年國立北京大學畢業同學錄——教育學系

程星齡

年二十九

湖南醴陵

通信處：湖南醴陵教育局

詹昭清

年二十八

廣東潮安

通信處：汕頭潮安傢伙巷二十九號

黃繼植
循泰年二十六
廣東梅縣
通信處：廣東梅縣

黃佛
更如年二十六
湖南平江
通信處：湖南平江東街
泰和裕號

(81)

一院紅樓背影

中國文學系

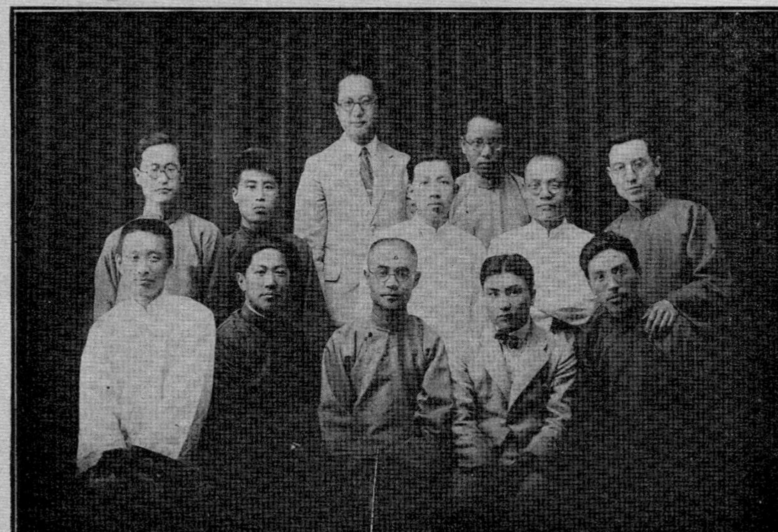

中國文學系畢業同學合影

民國十九年國立北京大學畢業同學錄——中國文學系

王煥斗
向辰年三十一
河北束鹿
通信處：河北小章鎮郵局轉宋村

白鎮瀛
滌洲年三十一
河北宛平
通信處：北平西城機織衛煙筒胡同六號

吳守誠
叶籛年二十七
江蘇鹽城
通信處：江蘇鹽城

民國十九年國立北京大學畢業同學錄——中國文學系

胡　榮　身

譽齋年二十七

河北高邑

通信處：河北高邑坊柵村

胡　孝　瀾

雲生年二十六

河北冀縣

通信處：河北冀縣沙材鎮伏家莊

高　　鋆

其氷年二十八

山東濮縣

通信處：山東曹州臨濮集樓子莊

民國十九年國立北京大學畢業同學錄——中國文學系

侯植忠

紉荃年二十七

河北高陽

通信處：河北高陽大團丁鎮河西村

傅瞻洛

泱如年二十七

江西金谿

通信處：江西金谿怡豐號

劉體仁

慈軒年二十六

河北安次

通信處：北寧路萬莊車站仁和堂

民國十九年國立北京大學畢業同學錄——中國文學系

周　復

萸生年二十七

四川廣安

通信處：四川廣安石筍場

敖士英

絲音年二十六

江西清江

通信處：江西清江湛圩

韓壽萱

蔚生年二十九

陝西神木

通信處：陝西神木高家堡

高級小學校轉

英文學系

民國十九年國立北京大學畢業同學錄

英國文學系畢業同學合影

民國十九年國立北京大學畢業同學錄——英國文學系

馬永楨

祥符年二十六

山東益都

通信處：山東青州東關穆家巷永華

韋昌驄

龍媒年二十六

山東曹縣

通信處：山東曹縣青堌集郭仲州轉

袁家驊

年二十八

江蘇常熟

通信處：江蘇常熟西港

民國十九年國立北京大學畢業同學錄——英國文學系

馮永陞
雲階年二十八
察哈爾萬全
通信處：平綏路孔家莊深井堡

關其侗
葆光年二十七
山西平定
通信處：山西平定德泰興

蘇宗岳
尊五年二十六
河北完縣
通信處：河北完縣常莊高級小學校

民國十九年國立北京大學畢業同學錄——英國文學系

陳永祥

志滄年二十七

河北宛平

通信處：北平右安門內沙欄胡同二十三號

戴敦智

季豪年二十五

河南光山

通信處：河南光山

張恩裕

谷若年二十七

山東福山

通信處：煙台面市街泰康錢莊轉

(93)

民國十九年國立北京大學畢業同學錄——英國文學系

顧綬昌
年二十七
江蘇江陰
通信處：江蘇無錫青暘黃橋

何容
原名兆熊年二十七
河北深澤
通信處：河北深澤城內愼德堂轉小堡村西街

民國十九年國立北京大學畢業同學錄

法文學系

民國十九年國立北京大學畢業同學錄——法國文學系

吳家明
年二十六
浙江杭縣
通信處：杭縣中后市街八十號

鄧琳
季偉年二十四
湖北黃安
通信處：北平打磨廠黃安館鄧肖賓轉

鄒文熙
年二十五
江蘇吳江
通信處：北平西四羊肉胡同二十五號

德文學系

民國十九年國立北京大學畢業同學錄——德國文學系

胡庭芳

年二十六

湖北江陵

通信處：北平後門慈慧殿五號

史學系

民國十九年國立北京大學畢業同學錄

史學系畢業同學合影

民國十九年國立北京大學畢業同學錄——史學系

王　桂

月舫年二十七

河北新城

通信處：河北涿縣方官鎮祥順隆

余　遜

讓之年二十八

湖南常德

通信處：湖南常德萬壽街十九號

民國十九年國立北京大學畢業同學錄——史學系

劉　樞

天樞年二十八

四川涪陵

通信處：四川涪陵梓里塲

許　預　甲

防如年二十七

山西臨晋

通信處：山西臨晋五瑞成轉

法律系

民國十九年國立北京大學畢業同學錄

法律學系畢業同學合影

民國十九年國立北京大學畢業同學錄——法律學系

王金鐃

韶僧年二十七

河北新安

通信處：河北新安東街

王寶成

秩西年二十五

河北通縣

通信處：北平留九胡同十九號

王耀漳

年二十七

河北衡水

通信處：河北衡水張官舖轉王家莊

(105)

民國十九年國立北京大學畢業同學錄——法律學系

沈國光
一平年三十
湖北孝感
通信處：湖北孝感車站

周新枏
年三十四
江蘇阜寧
通信處：江蘇阜寧縣黨部

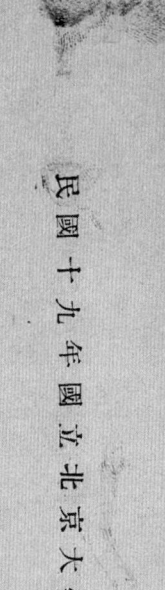

胡廷玉
君魯年二十四
湖北黃陂
通信處：湖北黃陂

民國十九年國立北京大學畢業同學錄——法律學系

梁洪睿
穎九年二十六
河北宛平
通信處：宣外椿樹胡同
上頭條六號

張可衡
秉鈞年二十九
遼寧岫岩
通信處：遼寧岫岩振興洪

張書翰
墨濤年二十九
熱河阜新
通信處：熱河阜新高級
小學校轉

(107)

民國十九年國立北京大學畢業同學錄——法律學系

馬之崑

崙光年二十七

河北定縣

通信處：河北定縣城內匯源錢號

傅尚文

學海年二十七

遼寧瀋陽

通信處：遼寧省城北郭三屯

楊 錯

經武年二十七

河北清苑

通信處：保定城東東高莊

民國十九年國立北京大學畢業同學錄——法律學系

劉　璟

宋卿年二十六

河北沙河

通信處：河北沙河北街萬興成

蔣觀津

向若年二十四

河北博野

通信處：河北安國西伯章村禮和堂

民國十九年國立北京大學畢業同學錄——法律學系

潘英芳

君實年三十一

四川犍爲

通信處：四川犍爲小十字榮興長轉

李毓民

知本年二十七

遼寧西安

通信處：遼寧西安南門內增民堂

政治系

民國十九年國立北京大學畢業同學錄——政治學系

何鍾靈
修之年二十七
河北交安
通信處：天津勝芳左各莊

李英
淑瑛年二十六
廣東番禺
通信處：廣東番禺

林昌恒
嶽生年二十五
四川榮昌
通信處：四川榮昌燒酒房林源泰轉

民國十九年國立北京大學畢業同學錄——政治學系

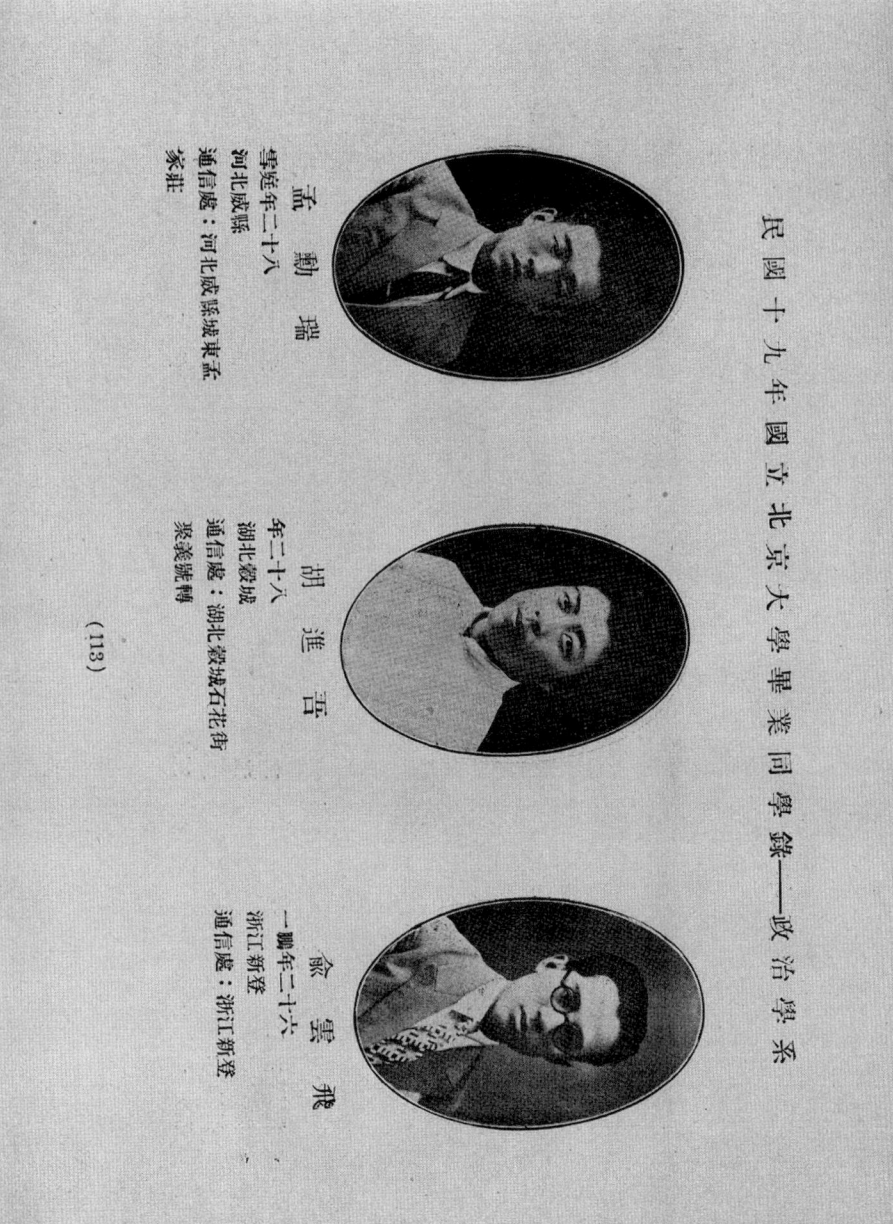

孟　勳　瑞

雪庭年二十八

河北威縣

通信處：河北威縣城東孟家莊

胡　進　吾

年二十八

湖北穀城

通信處：湖北穀城石花街聚義號轉

俞　雲　飛

一鵬年二十六

浙江新登

通信處：浙江新登

民國十九年國立北京大學畢業同學錄——政治學系

苗華雲
潤實年二十七
河北邢台
通信處：河北邢台城內西街一百四十一號

徐靖
立青年二十九
江蘇武進
通信處：琉璃廠西太平巷三號

陳如日
光宇年二十五
山西靈邱
通信處：山西靈邱下關鎮河浙村

民國十九年國立北京大學畢業同學錄——政治學系

陳　啟　昌

年二十七

江西永新

通信處：江西永新郵局轉

陳　德　新

惺菴年二十七

四川秀山

通信處：四川秀山西門同信吉轉

陳　肇　文

年三十

四川樂山

通信處：四川樂山白塔街七十五號

(115)

民國十九年國立北京大學畢業同學錄——治政學系

袁文蔚

明經年二十八

四川安岳

通信處：四川安岳馴龍塲

張家範

年二十七

湖南安鄉

通信處：湖南安鄉南門外五十九號

張開瓊

佩琨年二十九

雲南騰衝

通信處：雲南騰衝英領事館隔壁

民國十九年國立北京大學畢業同學錄——政治學系

甯　光　江

澂澄年二十五

四川眉山

通信處：四川眉山郵局轉

解　聚　奎

星垣年二十六

河北沙河

通信處：河北沙河冊井鎮

繆　培　基

植根年二十六

廣東五華

通信處：汕頭揭陽安流鍾良記轉

（117）

民國十九年國立北京大學畢業同學錄——政治學系

顏景璸

瑞周年二十六

山東曲阜

通信處：山東曲阜城內池崖北

譚啟愷

年二十四

湖南長沙

通信處：長沙道正街譚萬興轉

鄧堯佐

年二十七

廣東龍川

通信處：廣州老龍皮潭

民國十九年國立北京大學畢業同學錄——政治學系

熊傳寶

伯衡年二十八

湖北嘉魚

通信處：湖北嘉魚

楊副時

仲承年三十

湖南宜章

通信處：廣東北江坪石恒記

民國十九年國立北京大學畢業同學錄——政治學系

劉玉田

藍坡年二十五

遼寧鳳城

通信處：遼寧鳳城義生長

衞萍叔

年二十七

四川新津

通信處：四川新津

經濟系

民國十九年國立北京大學畢業同學錄——經濟學系

沙啟濂

年二十五

遼寧鐵嶺

通信處：遼寧鐵嶺大汎河村轉新屯

陳乃華

勳廷年二十三

廣西桂林

通信處：廣西桂林

錢家驥

逸羣年二十五

浙江杭縣

通信處：浙江杭縣

民國十九年國立北京大學畢業同學錄——經濟學系

鄭　侃

年二十六

福建長汀

通信處：北平長巷下二條三十二號

易鐵尹

年二十七

廣東鶴山

通信處：廣東鶴山沙坪永安街長合號

宋文瑞

婆如年二十九

台灣台南

通信處：台灣台南州新豐永寧莊二五二號

民國十九年國立北京大學畢業同學錄——經濟學系

黃境銘

年二十六

湖南醴陵

通信處：湖南醴陵劉家巷二十六號

雷輯輝

年二十八

四川富順

通信處：四川自流井謙益當轉

鄭合成

統年年二十六

河北定縣

通信處：河北定縣李親顧轉張謙村

民國十九年國立北京大學畢業同學錄——經濟學系

馬　寶　珍

世奇年二十八

河北行唐

通信處：河北行唐聚益祥

陳　家　芷

湘南年二十八

河北望都

通信處：河北望都城內裕成號

張　霆　選

雋軒年二十七

山西五台

通信處：山西五台耿鎮福得全轉

(125)

民國十九年國立北京大學畢業同學錄——經濟學系

馮良輔

逸鋅年二十八

陝西長安

通信處：陝西西安大差市十二號

秦[illegible]

年二十八

四川酆都

通信處：四川酆都高鎮

趙文選

仲銓年二十八

遼寧興京

通信處：遼寧新賓汪清門

本校學生軍之起源及經歷

白雄遠

本校自蔡元培先生到校以後，見同學中，弓背灣腰，缺乏青年活潑之精神者甚多，乃極力提倡體育，謀根本救濟之策。民八五月，遂由雄遠建議，招考新生時，須先檢查體格，經本校採納，即自是年暑假招生時實行；此舉其影響於全國青年，對於體育上之注意者甚鉅。民十一五月，奉直戰起，北京秩序堪虞，當時教會，紅十字會，及中等以上各校，多組織婦孺救濟會，而北大之校產，亦陷於危險狀態中，蔡先生乃提倡組織保衛團，以警備本校，一時同學加入願充團員者，多至三百餘人

學生軍聯戰鬥野外演習白鎬濤先生講話之光景

，由雄遠担任總訓練。每早六點訓練，全體團員，興趣甚濃，不一旬直奉戰爭解決，北京平安無恙，保衛團之任務，至是告終。惟當時團員，雖僅經短時間之訓練，但已引起其尙武精神之勃發，感覺非具有强健之身體，不克澈底研究高深之學識。且爲各種事業成功之基礎，加以環境之激刺，深知有鍛鍊身體之必要，乘此機會，咸議請蔡先生改爲學生軍，其實在同學未請求之先，蔡先生早具此意，可謂不謀而合矣。蔡先生遂委託雄遠全權進行，於是一方仍於每早六點訓練，一方籌備一切進行事宜，未及一月，而武裝齊全之學生軍，完全實現，隊員之精神益壯，遂準備請

北大學生軍在黃寺靶場實彈射擊

蔡先生檢閱。蔡先生乃於六月二十八日早六點，偕蔣百里黃膺白等軍事學家，臨場檢閱，軍樂大作，蔡先生頒發軍旗，各隊員精神煥發，步法槍法，異常整齊，實出蔡先生與蔣黃諸先生意料之外，大爲激賞，咸謂創辦伊始，進步之速，一月之間，儼若一年之成績。秋後之加入訓練者愈多，乃從新編制爲三隊，爲第一期，以後擬每年招一期。每星期術科三小時，學科兩小時，從新遴選精明強幹，口令洪亮，矯正恰當之隊員，充任連排長。蔡先生請蔣黃二先生，担任軍事學講師，並公佈學生軍學術大綱，詳定各項規則，又聘軍官三員，爲本軍教練。至十三年六月，蔣夢麟先生，偕胡適之，李四光，

北大學生軍在黃寺打靶畢休息

丁西林，諸先生及來賓多人，臨場檢閱。此時隊員，已久經嚴寒酷暑之鐵的鍛鍊，不僅於制式，戰鬥，教練動作純熟，與嚴守紀律及忍勞耐苦之習慣，俱已養成，且各隊員之體格，大見强健，儼然士兵之體魄，軍官之氣慨，效果大著，當時諸先生對此，莫不極端贊揚。秋後復將章程，詳爲删改，規定入軍前二年爲初級，訓練以制式，及戰鬥基本動作爲主；第三年爲高級，訓練以教人之方，指揮之法，軍官之動作爲主。初級二年畢業，高級一年畢業，又聘教練一員，添授兵旗演習，每星期兩次。每年春秋野外演習兩次，並置備帳幕，背包，水壺，飯袋，軍刀，子彈帶，

一九年五月二十五日北大女師大輔仁中法等校學生軍聯

等軍用器具，隊員之興趣益濃。本軍創辦之初，輿論卽有謂，北大提倡武化，斯時成績顯著，此論愈盛，如是逐年精進不已，至十六年夏，因故停止。溯此五年之中，受訓練之隊員，計達一千餘名，初級畢業者四期，高級畢業者三期，皆成績斐然。隊員中，如何兆熊，蕭從芳，鄒桂五，王文中，董何棠等，不特初級高級，均經畢業，且三年之中，並未曠課一次，志趨堅完，操行良好，實爲可敬，其學術之精進，身體之發育，更可想見矣。以若是健全之青年，將來在社會上，無論其從事於何種事業，必能有澈底之精神，宜乎蔡先生十四年六月間，予雄遠之來函中云，「學生

合戰鬥野外演習後搭槍架休息領食之情形

軍若繼續推廣，不於未成熟之時期中受挫折，則一二十年後，必爲吾國救亡之靈藥，願久持之。」蔡先生既具有此種卓絕之見地，故十七年任大學院長時，在全國教育代表大會中，提出高中以上各大校，應添加軍事訓練爲必修科，全場一致通過，誠以任重道遠之青年，若受嚴格之軍事訓練，不僅於身體之強健，忍勞耐苦之性能，與紀律化之養成，且於讀書之補助，生産之發達，社會之秩序，國勢之強盛，民族之獨立，在在皆有連帶之關係也。十八年春，本校恢復舊觀，教務處布告，願受訓練者，須從速報名，於是

實彈射擊

實彈射擊

志願者三百餘人，遂編爲三隊。惟服裝已成之時，考期即近，祇由雄遠 舉行一度之檢閱訓話而已。秋後始從事於根本上嚴格之訓練。迄本校三十一週年紀念，全軍担任糾察，維持秩序，三隊分班論流警戒。時值大雪紛飛，狂風大作，氣候酷寒，隊員於風雪凌冽之中，而身着極單薄之服裝，手持冰凉之鐵鎗，毅然站於大門及二門者，亙兩小時之久，並未見有畏寒懼冷之狀，若非身體鍛鍊有素，决不能抗此嚴寒也。且該次紀念，規模宏大，若不具有熱誠與犧牲之精神，恐各會場之秩序，實難井然，吾人可知，此種顯著之效果，誠非偶然者，概莫不由平日嚴格之訓練，方克臻此也。十九年春，教務處布告

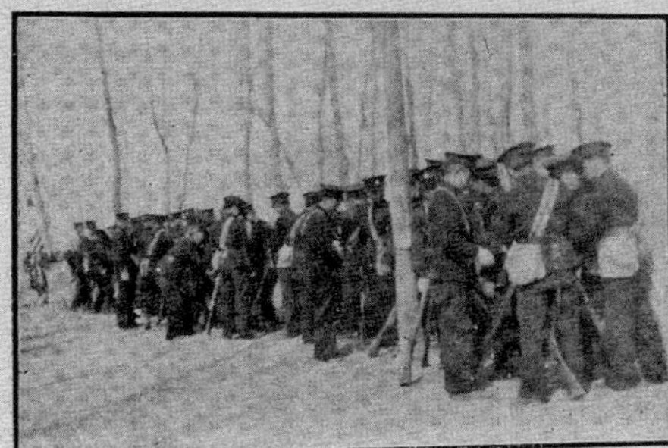

搭　槍　架

實　彈　射　擊

，三四年級同學，須全體受訓練，否則不得畢業。於是連同原有之隊員，至是已不下六百餘名，編爲四大隊，並將其中成績最優，而志願者，編爲幹部一隊，以資深造。與從前學生軍高級之性質相似，且較嚴厲。本年前半年，各隊迭次在黃寺實彈射擊，並參觀晉軍美國使館之海軍陸戰隊，與最近聯合女師大，輔大，中法等校，野外演習，皆選幹部中之精幹者，任班排連長，成績頗佳，各大隊之成績，亦大致可觀。惟關於奬罰及各項規則等，尚乏釐定，今已將訓練大綱及各項細則擬妥，請學校公布施行。近查軍事教育，漸已瀰漫全國，溯其起源，實以本校爲嚆矢。希望本期畢業同學，本此精神，努力推廣，由學校而及於社會。倘全國青年，皆具有強壯之身體，與良好之素質，必能充實國力，鞏固國防，發揚我民族獨立之精神，同學勉之！

休　息

北大卅一週紀念會中之學生軍

民國十九年國立北京大學畢業同學錄

北大卅一週紀念會中之學生軍

一院大門

二院大門

三　院　大　門

(139)

西　　齋

東　　齋

民國十九年國立北京大學畢業同學錄

三　　齋

民國十九年國立北京大學畢業同學錄

五　　齋

一院紅樓

研究所國學門

三一八紀念碑

大禮堂外景

(147)

民國十九年國立北京大學畢業同學錄

大禮堂內景

(148)

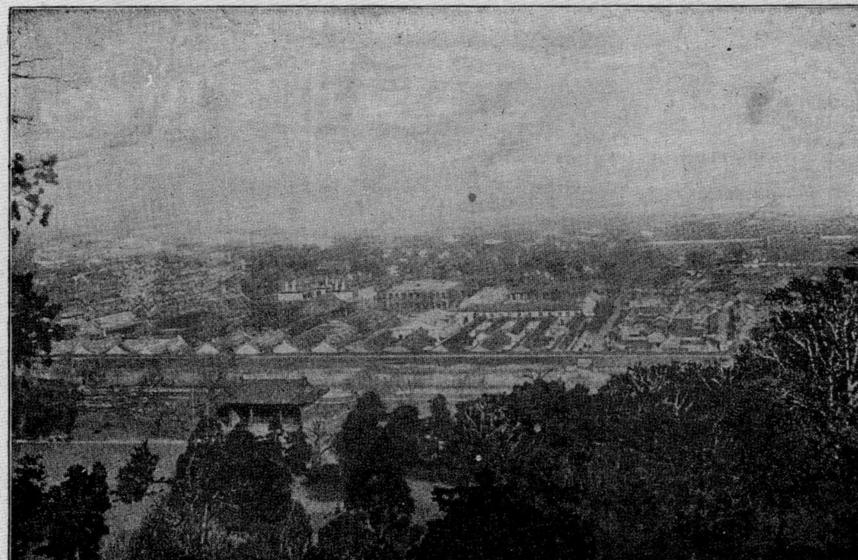

二院及西齋全景

二院水池

地質系生物系大樓

物 理 實 驗 室

化學實驗室

化學實驗室

生物陳列室

評　議　會　室

水　池　夏　景

三院內景

紅樓一角

北大街

本屆同學錄籌備委員合影

民國十九年國立北京大學畢業同學錄

姓名	別字	籍貫	職務	通信處
王晨	侈仁	北平	預科德文講師	西四馬市大街二電西一三一八
王得蘭	香亭	河南唐河	數學系助教兼預科數學講師	後門司裏監甲六
王化成		江蘇丹徒	法律系講師	邱祖胡同二十五電西三九一
王尙濟	海帆	河南商邱	數學系教授	弓弦胡同內大口袋胡同六
王文顯	力山	江蘇崑山	英文系講師	清華大學電東三九〇〇
王紹瀛	叔海	廣東南海	地質系教授	舊刑部街大沙果胡同十電西七一三
王家駒	維白	江蘇丹徒	法律系講師	西城邱祖胡同二十五電西三九一
王仁輔	士樞	江蘇崑山	數學系教授兼主任	甘石橋口袋胡同電西六二二
王烈	霖之	浙江蕭山	地質系教授兼主任兼代總務長及二院主任	東四箭廠胡同十二電東二九五一
王星拱	撫五	安徽	二院主任兼總務長	
尹彥岑	彥岑	河北順義	軍事訓練部助手	新街口小六條甲五
尹致中	命之	湖南武岡	化學系助教	西城都城隍廟街籐牌營十八
毛準	子水	浙江江山	史學系副教授	歐美同學會
方寶田		浙江慈谿	庶務部齋務課事務員	東長安街東安飯店電東一六六九
于德馨	得心	河北昌平	圖書部編目課書記	北新橋瓦岔胡同二十二
丁緒賢	庶爲	安徽阜陽	化學系教授	南河沿歐美同學會電東一八六四

(159)

民國十九年國立北京大學畢業同學錄

白鵬飛	經天	廣西桂林	法律系教授	和平門內松樹胡同四電南三九二
白雄遠	錦韜	河北密雲	軍事訓練部教官	府右街東紅門甲十一電西六三二
包仁富	純甫	浙江吳興	出版部講義課書記	嵩祝寺後身一
包尹輔	尹輔	浙江吳興	庶務部雜務課事務員	嵩祝寺後身一
文元模	範邨	貴州貴陽	物理系教授	西城屯絹胡同十四電西五七三
王式齡	信如	河北	出版部書記	宣內衆議院東夾道一
王希光	希光	天津	總務部文牘課書記	地內大石作十二
王玉麒	瑞亭	浙江紹興	註冊部註冊課書記	黃化門三十八
王月芝	月芝	河北高陽	造型美術研究會導師	西四太平倉平安里十六
王福恩	永年	河北唐縣	拳術導師	北池子三立公廨電東四三四七
王錫英	俊臣	河北宛平	圖書部典書課事務員	地安門外後鼓樓院二十
王鑫	懷君	浙江永嘉	造型美術研究會名譽導師	平內東河沿二十六
王海鏡	水鑑	河南唐河	法文系講師	黃化門司禮監甲六
王珣			研究所國學門書記	
王長平	鴻猷	山東泰安	心理系講師	西直門後桃園二十五
王鏡儒	敬儒	河北通縣	預科法文講師	西城都城隍廟籐牌營十電南分二九七七
王桐齡	嶧山	河北任邱	史學系講師	察院胡同十五

民國十九年國立北京大學畢業同學錄

朱承祖	守先	浙江海鹽	圖書部書記	
朱廷俊	汝明	河北大興	出版部講義課書記	騎河樓馬圈胡同十八
朱其光	藎丞	浙江山陰	出版部書記	宣外南半截胡同四電南三七九四
朱洪	彙臣	浙江	預科國文講師兼校長室秘書	定府大街北松樹街八
朱家濟	豫卿	浙江蕭山	預科國文講師	後門外帽兒鄉同十五
朱錫齡	繼菴	江蘇江浦	經濟系教授	歐美同學會電東一八六四
朱家健	叔琦	江蘇吳縣	法文系教授	東安門內北河沿四十七
朱希祖	逷先	浙江海鹽	史學系教授兼主任兼研究所國學門導師	德勝門內草廠大坑二十一電西〇九八
戎肇敏	醉陶	浙江慈谿	校醫	西長安街三十五電西六〇六
司徒得	儵園	廣東開平	地質系助教	本校二院
申佩芳	紉秋	遼寧鐵嶺	圖書部書記	東城馬大人胡同女青年會電東一八二九
泰麗琳			英文系講師	
甘均道	仲陶	江西奉新	出版部事務員	果子巷驢駒胡同三
石呈象	煉之	湖北黃梅	總務部文牘課書記	沙灘二十一
石坦安		德國柏林	德文系講師	清華大學
石志泉	友儒	湖北孝感	法律系講師	西長安街大柵欄二十七電西一二九七
白錫全	子福	北平	總務部會計課書記	西城官園九

(161)

民國十九年國立北京大學畢業同學錄

李建勛	湘宸	河北清豐	教育系講師	宣外校場小六條二十九 電南四九五二
李麟玉	聖章	天津	化學系教授兼儀器部主任	地安門內吉安所右巷一 電東四六七一
吳文潞	弼剛	江西宜黃	數學系講師	
吳印川	旭朝	江蘇鎮江	庶務部雜務課書記	西四大將坊胡同六 電西二五二四
吳文貴	鶴軒	河北涿縣	註冊部註冊課書記	東安門北河沿
吳肇麟	郁周	江蘇吳縣	預科化學講師兼攝影室導師	西單靈境八寶坑四
吳有訓			物理系講師	
吳燕紹	寄荃	江蘇吳江	史學系講師	崇內蘇州胡同二九 電東一五四三
吳宓	雨生	陝西涇陽	英文系講師	清華大學 電東三九〇〇
吳承仕	絸齋	安徽歙縣	國文系講師	宣外教場四條二十七
吳卓	鵠飛		化學系講師	西安門酒醋局十 電西二二一四
吳憲祖	象斌	河北臨城	化學系助教	漢花園八 電東四〇六四
吳祥龍		浙江嘉興	化學系助教	太僕寺街西牛角胡同七
向乃祺	北翔	湖南永順	經濟系講師	宣內槐抱椿樹菴三 電西一一八八
向景	盤箴	四川涪陵	預科德文講師	東安門大街七十七 電東二一一四
艾克		德國	英文系講師	清華大學
江紹原		安徽旌德	哲學系講師	東四牌樓大興公寓 電東三九三八 四七三九

民國十九年國立北京大學畢業同學錄

沈宗漢	心誠	江蘇太倉	物理系講師	西城宏廟豆芽菜胡同三 電西二五九九
李嵪			圖書部事務員	
李德啟	子開	河北大興	研究所國學門事務員	地安門內鐘鼓樓寺十
李景祿	茀庭	北平	註册部編誌課事務員	西城學院胡同三十九
李維鈞	宜平	河北大興	總務部文牘課事務員	朝陽門外八里莊慈雲寺北
李度榮			出版部售書處助理	
李振鄉	次亮	山西新絳	研究所國學門助教	東安門北河沿三十九
李飛生			史學系講師	
李懷亮	特成	湖南湘鄉	法律系講師	西四巡捕廳胡同三十二 電西一三四八
李光濤	松波	四川隆昌	物理系助教兼預科物理講師	沙灘二十四
李光彥	觀博	北平	預科數學講師	宣外北柳巷四十六電南五五八〇
李續祖	曉宇	河北宛平	儀器部助教	景山東街大學夾道十四 電東三四九八
李治			英文系講師	
李浦	靜波	河北磁縣	經濟系講師	後門內東吉祥胡同九電東四四七七
李正翰	綬垣	四川酆都	圖書部登錄課助教	景山東街中老胡同二十八
李書華	潤章	河北昌黎	物理系教師	王府井大街八面槽椿樹胡同廿三電東四四四七
李順卿	幹臣	山東海陽	生物系講師	宣內回回營十

(163)

民國十九年國立北京大學畢業同學錄

克德納		德國	德文系講師	小石樓十六電東四五七
克禮	包耳	德國	校醫	東交民巷一號內五號樓電東九一八
汪滌陳		安徽	圖書編目課助教	景山東二眼井十
汪元起	彥沈	安徽合肥	化學系助教	馬大人胡同十六
汪怡	一庵	浙江杭縣	速記學講師	宣外老墻根十六電南一九四四
杜宴			預科歷史講師	
杜芳洲	雨清	山東益都	德文系講師	宣外達智橋二十八電南四三七一
余嘉錫	季豫	湖南常德	國文系講師	太平湖槐抱椿樹菴四
余上沅	上沅	河北江陵	英文系講師	景山東大街八
余棨昌	戟門	浙江紹興	法律系講師	西四前毛家灣三電西一〇九
何以莊	松波	河北宛平	體育部書記	前外玄帝廟四
何杰	孟綽	廣東番禺	地質系教授	舊刑部街大沙果胡同十電西七一三
何基鴻	海秋	河北藁城	法律系教授兼主任兼政治系主任兼第三院主任兼教務長	北長街前宅胡同七電南一九九九
完義靖	建平	安徽合肥	庶務部齋務課事務員	地安門內納福胡同二十一電東一八一七
沈文澔	仲菀	浙江寧波	庶務部收發課事務員	宣內東太平街三十三電西七五
沈星五		江蘇武進	化學系講師	西四兵馬司三十八電西一八九
沈兼士		浙江吳興	國文系教授兼研究所國學門導師	什方院十九

民國十九年國立北京大學畢業同學錄

金振華			預科英文系講師	宣外前鐵廠七
金九經	明常	北平	東方文學系日文講師	東城雙輦胡同二十二電東一五三八
卓定謀			國文系講師	東四王駙馬胡同四
林藜光			哲學系講師	王府大街迎賓公寓
林志鈞	宰平	福州	哲學系講師	宣外大井胡同五電南二十
林損	公鐸	浙江瑞安	國文系教授	崇文門內江擦胡同十二
周家鑫	品三	江西金谿	註冊部書記	安福胡同新昌路二
周彬	樞元	浙江紹興	圖書部典書課書記	本校一院
周白吾	白吾	河北固安	註冊部註冊課事務員	同
周豐	禹川	河北固安	出版部售書課事務員	東安門內馬圈胡同十三
周存榘	柏府	湖南安鄉	化學系助教	大學夾道十一
周振禹	賡詩	江蘇鎮江	化學系講師	西城西太平街五電西二八八一
周作人	啓明	浙江	東方文學系教授兼主任兼研究所國學門導師	新街口八道灣十一電西二八二六
周作仁	濯生	江山淮安	經濟系教授	東安門外皇城根甲七東一五三五
庚繼麒			圖書部書記	
邢銳峯	銳峯	河北宛平	地質系繪圖員	西城兵馬司胡同九
牟振飛	正非	浙江黃巖	地質系助教兼講師	前青廠周家大院二電南一二七

(165)

民國十九年國立北京大學畢業同學錄

胡葆純	念恒	河北宛平	庶務部收發課書記	西四三道柵欄四眼井胡同九
胡　致	遠齋	江西南昌	註冊部事務員	北池子大街七十八
胡道維	叔方	湖北枝江	政治系教授	清華園北院二
胡啟元			圖書部書記	
胡佩衡	冷庵	河北涿縣	造型美術研究會導師	後毛家灣二十七電西一七五四
胡立猷	毅若	江蘇無錫	經濟系講師	二十四間房甲三電東二六五七
胡玉齋	儉璸	河北沙河	軍事訓練部助手	
胡壯猷	愚若	江蘇無錫	化學系教授兼主任	西四南兵馬司小院胡同一電西二二六五
胡濬濟	沈東	浙江慈谿	數學系教授兼庶務部主任	東安門小甜水井十電東一一六一
孟桂良	仲循	吉林寧安	研究所國學門書記	宗帽頭條一
芮卡慈		英國建橋	英文系教授	清華大學
宗植心			經濟系講師	靈境十一
英千里		北平	研究所國學門譯員	西安門西什庫東夾道北穿堂門一電西二四九二
邱　椿	大年	江西寧都	教育系講師	西城石駙馬後宅五電西一八五六
金寶成	松泉	河北大興	圖書部編目課書記	交道口西小經廠十三
金希賢	滿淑	河北大興	研究所國學門事務員	朝陽門內豆瓣胡同六十二電東四一二二
金紹基	叔初	浙江吳興	地質系講師	嘎嘎胡同十一

民國十九年國立北京大學畢業同學錄

恒壽山		北平	拳術導師	東直門內褡褳坑一條三十三
祝紀藩			預科化學講師	
洪國棟	松臣	湖北	總務部文牘課書記	本校第二院
洪濤生		德國	德文系教授	廣安門外南河泡子二十七
查士鑑	冰如	浙江海鹽	總務部會計課會計員兼預科英文系講師	東城達教胡同十一
紀雅各		德國	德文系講師	彰儀門內牛街一
姜懋昌	伯謙	山東福山	註冊部註冊課書記	黄化門碾兒胡同六十
段宗梧		河北蠡縣	出版部售書課書記	簑衣胡同七
俞蔚芬	谷仙	浙江富陽	出版部售書課事務員	西城察院胡同四十
俞崇智	益之	安徽婺源	化學系助教	宣外大街二〇七
俞平伯		浙江德清	國文系教授	朝陽門內老君堂七十九電東二六〇九
施啟明	育犖	江蘇崇明	預科數學講師	
郁泰然		江蘇江陰	語音樂律實驗室事務員	亮果廠東河沿十七
郁士元	維民	江蘇鹽城	地質系助教兼預科圖畫講師	景山東街東老胡同五
范文瀾	仲澐	浙江紹興	國文系講師	後門內南月牙胡同十一
范稚和		江蘇江寧	法文系教授	遂安伯胡同六十九電東二十五
范錡	挹雲	廣東大埔	黨義教授	清華大學

(167)

民國十九年國立北京大學畢業同學錄

孫鼎烜	君懿	江蘇崇明	第二院主任室秘書兼總務長室秘書	宣外北半截胡同三十七
孫宣			預科國文講師	
孫雲鑄	鐵仙	江蘇高郵	地質系教授	西四北大街一九一電西二八九七
孫人和	蜀丞	江蘇鹽城	國文系講師	錦什坊街西養馬營三電西二九六九
翁文灝	詠霓		地質系講師	地質調查所
袁同禮	守和	河北徐水	教育系講師	南長街五十三電南一五七四，一三七五
馬濬之	晉如	河北定縣	預科數學講師	西堂子胡同中華公寓電東三三六六
馬師儒	雅堂	陝西	教育系教授	南新華街八
馬衡	叔平	浙江鄞縣	史學系教授兼圖書部主任兼研究所國學門導師	外交部街四十一電東二七六九
馬裕藻	幼漁	浙江鄞縣	國文系教授兼主任研究所國學門導師	北池子三十一電東一五七一
倫明			國文系講師	爛熳胡同東莞館
徐之傑	頌唐	浙江吳興	註冊部註冊員	西單東斜街五十二電西二二六二
徐祖正			東方文學系教授	祿米倉甲二十六
徐光熙	光熙	浙江平湖	地質系助教	西四兵馬司九電西八五七
徐誦明	軾游	浙江新昌	生物系講師	新簾子胡同三十一電南一五六五
徐炳昶	旭生	河南唐河	哲學系教授兼研究所國學門導師(講師待遇)	後門西皇城根十二電東一四九六
柏烈偉		俄國烏克蘭	俄文系講師	東城喜雀胡同甲四

民國十九年國立北京大學畢業同學錄

陳　垣	援菴	廣東	國文系講師兼研究所國學門導師	豐盛胡同十八電西三五二
陳福田		廣東	英文系講師	清華大學電東三九〇〇
陳君哲		浙江	預科國文教授	黃化門大街司禮監胡同一
陽孺平		浙江杭縣	生物系講師	南千章胡同十
陳大齊	百年	浙江海鹽	第一院主任兼哲學系教授兼代校長	北池子五十六電東一七五一
耿　光	澥澄	湖南長沙	法律系講師	西城學院胡同三十電西一二四二
郝立權	昺蘅	江蘇鹽城	國文系講師	東老胡同五
浦薛鳳	逖生	江蘇常熟	政治系講師	清華大學北院電東三九〇〇
秦　瓚	纘略	河南固始	經濟系教授	教塲三條四十六電南四九九〇
秦家椿	孟萱	湖北咸豐	法文系講師	府前街十八電南一四〇五
夏振清	澤民	河北固安	庶務部雜務課書記	本校二院
夏元瑮	浮筠	浙江杭縣	物理系教授兼主任	西總布胡同三十九電東四九一
唐長風	長風	江蘇吳縣	法文系講師	西單小磨盤院九電西二九四二
唐景和	春帆	福建閩侯	儀器部助教	熾庫三十五
孫元章	晴生	湖北漢陽	出版部書記	東單三條同仁醫院電東一六一
孫瑞麟	公生	江蘇崇明	預科英文講師	東四箭廠胡同十二電東二九五一
孫昌烜	宇晴	江蘇崇明	總務處秘書	東四箭廠胡同十二電東二九五一

(169)

民國十九年國立北京大學畢業同學錄

張　煦	怡蓀	四川蓬安	預科教授	馬神廟中老胡同二
張　頤	眞如	四川永寧	哲學系教授兼主任	豐盛胡同二十電西一一四
張貽侗	小涵	安徽全椒	化學系教授	西單太平街五電西二八八二
張貽惠	紹涵	安　徽	物理系教授	西太平街六電西二二四四
陳兆畦			化學系助授	東安門大街九十
陳衡哲			史系學教授	
陳翰笙			經濟系教授	
陳炳文	宇章	浙江紹興	庶務部雜務課書記	崇外南官園二十九
陳式金	愼之	山東歷城	出版部售書課事務員	騎河樓馬圈胡同十三電東三八四三
陳映璜	仲驤	湖北黃陂	心理系講師	琉璃廠東北園九電南一一四
陳懷珍	聘之	河南濟源	預科法文講師	騎河樓馬圈胡同二十一
陳瑾昆			法律系講師	
陳伯早			法文系講師	外西華門外西皇城根二十三
陳羅墨麗		美　國	英文系講師	地安門內南月牙胡同十一
陳　逵	弼猷	湖　南	英文系講師	地安門內南月牙胡同十一
陳楚涵	楚涵	北　平	預科俄文講師	景山東大街七
陳應榮	嗣雲	廣東南海	英文系講師	東總布胡同十九電東一四八四

民國十九年國立北京大學畢業同學錄

張石嗣	石嗣	江蘇銅山	預科主任室祕書	後門內安樂堂九
張際春	杏晴	浙江鎮海	庶務主任室祕書	小甜水井四電東七六一
張宣興	叔範	浙江	總務部會計課事務員	外交部街四十六電東四四八二
張佩瑚	稷臣	江蘇江都	物理系講師	船板胡同一電東一八一八
張炳午		河北文安	庶務部雜務課書記	宣外南橫街六十六
張心沛	犀海	廣西桂林	哲學系講師	西城西斜街宏廟三電西二二〇
張瑋	傚彬	河南固始	經濟系講師	東城芳嘉園二電東三八七
張亞龍	亞龍	河北豐潤	預科德文講師	東四六條胡同三十八電東四四九六
張則之	晉臣	貴州綏陽	英文系講師	宣外官菜園上街十三電南二三四〇
張仲桂	一山	河北吳橋	物理系助教	景山東街中老胡同十九電南一九六五
張嵩年	中府	河北獻縣	哲學系講師	西單二龍坑二龍路三十二
張澄之			軍事訓練部書記	
張奚若		陝西朝邑	政治系講師	東城遂安伯胡同二十五
張友燿	仲直	湖北鄂城	東方文學系日文講師	北新華街二十四電南七〇五
張煜全	昶雲	廣東南海	預科英文講師	東城八大人胡同二十六電東三一五七
張星烺	亮塵	江蘇泗陽	史學系講師	後門外方磚廠二十三電東二八九五
張孝栘	棣生	湖北鄂城	法律系講師	北新華街二十四電南七〇五

民國十九年國立北京大學畢業同學錄

畢　蓮		美　國	英文系講師	清華大學電東三九〇〇
郭樹藩		湖　南	日刊室書記	本校第二寄宿舍電東一一二二
郭汝熙	懷康	福建惠安	英文系教授	東安門大草敞口袋胡同十
郭世綰	絳侯	安徽亳縣	化學系講師	西四小院胡同十六電西一二三
郭元義	西則	河南鎮平	物理系助教兼預科物理講師	後門內司禮監甲六
莊尙嚴			研究所國學門助教	
張鵬翹	友鶴	陝西朝邑	音樂會導師	和平門外前孫公園五電南四六五七
張孟聞			預科博物講師	遂安伯胡同二十五
張世康			圖書部書記	
張鳳舉		江西南昌	國文系教授	出洋
張季蕬		雲南大理	圖書部書記	西城將坊胡同二十三
張汝弼	良佐	河北博野	預科體育講師	西城後庫第四中學電西二〇九四
張　綱	允元	浙江鎮海	圖書部書記	東華門外小甜水井四電東七六一
張一航	一航	江蘇溧水	圖書部編目課助教	史家胡同十八
張馥君		河北大興	庶務部齋務課事務員	前門內大四眼井八
張炳茂	松濤	河南偃師	軍事訓練部助手	酒兹府關東店十九
張德澂	滋明	河北宛平	註冊部註冊課書記	後門內蠟庫胡同六

民國十九年國立北京大學畢業同學錄

陸宗達	穎民	浙江慈谿	預科國文講師	宣外前青廠二十七
陸鼎恒	惟一	浙江蕭山	生物系教授	燈市口八十四電東一一一一
麥第榮		廣東饒平	數學系助教兼預科數學講師	外交部街大同中學電東一三六八
陶履恭	孟和	天津	政治系教授（講師待遇）	北新橋小三條十五電東五六
隋星源	曜西	山東廣饒	晉科哲學講師兼教務長室秘書	嵩祝寺後身納福胡同三十一
許贊堃	地山	福建龍溪	哲學系講師	石駙馬大街八四電西二九八四
許文俊	志清	浙江紹興	庶務部雜務課書記	本校三院電東六三八
許文玉	維周	浙江奉化	預科國文講師	漢花園十一
許之衡	守白	廣東	國文系教授兼研究所國學門導師	上斜街五十五電南五五二五
崔祥麟	雲趾	北平	圍棋研究會導師	鼓樓後酒醋局六
梁廷煜	光甫	河北大城	庶務部雜務課事務員	東四五條一一六
梁遇春			圖書部事務員兼預科英文講師	東四報房胡同二十六
梁展章	季平	福建莆田	註冊部事務員兼英文講師	西單叅政胡同六電西二五六六
梁炳奎	燦如	福建莆田	註冊部事務員	六部口新平路二電南三九三四
梁引年	仲文	廣西桂林	物理系講師	西四宮門口頭條十六
梁基泰		廣東番禺	經濟系講師	大院胡同三道柵欄二十三電西一〇八一
梁鉅屏	鉅屏	廣東南海	預科數學講師	東四翠花胡同七

民國十九年國立北京大學畢業同學錄

黃福祥	田蓀	廣東台山	地質系講師	西單舊刑部街甲七十
黃金鰲		安徽合肥	體育部導師	後孫公園安徽中學電南一七一三
黃國聰	少楡	廣東中山	預科英文教授	景山西大石作三十三
黃節	晦聞	廣東順德	國文系教授兼研究所國學門導師	東單官帽胡同十六電東一三六三
黃右昌	黼馨	湖南臨澧	法律系教授	石駙馬大街後宅甲四電西八三三
曹遺	子民	浙江義烏	出版部售書課事務員	太僕寺背陰胡同二
曹祖蕃	實卿	江西	法律系講師	西城農商部街二七電西二一六
曹奇山	經五	河北高邑	預科數學講師	後門內恭儉胡同五十
常福存	仲欽	江蘇江寧	庶務部齋務課事務員	中老胡同二十七
常濬	克明	北平	研究所國學門書記	景山東街東老胡同甲二
常浩德			英文系講師	清華大學北院三
麻沃畬	挺生	山西渾源	化學系講師	東單火神廟三十九
梅卓生		廣東新寧	預科英文教授	平漢鐵路醫院電東六二三
盛鈺	寶彝	浙江紹興	註冊部註冊課書記	同前
盛鐸	博宣	河北宛平	庶務部齋務課事務員	南長街苦水井一
陸式蘅			圖書部書記	
陸懋德	用儀	山東歷城	史學系講師	西單貴八關十五

民國十九年國立北京大學畢業同學錄

曾昭紱	幼荃	湖南新化	註冊部註冊課事務員	景山東街九
曾同春		廣　東	經濟系講師	順城街七十二電南二五二
傅斯年	孟眞	山東聊城	史學系講師	北海公園內電西九五九
傅鍾濟	弼良	河北大興	註冊部註冊課書記	後門內織染局十九
傅振倫	維本	河北新河	研究所國學門助教	本校第二寄宿舍電東一一二二
傅種孫	仲嘉	江西高安	數學系講師	和平門外廠甸附屬中學電南一八一
傅　銅	佩青	河南蘭封	哲學系講師	宣外八寶甸一電南一〇五
賀之才	培之	湖北蒲圻	法文系教授兼主任	西單背陰胡同七電西七九四
馮克武	修文	河北固安	庶務部齋務課書記	本校第一寄宿舍電東四六
馮承植	君培	河北涿縣	圖書部助教	東華門孔德學校電東二七二
馮式權	立仲	浙江桐鄉	化學系助教	東單西裱褙胡同二十電東二七六五
馮祖荀	漢叔	浙江杭縣	數學系教授	
黃輔臣	輔臣	江蘇江都	註冊部註冊課書記	銀閘內六區署對過江蘇黃廬
黃承麐	鶴軒	河北大興	日刊室書記	西長安街官馬司二十五
黃　鋆	漢臣	江蘇江都	註冊部註冊課書記	銀閘內六區署對過江蘇黃廬
黃仁傑	勁侯	浙江嘉興	庶務部雜務課事務員	宣外南橫街嘉興會館
黃子通		浙江嘉興	哲學系講師	燕京大學東院三十五燕京分機一〇七

(175)

民國十九年國立北京大學畢業同學錄

楊運			出版部事務員	
楊家瑜	瑾叔	江西新建	數學系講師	西單西鐵匠胡同三五
楊宗翰	伯屏	江蘇鎮江	英文系講師	西城東養馬營四電西一一五七
楊鐸	警吾	浙江義烏	地質系講師兼出版部主任	太僕寺街背陰胡同二
楊公庶	公庶	湖南湘潭	預科德文教授	西城溫家街甲一電西一一九四
楊震文	丙辰	河南南陽	德文系教授兼主任	北池子馬圈胡同九
嵇文甫		河南汲縣	哲學系講師	東安客厲
童德禧	禧文	湖北蘄春	教育系教授	東安門韶九胡同東安客厲電東一〇四
彭彼得		江西安義	哲學系講師	崇內船板胡同匯文學校電東一八一八
費永泉	潤芝	北平	總務部會計課事務員	後門內鐵匠營十七
游鳳池			軍事學講師	
舒宏	之鑫	湖南長沙	經濟系講師	西單二龍坑小口袋胡同十八
程鳴岐	仁閣	江蘇淮安	註冊部書記	宣外蘇線胡同淮安會館
程緒頤	漢辰	河北通縣	出版部講義課書記	東城觀象台迤北城根十八
程光銘	警齋	湖北江陵	東方文學系日文講師	迺茲府乙六
程樹德	郁庭	福建閩候	法律系講師	西城南閣市口四十電西二一八
程迺頤	迺頤	江西南城	心理系講師	宣外大街江西會館電南一〇六八

民國十九年國立北京大學畢業同學錄

溫　德		美國支加哥城	英文系講師	清華北院六電東三九〇
溫壽鏈	公頤	福建龍巖	第一院主任室秘書兼預科國文講師	宣外賈家胡同六十三
溫源寧		廣東陸豐	英文系教授兼主任	南長街東河沿十五電南二二〇〇
溫宗禹	善甫	廣東台山	地質系教授	
董　霽	晴浦	河北高陽	庶務部雜務課事務員	永祥里十
董聯桂	敬之	北平	註冊部事務員	黃化門簾子庫六
董守信	樸存	河北豐潤	經濟系講師	本校第三院
萬恩霖	紫沛	江蘇儀徵	儲藏室書記	沙灘西口十六
葉增榮	暢九	四川仁壽	法政經濟記錄室助教	銀閘十九
葉崇智	公超	廣東番禺	英文系講師	北長街教育會夾道甲二電南四六三
葉　瀚	浩吾	浙江杭縣	史學系教授兼研究所國學門導師	宣內絨線胡同內翠花街十五
楊仲子			音樂會導師	
楊德泰	竹君	北平	註冊部註冊課事務員	西郊打靛廠村
楊　塤	伯琴	江蘇	化學系講師	西城屯絹胡同十六電西七九五
楊淦保	燕仲	江蘇吳縣	法律系講師	旃檀寺玉石井甲五
楊光弼	夢賚	河北天津	化學系講師	東堂子胡同十六電東二五九九
楊鍾健	克強	陝西華縣	地質系講師	西四兵馬司九

(177)

民國十九年國立北京大學畢業同學錄

趙彬儒	錫文	河北大興	註册部註册課書記	嵩祝寺橫柵欄
趙懷叙	秩甫	河北清苑	圖書部書記	東安門內銀閘胡同十七
趙錫霈	雨山	河北大興	圖書部書記	後門內二眼井横柵欄二
趙增印	覲侯	北平	註册部事務員	後門內碾兒胡同三十九
趙儒珍	席慈	江蘇鎮江	校長室秘書兼預科英文講師	西單邱祖胡同二十五電西三九一
趙孟哲	孟哲	河北沙河	軍事訓練助手	西安門內惜薪司甲二十二
趙逢珠	梅川	山東齊河	體育部導師	阜外成達中學校電西四二七
趙冠	伯平	江西奉新	化學系講師兼地質系講師	景山東街西老胡同一電東一三六四
趙任	之遠	浙江紹興	法律系講師	南河沿二十五電東一八六四
趙萬里	斐雲	浙江海寧	國文系講師	宗人府西夾道一
趙學海	師軾	江蘇無錫	化學系講師	東城東裱褙胡同三十四電東六三九
趙仁鑄	漢威	江蘇吳江	化學系教授	安定門內西大街二十六
趙淞	雨秋	四川閬中	預科數學教授	報子胡同十六
愛薩爾			地質講系師	西觀音寺
葛拉包		美國	地質系教授	豆芽菜胡同四
經利彬	燧初	浙江上虞	生物系教授兼主任	東單西觀音寺八十電東一八三三
虞宏正	叔毅	福建閩侯	預科化學講師	西四豐盛胡同三十八電西九二〇

民國十九年國立北京大學畢業同學錄

劉雨航			總務部會計科書記	
劉　琳	希陶	江西安福	註冊部詢問課事務員	宣外西草廠五十三電南三八五一
劉崇鋐			史學系講師	
劉鉅鍠	仲謨	湖南新化	註冊部編誌課事務員	後門內吉安所右巷五
劉廷芳		浙江永嘉	教育系教授（講師待遇）	海甸燕大燕南園五十一燕大分機五一
劉慎諤	士林	山東牟平	生物系教授	西直門外天然博物院電西一〇四二
劉文典	叔雅	安徽合肥	國文系教授（講師待遇）	後泥窪十一電西六四
劉　復	半農	江蘇江陰	國文系教授兼研究所國學門導師	大阮府胡同三十電東七八七
劉鳳山	彩臣	河北寧津	拳術導師	西四大拐棒胡同十六
劉季辰		江蘇嘉定	地質系講師	
劉壽慈	北茂	江蘇江陰	預科英文講師	東城亮果廠東河沿四十
劉　鈞	海蓬	河南濟源	教育系講師	景山後大街十五電東九一七
劉宏鈺	筱晴	湖南臨澧	預科日文講師	北城寬街利浦營十二電東三八七六
齊植宋		河北天津	數學系助教	甘石橋前英子胡同十二
翟太太			英文系講師	同前
翟孟生			英文系講師	西總布胡同二十一
趙麗蓮			音樂會導師	

(179)

民國十九年國立北京大學畢業同學錄

潘家洵	介泉	江蘇吳縣	預科英文講師	西大街二十六
潘冠英		廣東南海	法律系講師	前門外大齊家胡同三十七
潘文煥		江蘇新陽	預科體育講師	東城大羊毛胡同二十三 電東三〇一五
鄧夫人			法文系講師	內務部街十三
鄧之誠	文如	江蘇江寧	史學系講師	錦什坊街後撒袋胡同一 電西二〇二〇
鄧伯粹		湖南臨澧	經濟系講師	歐美同學會電東一八六四
鄧秉鈞	高鏡	湖南陽明	哲學系講師	景山東街老胡同十三
鄧以蟄			哲學系教授（講師待遇）	北河沿十二
蔡鍾瀛			物理系講師	西京畿道十五
蔡元培	孑民	浙江紹興	校長	
蔣廷黻			史學系講師	
蔣兆鉦	志樸	安徽歙縣	德文系講師	東城筆管胡同七電東二二三二
劉倬夫			法文系講師	
鄭奠	石君	浙江諸暨	國文系教授兼預科主任	景山東街中老胡同七
劉天華			音樂會導師	
劉峻德	英臣	河北固安	圖書部典書課書記	本校一院
劉澄清	濬哲	河北東鹿	研究所國學門事務員	東安門北河沿五十五

民國十九年國立北京大學畢業同學錄

龍際雲	搢霄	江西萬載	預科物理教授	太平倉平安里二十四
薩維廉		德國	德文系講師	德國兵營一
閻國祥	崑甫	河北宛平	生物系繪圖員	西城南草廠七十五
錢玄同	疑古	浙江吳興	國文系教授兼研究所國學門導師（講師待遇）	東華門大街孔德學校電東二四七〇
錢稻孫		浙江吳興	東方文學系講師	西四受壁胡同九電西四一一
鮑明鈐			政治系講師	陟山門七
鮑鑑清	絜胥	浙江金華	生物系講師	永光寺中街八
衛梓松	筱赤	廣東台山	地質系講師	東安門北小草廠一電東四一三五
盧遇庚	西垣	河北宛平	圖書部典書課書記	第三院
諶亞達	稷如	江西	預科地理講師	東城南小街小雅寶胡同三十二
鋼和泰		埃細尼臣	哲學系教授兼研究所國學門導師	東交民巷奧使署
滕統音	叶聲	河南鄧縣	圖書部助敎	地內火藥局頭條一
樊際昌	逵羽	浙江杭縣	心理系敎授兼主任	崇內東庫司胡同三電東二三一六
黎錦熙	劭西	湖南湘潭	國文系講師	西城機織衛淹通胡同四電西二七九一
黎世衡	子鶴	安徽當塗	經濟系講師	北總布胡同十七電東八一二
歐本鵬	少文	湖南沅陵	預科英文講師	太平湖民國大學電西九一五
潘祥			日刊室書記	

(181)

民國十九年國立北京大學畢業同學錄

羅　昌	文仲	廣東寶安	英文系教授	東四十一條何家口二
韓希敬	蘊華	浙江慈谿	圖書部購書課書記	北新橋香耳胡同六十二電東一九二三
韓定生	警塵	河北高陽	教育系講師	前門內草帽胡同六電南五一八
韓述組	志勤	河北宛平	心理系教授	打磨廠五
魏崇浚	濟卿	北　平	生物系助手	後門內蠟庫三
魏建功		江蘇如皋	語音樂律實驗室助教	東城雙輦胡同二十二電東一五三八
顏任光			物理系教授	
戴文魁	華舫	河北大興	研究所國學門書記	安定門內二條胡同三十九
戴臣水		江蘇句容	總務部會計課事務員	宣內國會街十一電西三三九
戴明揚	荔生	四川隆昌	研究所國學門助教	景山東街中老胡同二
截錫祉	贊襄	河　北	化學系助教兼預科化學講師	銀閘胡同十七
戴　夏	夷乘	浙江永嘉	教育系教授兼主任	景山東街中老胡同七
鍾相青		湖北漢川	經濟系講師	前門花園大院六電南一十六四
鍾作猷		四川雙流	預科英文講師	沙灘新開路七
薛培元	燮之	河北臨城	化學系講師	花園宮甲十
薛錫成	晉三	河北良鄉	德文系講師	後門內碾兒胡同四十八
繆金源		江蘇東臺	預科國文講師	亮果廠九

民國十九年國立北京大學畢業同學錄

鐸爾孟	浩然	法國	法文系教授	朝陽門內南小街辛鮮胡同二十四 電東四三三
顧適亭	雅德	江蘇武進	庶務部雜務課事務員	宣外前青廠十四
顧澄	養吾	江蘇無錫	數學系講師	東四四條一 電東二一七
蘇振潼	槎仙	江蘇江寧	物理系講師	東斜街四十二
嚴鍥	既澄	廣東四會	國文系講師	韶九胡同東安客寓電東一四〇
嚴毅	士弘	江蘇武進	預科英文教授	大石作二
羅文	鐲野	江西贛縣	總務部文牘課事務員	西珠市口贛寧會館電南四七一〇
羅振福	萠康	江西萍鄉	化學系助教	亮果廠曉教胡同九
羅堉	建生	江西南昌	法文系講師	嵩祝寺後身椅子胡同七
羅家倫	志希	浙江	史學系講師	清華園電東三九〇〇

(183)

民國十九年國立北京大學畢業同學錄

(184)

北大二十年級同學録（一九三一）

本册封面爲北京大學原校長蔡元培題籤「北大二十年級同學録」，另有題詞「博學於文，行己有恥」。所謂「二十年級同學録」，實際上就是民國二十年畢業同學録。

扉頁鈐有「國立北京大學二十年級畢業同學録籌備委員會」圓印，印章下書「贈」字。書内扉頁再印蔡元培題籤及題詞，並鈐有「江澤涵圖書印」「北京大學圖書館藏印」「北京大學文庫」藏印。此書原爲北京大學數學系江澤涵院士舊藏，後由其子女捐贈北大圖書館的北大文庫。

蔡元培題詞之後是文化之鐘和北大校旗，以及本届畢業生的畢業紀念章。

1930 年 12 月，蔣夢麟出任北京大學校長，故本年的「臨別贈言」由蔣夢麟撰寫。蔣夢麟贈言中强調「我們北京大學最重要的一點：就是革命精神。……這革命精神使你不安於現狀，日求改革進步，使你不苟安，不懶惰，不墮落，不腐化」。蔣氏認爲，「一切舊制度的崩壞」，「不過是進化歷程中的遺棄物」。因此，「我們要用新工具，採新玉礦，琢新玉杯。這用新工具的新礦師新玉工，就是你們」。對畢業生寄予了殷殷期望。

贈言之後是蔣夢麟校長畫像，以及原校長蔡元培、總務長兼地質系主任王烈、教務長兼法律系主任何基鴻的照片。與上年畢業紀念册相比，本年在系主任之前增加了註册部主任心理系主任樊際昌、庶務部主任沈肅文、出版部主任楊鐸的照片。

本册編排與之前同學録相比的一個不同之處是，每部分由本校教職員親筆題寫欄目名。教職員部分之前有蔣夢麟題寫「教員」二字。與上年畢業紀念册所列相比，系主任變化不大，經濟系主任改爲秦瓚，增加生物系主任經利彬。教員方面，收録 129 人照片，爲到本年爲止收録教員數量之最，包括各系講師、副教授、教授。需要説明的是，因當時的規定，在北大兼職者只能聘爲講師，如史學系的陳垣、鄧之誠、蔣廷黻等，都屬於兼職講師。最後刊登有「前預科主任關振伯先生遺像」，以示紀念。

同學録部分，由馬敘倫題寫「畢業同學」四字。各系同學照片之前，又有北大教員題寫的系名，數學系由系主任王仁輔題寫，物理系由教授顔任光題寫，化學系由系主任胡壯猷題寫，地質系由系主任王烈題寫，生物系由系主任經利彬題寫，哲學系由教授胡適題寫，教育學系由系主任戴夏題寫，英文學系由國文系講師卓定謀（字君庸，後以字行，精研書法，擅章草）題寫，法律系由教授劉志敭題寫，經濟系由教授李光忠題寫。國文系、史學系、政治系三系的系名無落款，題寫人待考。

各系照片排序，先全體合影，再個人照片。生物學系刊登有「生物學系略史」，哲學系刊有哲學系教授胡適寫的「贈言」，教育學系有系主任戴夏寫的「教育學系小史」，英文學系有該系畢業生、本年畢業同學録編輯部主任高昌運所寫「英文學系二十年級級史」。胡適在給哲學系畢業生的贈言中指出，「一個大學裏，哲學系應該是最不時髦的一系，人數應該最少。但北大的哲學系向來有不少的學生，這是我常常詫異的事」。「一個哲學系的目的應該不是教你們死讀哲學書，也不是教你們接受某派某人的哲學。」「哲學教授的目的也只是要造出幾個不受人惑的人。」

除胡適贈言外，其餘三篇都是重要的北京大學校史資料，如生物學系的歷史，上溯到清光緒三十三年京師大學堂附設之博物實習科簡易班，京師大學校時期生物系取消，1929 年北大復校後始復系；教育系則先在哲學系内設教育學組，到1924年秋由代理校長蔣夢麟籌辦，並任第一届系主任；英文學系本届畢業生1927年入校，適值北京國立九校合併爲京師大學校，「招考新生至五六次」，「北大學院」時期，胡適、陳源、徐志摩、林語堂、張欣（歆）海等教授「一時未克回校」，聘請清華大學西洋文學系王文顯、吴宓、葉公超、陳福田、温德等人兼職。

本年刊登畢業照片者，數學系10人，物理系4人，化學系4人，地質系4人，生物學系3人，哲學系14人，教育學系20人，中國文學系27人，英文學系26人，史學系17人，法律系17人，政治系34人，經濟系16人。總計196人，雖然比後面的全體畢業生名録少15人，但還是可以看出各系人數多少的情況，之前法律、政治、經濟人數遥遥領先的趨勢已經有所改變，政治系還是人數最多，經濟與法律則減少較多。

畢業生之後是新增的「學術團體」部分，由馬衡題寫欄目名。加上後面的「校舍」和「本届畢業同學」，本册的編排體例和主要内容與1928年確定體例以來的《燕大年刊》頗爲接近。據本册「編後」，學術團體照片收集不全，故本部分只刊登了數學學會、物理學會、地質學會、生物學會、哲學會、心理學會、教育學會、英文學會、法文學會、史學會、政治學會、經濟學會等12個學生學術團體的合影。

「校舍」部分，由國文系教授錢玄同題寫欄目名，刊登照片42張，爲到本年爲止歷年畢業紀念册中最多者。除了往年常見的照片，新增的包括新購入的松公府建築、大門及用地、二院圖書館、英文閲覽室、實驗室等。

「附録」部分爲國文系教授黄節題籤，收録軍事訓練部白雄遠所寫《本校學生軍之過去及現在》一文，並附有插圖五張。最後是「本届畢業同學」，收録211位畢業生的姓名、别號、年歲、籍貫、學系、永久通信處等基本信息。

本册的最後是「二十年級畢業同學録籌備委員會委員」名單與合影，以及「編後」。「編後」自我調侃，本册「那裏是畢業同學録，簡直是『人頭彙録』！」並且揭示了當時北大學生的個性特點：「北大的學生專講個性發展，養成了一種散漫的學生生活，在本屆畢業的二百同學中，彼此不相識的，我敢説在半數以上。」

本册首次採用16開本，不僅開本加大，印製也很精美。

蔡元培題
行己有恥
博學於文
北大二十年級同學錄

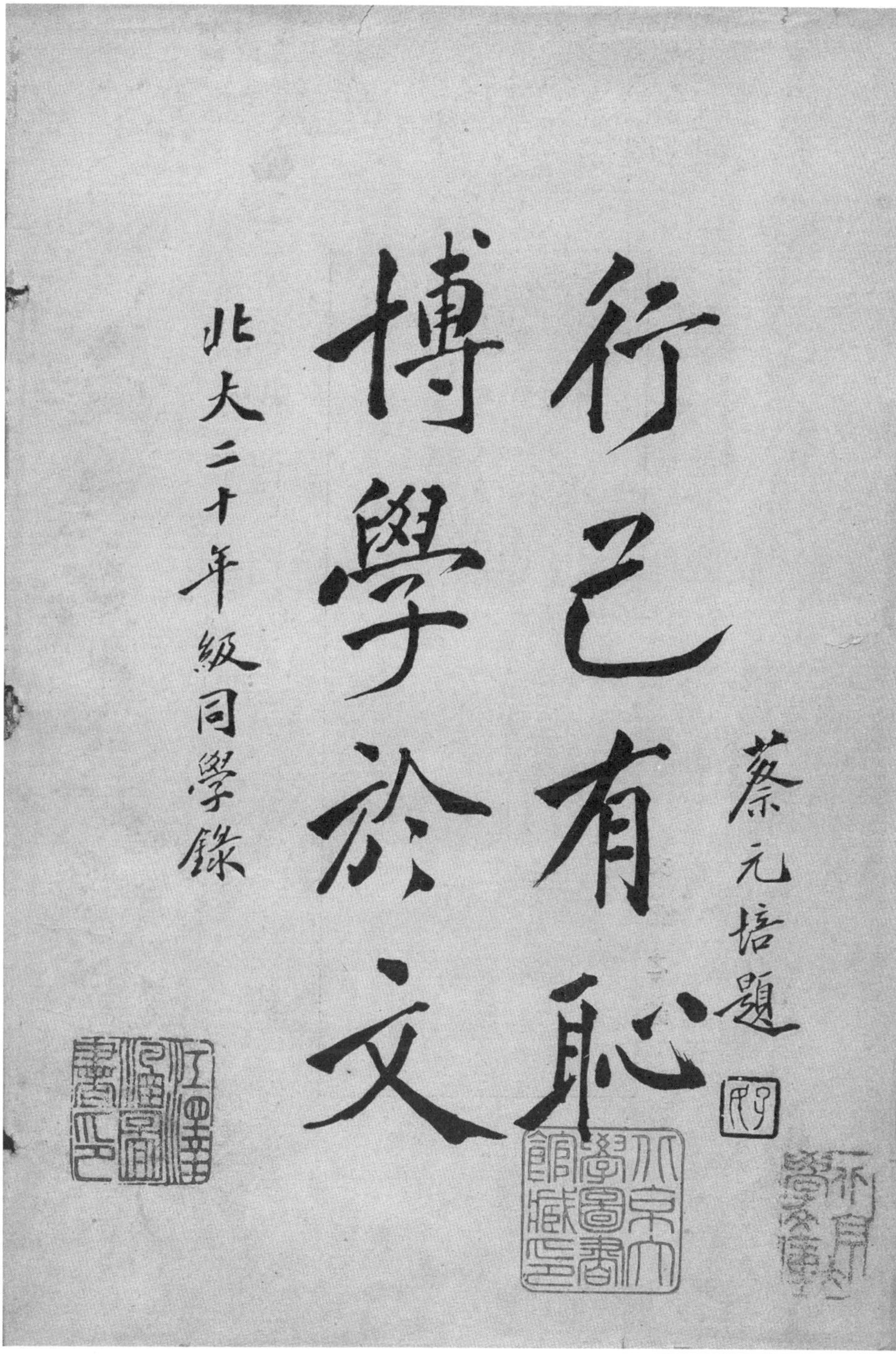
蔡元培題

行己有恥

博學於文

北大二十年級同學錄

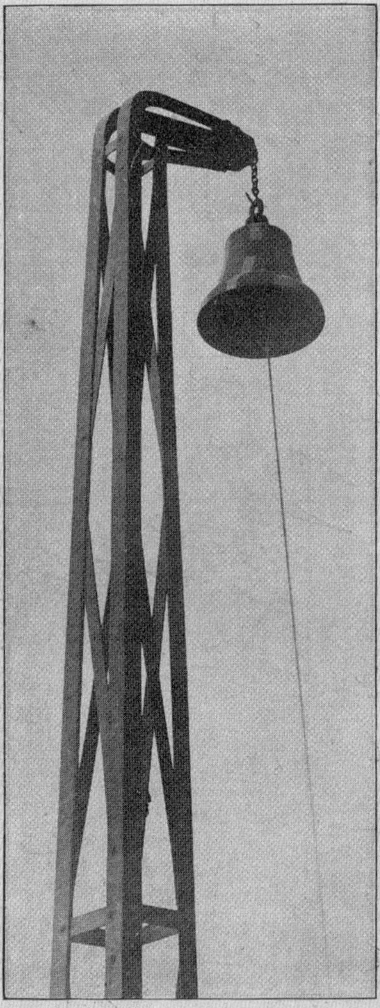

文化之鐘

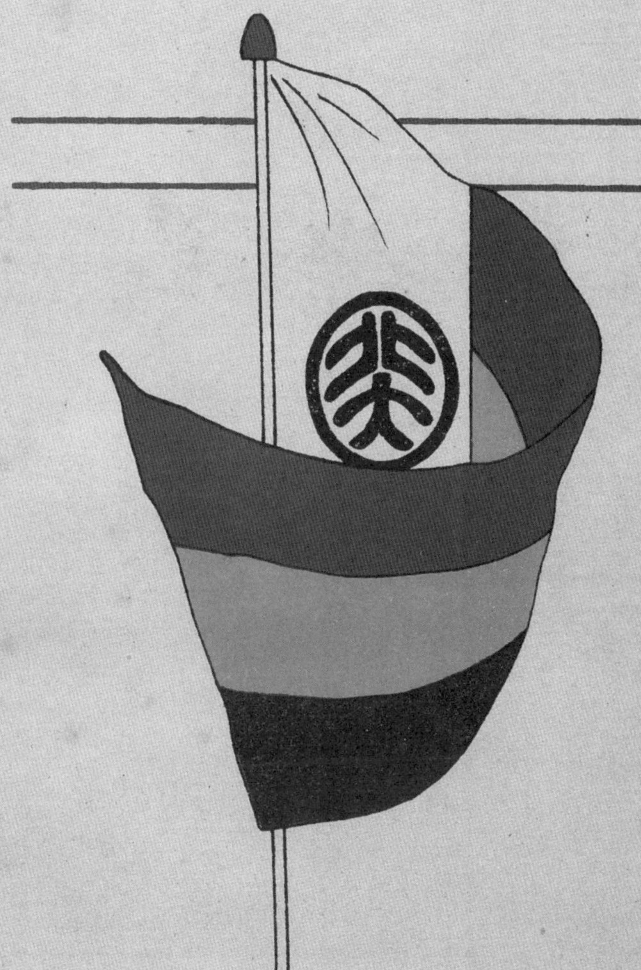

校旗

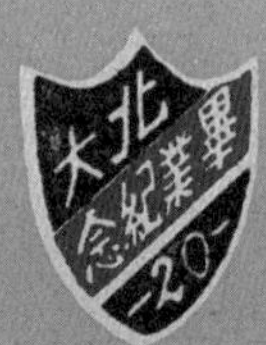

畢業紀念章

臨別贈言

蔣夢麟

每屆同學畢業，發刊同學錄的時候，校長照例要說幾句話，作爲臨別贈言。

本屆畢業的同學們，是我離開北京大學的前一年入校的，我回校不過半年，諸位又要離校了。這就是世俗所謂緣慳。但是，當我們南北異地的時候，我們未嘗不時刻彼此以神相感的。現在的飛艇無綫電時代，空間之隔，不像驛車驛郵時代的重要了。我們的同學，全國各地都有，離校之後，雖然散處各地，我們的精神，可以永遠團聚的。

我們北京大學最重要的一點：就是革命精神。諸位同學離校以後，無論研究學術，服務社會或政府，或經營私人事業等等，若以革命精神做去，終不會做時代的落伍者。這革命精神使你不安於現狀，日求改革進步，使你不苟安，不懶惰，不墮落，不腐化。

現在社會的一切狀態，都在進化的歷程中，一切舊制度的崩壞，表面上似退化，其實不過是進化歷程中的遺棄物。若欲擁護這遺棄物來求天下太平，不但阻礙進化，反而使天下更不太平。以前的黃金時代，因生產工具的劇變，打成粉碎，像一隻破裂的玉杯，不可修補了。我們要用新工具，採新玉礦，琢新玉杯。這用新工具的新礦師新玉工，就是你們。

諸位同學，你們要困苦艱難的來做礦師玉工，不可存不勞而獲玉杯的僥倖心，更不可存補綴玉杯的苟安心。最後還有一句老生常談：凡有機會做事，不論事之大小，只要盡本職做得好，就是成功之母。

校　長

蔣　夢　麟

前校長

蔡元培

王　　　烈

總務長兼地質系主任

何基鴻

教務長兼法律系主任

樊際昌

註冊部主任，心理系主任

沈肅文

庶務部主任

楊鐸

出版部主任

教員

蔣夢麟題

王仁輔
數學系主任

夏元瑮
物理系主任

胡壯猷
化學系主任

經利彬
生物系主任

張　頤
哲學系主任

戴　夏
教育系主任

馬裕藻
中國文學系主任

溫源寧
英文學系主任

賀之才
法文學系主任

楊震文
德文學系主任

周作人
東方文學系主任

秦瓚
經濟系主任

白雄遠
軍事訓練部主任

馮祖荀
數學系教授

胡濬濟
數學系教授

王尚濟
數學系教授

顧　澄

數學系講師

常福元

數學系講師

趙進義

數學系講師

趙　淞

數學系講師

趙 冠
數學系講師

傅種孫
數學系講師

張貽惠
物理系教授

李書華
物理系教授

張佩瑚

物理系副敎授

龍際雲

物理系副敎授

梁引年

物理系講師

張貽侗

化學系敎授

李麟玉
化學系教授

趙仁鑄
化學系教授

趙學海
化學系講師

周振禹
化學系講師

郭世綰
化學系講師

麻沃畬
化學系講師

楊光弼
化學系講師

楊埙
化學系講師

沈　　奎
化學系講師

葛利普
地質系教授

王紹瀛
地質系教授

孫雲鑄
地質系教授

何　　杰
地質系教授

金紹基
地質系講師

衛梓松
地質系講師

劉慎諤
生物系教授

盧開運

生物系講師

李順卿

生物系講師

章韞胎

生物系講師

林　鎔

生物系講師

陳大齊
哲學系教授

鄧以蟄
哲學系教授

徐炳昶
哲學系教授

胡　適
哲學系教授

馬敘倫

哲學系教授

鋼和泰

哲學系教授

藍渭北

哲學系講師

林志鈞

哲學系講師

程衡

哲學系講師

傅銅

哲學系講師

鄧秉鈞

哲學系講師

張崧年

哲學系講師

嵇文甫
哲學系講師

彭彼得
哲學系講師

張心沛
哲學系講師

韓述組
心理系講師

孫國華
心理系講師

劉廷芳
教育系教授

劉鈞
教育系教授

童德禧
教育系教授

馬師儒
教育系教授

楊　廉
教育系副教授

李建勛
教育系講師

吳卓生
教育系講師

黃節
國文系教授

錢玄同
國文系教授

余平伯
國文系教授

林損
國文系教授

沈兼士

國文系教授

鄭奠

國文系教授

許之衡

國文系教授

沈尹默

國文系教授

郝立權
國文系講師

黎錦熙
國文系講師

嚴鍥
國文系講師

余嘉錫
國文系講師

張　煦
國文系講師

孫人和
國文系講師

卓定謀
國文系講師

羅　昌
英文系教授

徐志摩
英文系教授

芮卡慈
英文系教授

王文顯
英文系講師

涂序瑄
英文系講師

吳　宓
英文系講師

陳　逵
英文系講師

金九經
東方文學系講師

馬　衡
史學系教授

毛　準
史學系教授

陳衡哲
史學系講師

張星烺
史學系講師

陳　垣
史學系講師

鄧之誠
史學系講師

葉瀚
史學系講師

吳燕紹
史學系講師

王桐齡
史學系講師

李宗武
史學系講師

李飛生
史學系講師

陳映璜
史學系講師

蔣廷黻
史學系講師

陳 立 廷

史 學 系 講 師

黃 文 山

史 學 系 講 師

劉 崇 鋐

史 學 系 講 師

孔 繁 霱

史 學 系 講 師

陸懋德
史學系講師

劉志敭
法律系教授

白鵬飛
法律系教授

黃右昌
法律系教授

陳瑾昆
法律系講師

王家駒
法律系講師

劉兆霖
法律系講師

耿光
法律系講師

程樹德
法律系講師

趙 任
法律系講師

李懷亮
法律系講師

石志泉
法律系講師

余棨昌
法律系講師

陳啟修
政治系教授

楊宗翰
政治系教授

李光忠
經濟系教授

周作仁
經濟系教授

朱錫齡
經濟系教授

胡立猷
經濟系講師

鍾相青
經濟系講師

靳宗岳
數學系講師

文元模
物理系教授

黃福祥
地質系講師

陳孺平
生物系講師

鮑鑑清
生物系講師

韓定生
教育系講師

吳承仕
國文系講師

王謨
史學系講師

陶履恭
政治系主任

舒宏
經濟系講師

前預科主任

關振伯先生遺像

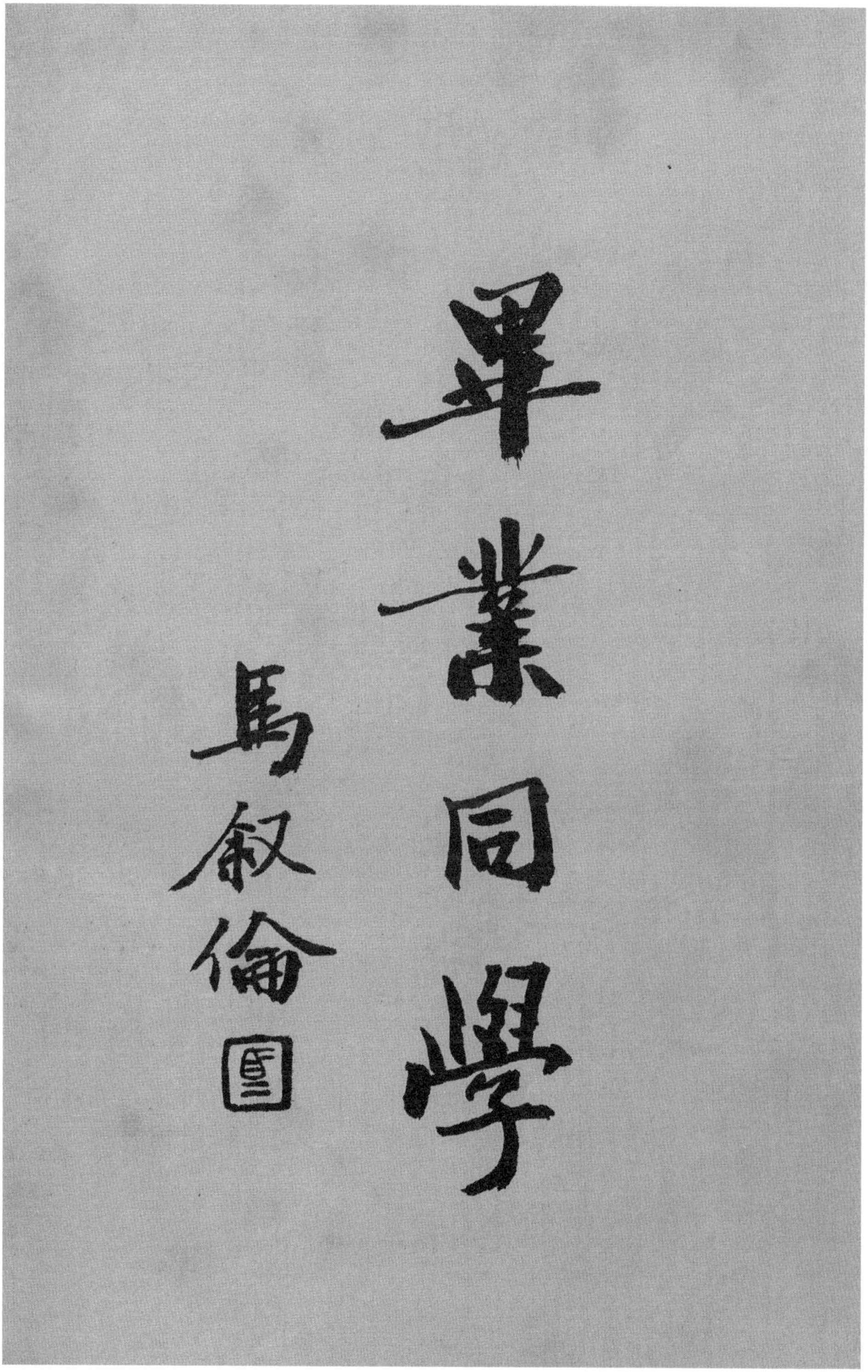
畢業同學
馬叙倫

數學系

王仁輔題

數學系本屆畢業同學

吳　秀

杜宏遠

李恭任

唐慶英

郭　新　燊

陳　清　祿

管　　竹

樊　懷　義

繆 玉 源

蘇 道 榮

物理學系

任光

—5—

物理學系本屆畢業同學

張　明　示

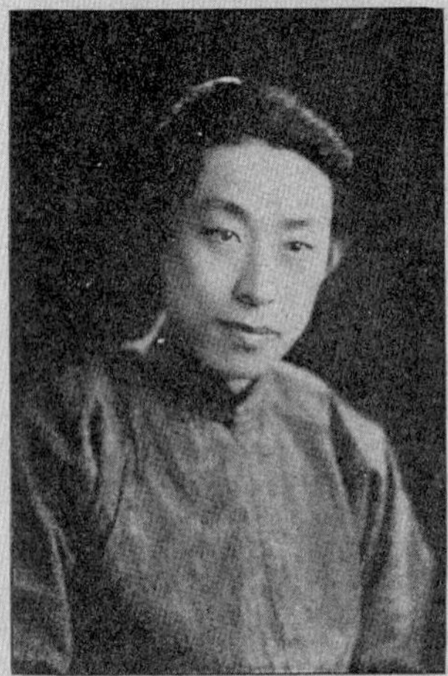

張　崇　年

崔　　璘

薛　兆　旺

化學系

胡壯猷題

化學系本屆畢業同學

郭 東 霖

莫 運 乾

樊 富 民

劉 紹 宗

地質系

王烈

地質系本屆畢業同學

李　賢　誠

胡　伯　素

高　振　西

潘　鍾　祥

生物學系

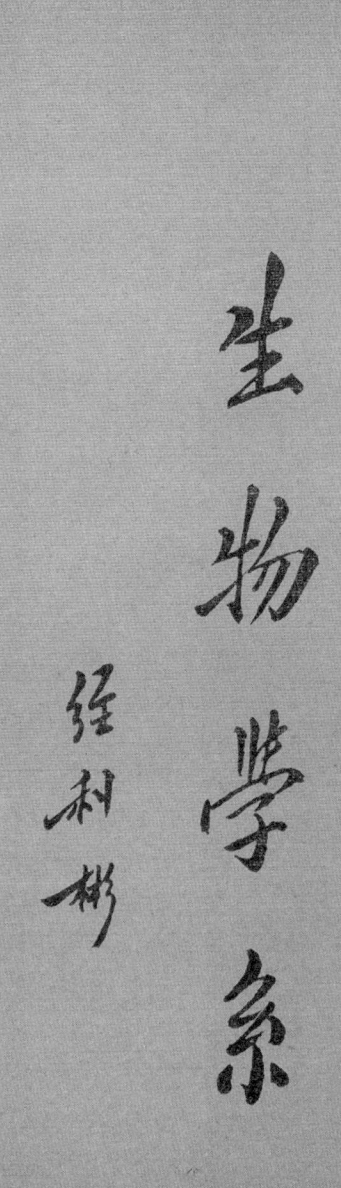

经利彬

生學物系本屆畢業同學

生物學系略史

本校於光緒三十三年附設博物實習科簡易班，至宣統二年，畢業一班，立即停辦。所有標本，掛圖及儀器，幾全移入現在之農學院及師範大學，遺留在校，僅少數之殘品耳。迨後蔡元培先生長校，乃派鍾觀光先生往各地採集標本，爲預備設立生物系之基礎。鍾先生時經數載，地偏東南，歷盡艱難辛苦，共採動植物標本約計七八千種，十四年始克回校，本系乃於該年秋成立。譚熙鴻先生爲主任，李石曾，鍾觀光，經利彬，褚民誼諸先生爲敎授。十五年，鍾先生因事南旋，李先生避居東交民巷，皆不克至校授課。十六年春，黨案迭起，譚先生不能安住，亦離北平，僅經先生等努力維持。本系之情勢如此，竟呈動搖之狀，故該年秋劉哲合併九校，藉本系人數不多爲詞，擅將本系取消。十七年北伐軍至平，我校師生，羣以爲本校可立隨青天白日旗而復活矣，詎知又被合併，賴諸師生之奮鬥，遷延至十八年春方能開學，本系亦因之得以復活；乃以經先生爲主任。於是昔日之舊同學次第歸來。溯本系之初設也，設備不全，根基未固，中經停辦，一切停頓，復活後，乃努力於課程之釐訂，圖書儀器之購置，標本之採集，雖無卓著之成績，然雛形已具，基礎漸深，若能假之以時日，當必更有進步也。

石 原 皋

郝 景 盛

張 鳳 瀛

學生生活(一)

哲學系

胡適題

哲學系本屆畢業同學

贈　言

一個大學裏，哲學系應該是最不時髦的一系，人數應該最少。但北大的哲學系向來有不少的學生，這是我常常詫異的事。我常常想，這許多學生，畢業之後，應該做些什麼事？能够做些什麼事？

現在你們都要畢業了。你們自然也都在想，「我們應該做些什麼？我們能够做些什麼？」

依我的愚見，一個哲學系的目的應該不是教你們死讀哲學書，也不是教你們接受某派某人的哲學。

禪宗有個和尚曾說，「達摩東來，只是要尋一個不受人惑的人。」我想借用這句話來說：「哲學教授的目的也只是要造出幾個不受人惑的人。」

你們應該做些什麼？你們應該努力做個不受人惑的人。

你們能够做個不受人惑的人嗎？這個全憑自己的努力。

如果你們不敢十分自信，我這裏有一件小小法寶，送給你們帶去做一件防身的工具。這件小法寶只是四個字：「拿證據來！」

這裏還有一隻小小錦囊，裝着這件小法寶的用法：「沒有證據，只可懸而不斷；證據不够，只可假設，不可武斷；必須等到證實之後，方才可以算作定論。」

必須自己能够不受人惑，方才可以希望指引別人不受人惑。

朋友們，大家珍重！　　　　二十，五，五，胡適。

王　　斌

朱庭翊

余錫嘏

沈仲章

李 相 殷

徐 伯 訏

章 志 杰

馮 韜

溫 錫 增

賀 仲 蓮

楊 慎 修

趙 家 禎

劉韶華

薛星奎

教育學系

戴夏題

教育學系教員及本屆畢業同學

教育學系小史

本校教育學系之成立，乃在民國十三年秋季。先是哲學系內，置教育學組，設有關於教育學之功課，俾系中學生對於教育學有研究的興趣者，得以選習。惟課程內容，過於簡略，不足以濟研究教育學原理及養成高等師資之需。時代理校長蔣夢麟先生有感於此，遂於十三年春間聘高仁山先生及夏為教育學系籌備委員，擬訂課程計劃大綱。旋於是年九月經教務會議通過，并舉蔣校長兼本系第一屆主任，於是本系始告正式成立，有學生廿八人。翌年增至五十人，是年度第一屆畢業者二人。十五年，政局變動，本系教員同學頗有離校他適者，蔣兼主任離職南下，高仁山先生被選繼任。是年度學生四十八人，畢業者二人。十六年春間，高主任因黨案罹難。未幾，本校改稱京師大學校，第一院改稱文科，楊蔭慶先生受聘為本系主任，組織與課程，均有所更動。是年度學生五十三人，畢業者九人。十七年，國民政府北伐成功，而本校之復校運動，亦復告成，原有之課程組織，乃漸恢復。然上學期因復校事完全停頓，至下學期始勉行開課。由院長陳大齊先生兼理本系主任職務。是年度學生六十三人，畢業者十三人。十八年，瘡痍初復，規模粗備。主任一職，教授會推夏擔任其事。是年度學生七十五人，畢業者七人。十九年，政局杌隉，校款支絀，未能盡量發展，僅於課程內容，稍事充實而已。現在有學生八十二人，本屆應畢業者，得二十二人焉。回溯本系誕生不久，規劃未周，嚮學者雖日益增多，祗以挫折叠經，未遑竭力改進，底於至善。深冀此後共策羣力，專意經營。則本系之隆，庶幾與年俱進。是匪特本校本系之幸，抑亦教育學研究前途之曙光也。

二十年四月二十日，戴夏述。

王 如 南

王 冠 英

王 懷 璟

王 友 凡

王履嶸

江銳

李完

李樂俅

李鍾灝

孟際豐

高立

高秉然

張蘭堂

崔心泰

張世銓

黃德筠

解溫涵

鄒湘

蒲敏政

顏長毓

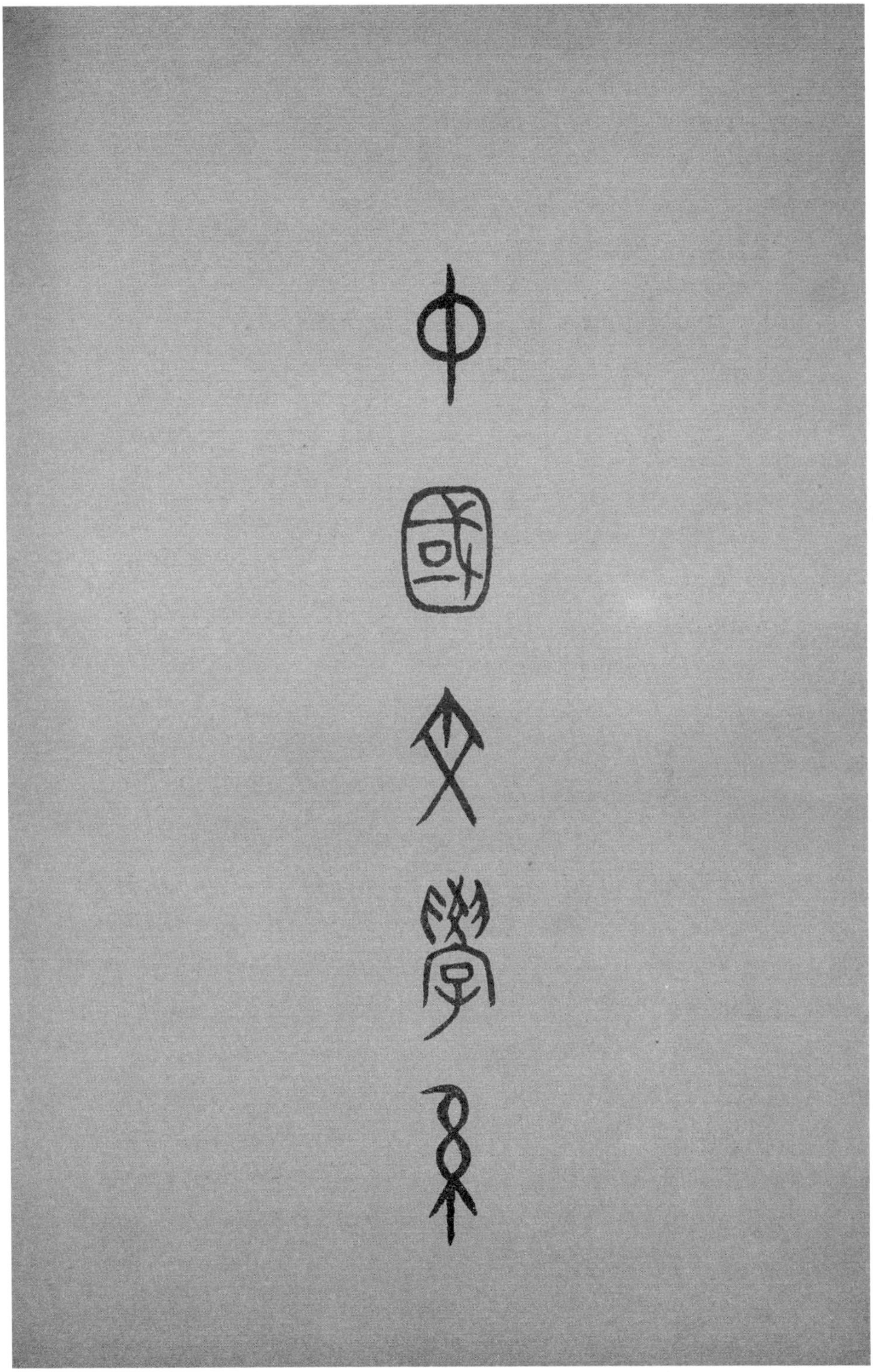
中國文學系

中國文學系本屆畢業同學

王克仁

王鴻裁

王國銓

田應震

呂　仰　周　　　　李　崇　金

周　世　香　　　　金　福　佑

胡　榮　桂

徐　培　蓮

馬　志　龍

陳　其　才

張　玉　佩

莊　紀　澤

許　　森

許　蕙　芬

楊雋之

楊緒吉

趙春庚

趙景賢

趙榮璇

趙啓雍

劉國平

劉振岳

蔣　經　邦

蕭　　　璋

韓　易　田

英文学系

卓君庸书

英文學系本屆畢業同學

英文學系二十年級級史

本級成立於民國十六年秋季。時劉哲實長京師大學，本校析而爲三，隸焉。是歲，招考新生至五六次，取入本級者有二十餘人，加以自預科升來者，數逾三十。北大英文學系有史以來，此級爲最大。楊子餘，凌子平兩先生相繼任系主任。翌年夏，劉哲棄職去，本校改隸北平大學，爲北大學院。温源寧先生來主系事；温先生爲前北大英文學系舊教授留校者僅存之碩果，所以愛護本系者甚至。課程均經從新訂定，本級則與三四年級合班受課。新師有羅文仲先生，楊宗翰先生，及陳𥙿猷先生。舊教授如胡適之，陳西瀅，徐志摩，林語堂，張欣海先生等，俱掌教南中各大學，一時未克回校；遂聘清華大學西洋文學系王文顯，吳雨僧，葉公超，陳福田，温德，翟孟生，吳可讀，艾克，畢蓮諸先生，來此兼課。數年來諸先生諄諄教導，不遺餘力，本級同學，莫不深爲感謝。十八年秋，復校成功。温先生連任主任，遂爲本系設閱覽室，悉心規劃，廣置書籍，于茲二載，頗有可觀；本級沾包其利者實多。先一年，劍橋大學芮卡慈先生，將有東亞之行，本系擬加聘請，因經費支絀，議遂中止，芮先生亦不果來。是年，芮先生始應聘來華，授本級小說及文學批評。而語音專家傅塞德先生，亦來授語音學及英文教授法，雖旋以東渡赴日，課程中輟，而椎輪大輅，啟其端倪，本級同學，實利賴焉。他若新設之米爾頓，集塞，瓦德彼得，及孟德論文等課，實開國內大學專集研究之先河。今年，溫先生再連任主任，功課一仍舊貫。徐志摩先生，復前度重來。本屆修業期滿，級友得二十有六人。

本校自十六年來，屢經摧殘，往往求守其故物而不可得，本系獨能課程周詳，用書蠡備，微溫主任之力不至此！聞學校當局有於下年合併英，德，法文學系為西洋文學系之說，則英文學系其將隨本級以俱去乎？

本級人數雖衆，而感情融洽，從無隔閡，級友具有綽號者過强半：或以菜羹名，或以動物名，非姓之音似，即字之義近，彼此互稱，未嘗以為忤。此雖非久敬之道，而情誼之竺，可以見矣。級友姓字，另有同學錄附刊，不具載。

民國二十年五月高昌運於東齋元字五號。

丁百山

孔慶咸

王傳禮

王蔭梓

甘 師 禹

呂 如 銓

余 紹 彰

余 勳 偉

李玉嶺

李秀桂

房勤

和春煦

高 昌 運

高 鳳 朝

倪 中 立

孫 永 顯

徐 [illegible] 權

馬立勛

張秉禮

張文通

陳和律

鄭遠瑜

劉　麒

劉序功

劉光坤

魏華灼

史學系

史學系教員及本屆畢業同學

陶藝文

方定一

王鑑藻

申慶桂

呂　慶　鐸

周　光　頤

施　忠　義

師　茂　材

單　紹　良

勞　　榦

楊　守　智

楊　華　雲

魯　琨

謝興堯

趙守勤

劉官諤

戴 匡 平

法律系

[illegible]

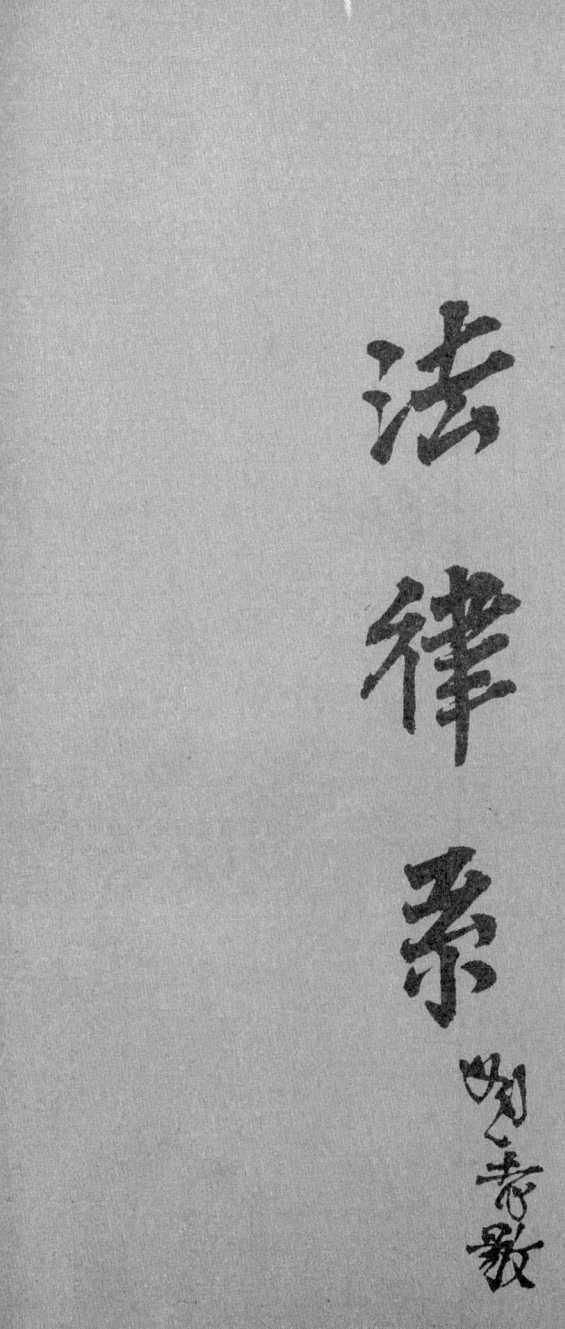

法律系本屆畢業同學

王 煥 斗

朱 德 武

吳 祖 剛

李 光 緯

李雲山

秦道堉

孫鳳樓

張守正

張　清　澍

陳　天　祿

覃　念　驄

婁　德　墉

楊　　錕

雷振鋆

劉培栽

翟佩琦

縱 精 琦

政治系

政治系教員及本屆畢業同學

— 59 —

尹　文　德

王　日　新

王　洪　棨

王　甯　華

余 國 屏

吳 英 荃

李 品 衣

李 烱 之

李夏雲

周佩蘅

周光湯

紀清漪

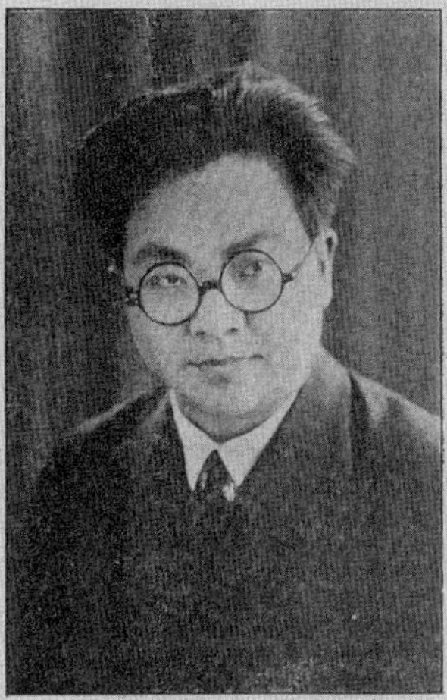

姜 信

徐萬軍

徐寶梯

孫 博

孫 靜 淵

夏 次 叔

張 紳

郭 亮 才

郭 登 鑑

黃 鈞 培

彭 勳 武

彭 樹 鑫

鄧　海　籌

齊　爾　恂

趙　隆　文

魯　　文

龍　　雲

謝汝昌

戴鴻佐

羅　　彬

龔 良 健

朱 德 明

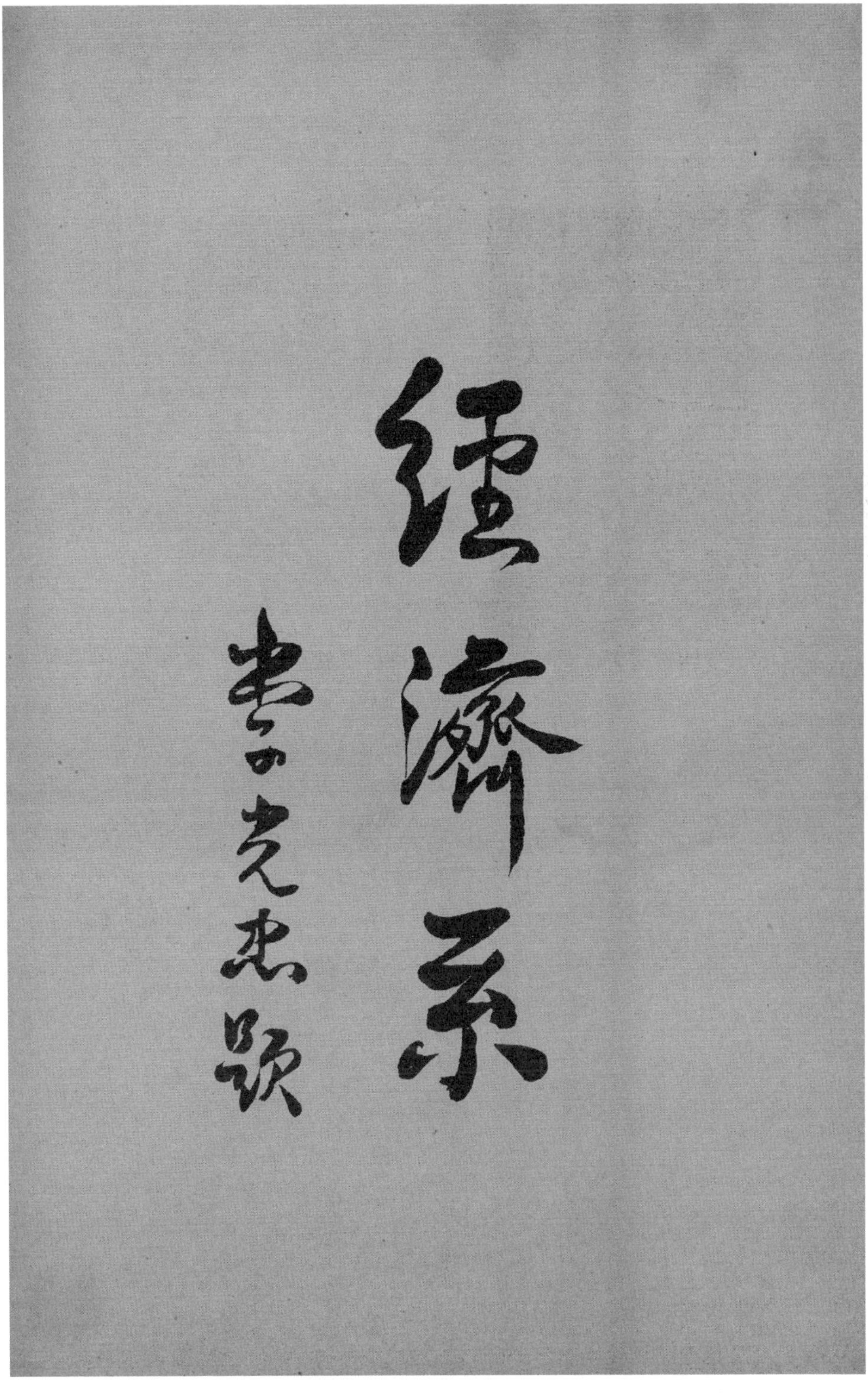
經濟系

經濟系本屆畢業同學

尹 彤 墀

王 立 箴

王 德 芳

李 福 雙

杜 廣 洙

何 家 驥

林 伯 雅

宮 天 民

徐才熾

張天民

崔金詔

梁建章

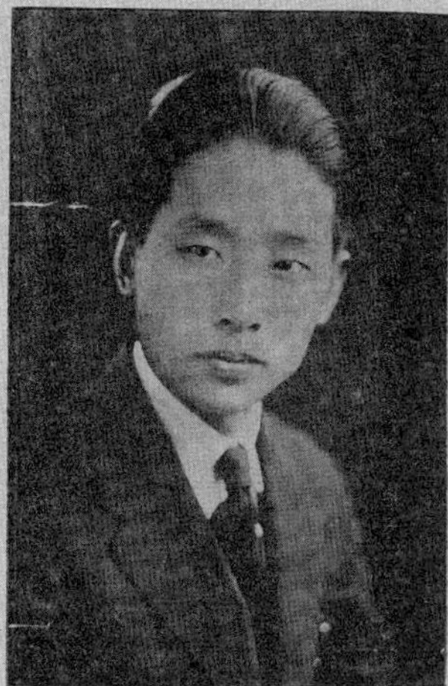

劉 玉 田

蔣 良 棟

魯 昌 文

藍 端 祿

學生生活(二)

學生生活(三)

學生生活(四)

學術團體

馬衡題

數學學會

物理學會

地　質　學　會

生物學會

哲學會

心理學會

教育學會

英文學會

法文學會

史學會

政治學會

經濟學會

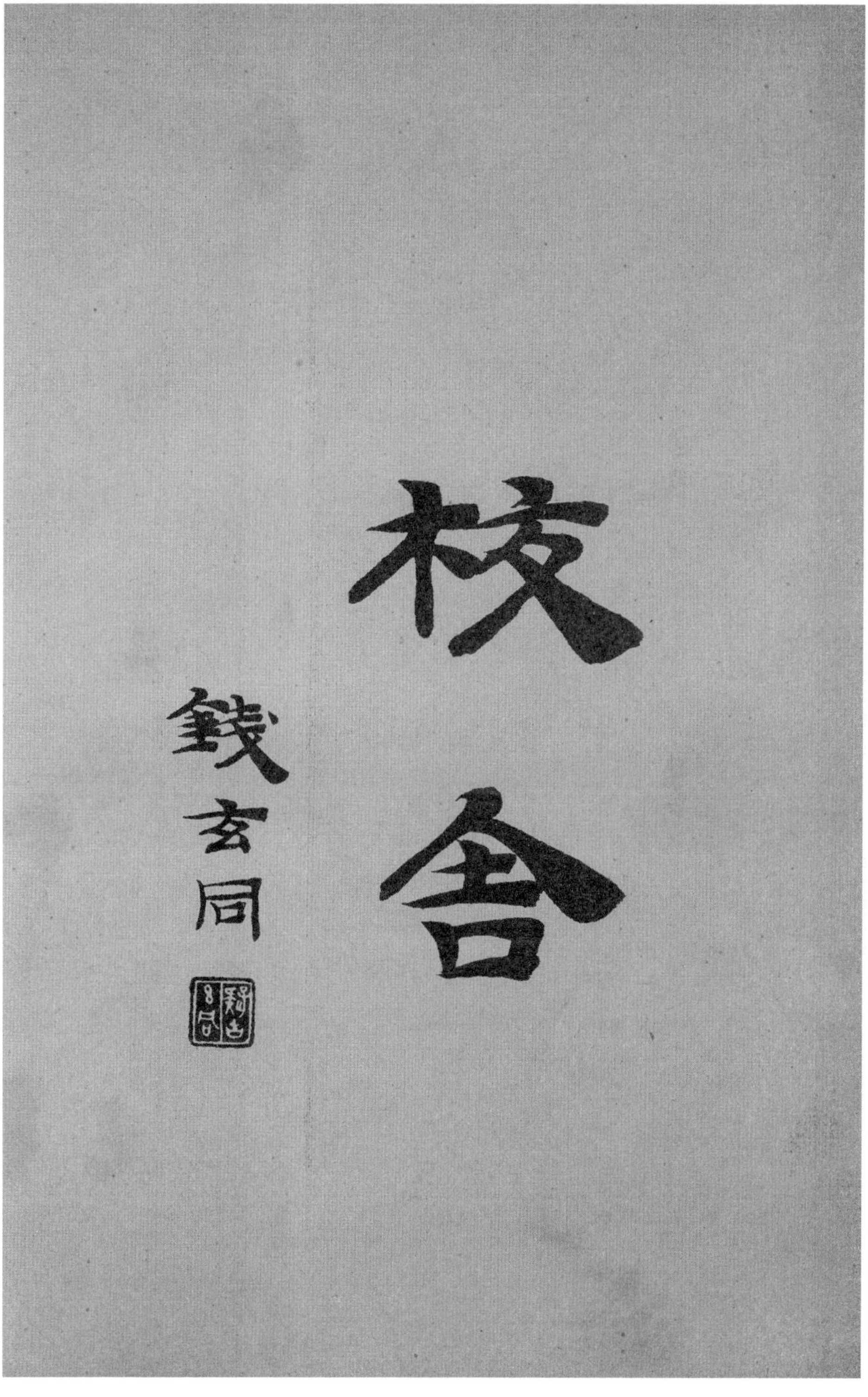
校舍
錢玄同

第二院及西齋全景

松公府之西部

松公府之東部

一　院　紅　樓

二　院　校　門

紅樓一角

三院校門

東齋

五齋

西　　齋

三　　齋

二 院 大 禮 堂

二 院 院 景

物 理 試 驗 室

二 院 圖 書 館

松公府大門

五齋內景（一）

三一八紀念碑

五齋內景(二)

會議室

四齋宿舍

北　　樓

三院內部

煤　　氣　　廠

國學研究所

三院教室之一部

荷池

選礦實習室

禮 堂 內 部

生 物 標 本 陳 列 室

英文系閲覽室

化學實驗室(一)

應用電學實驗室(一)

物理儀器貯藏室

化學實驗室(二)

顯微鏡照相室

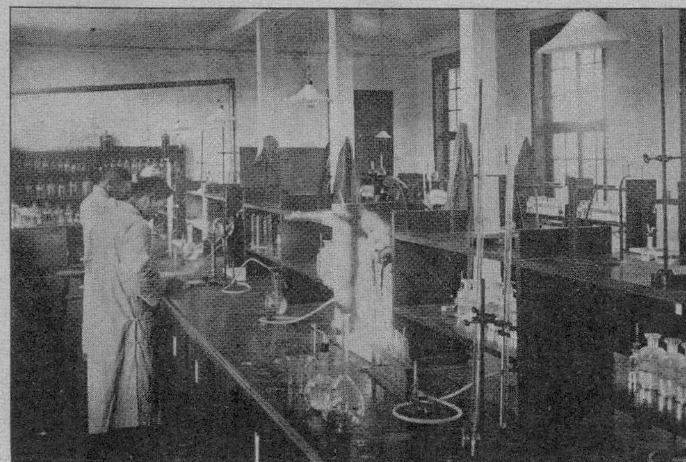

上：應用電學實驗室(二)

右上：顯微鏡室

右下：化學實驗室(三)

物理實驗室(一)

物理實驗室(二)

冶金室

附錄

黄節題

本校學生軍之過去及現在

本校自蔡先生到校以後，見同學中弓背灣腰，缺乏青年活潑之精神者甚多，乃極力提倡體育，謀根本救濟之策。民國八年五月，遂由雄遠建議，招考新生時，須先檢查體格，經本校採納，即自是年暑假招生時實行。此舉影

野外演習（一）

響於全國青年對於體格上之注意者甚鉅！十一年五月，奉直戰起，北京各界，深以治安爲慮，當時教會，紅十字會，及中等以上各校，多組織婦孺救濟會，以維持秩序；而北之校產，亦陷於危險狀態中。蔡先生乃提倡組織保衛

野外演習（二）

團，以警備本校，一時同學加入，願充團員者，多至三百餘人，由雄遠擔任總訓練。定每早六點，爲訓練時間，全體團員，精神振奮，興趣濃厚。不一旬而奉直停戰，北京安然無恙，本校保衛團之任務，至是亦告終了。當時團員，雖僅經短時間之訓練，但早已引起其尙武之精神，深覺智育體育，應兼施並行，不容歧視，且强健之身體，尤爲各種事業成功之基礎；遂乘此機會，請於蔡先生，改保衛團爲學生軍。其實在同學未請求之先，蔡先生早具此意，可謂不謀而合矣。蔡先生遂委託雄遠全權進行，於是一方仍於每日清晨

繼續訓練，一方籌備一切進行事宜，不一月而武裝齊全之學生軍遂告成立，隊員之精神甚壯。蔡先生乃於六月二十八日早六點，偕蔣百里，黃膺白，諸軍事學家，臨場檢閱，由蔡先生頒發軍旗。各隊員精神煥發，步法槍法，異常整齊純熟。蔡先生與蔣黃諸先生，咸謂創辦伊始，有如此之進步，一月之間，儼若軍隊中一年之成績，實出意料之外，大爲激賞。秋後加入訓練者愈多，乃從新編制爲三隊，爲第一期。以後定每年招一期，每星期授術科三小時，學科兩小時，復遴選姿勢正確，口令洪亮之隊員，充任連排長。蔡先生請蔣黃二先生擔任軍事學講師，並公佈學術大綱，詳定各項規則，又聘軍官三員，爲本軍教練。至十三年六月，舉行大檢閱，蔣夢麟先生，偕胡適之，

刺槍練習

李四光，丁燮林，諸先生及外賓多人，臨場檢閱，此時隊員，已久經鍛鍊，嚴寒酷暑，未嘗少怠，不僅於制式戰鬥教練動作純熟，即嚴守紀律，及忍苦耐勞之習慣，俱已養成，體格亦日見强健：儼若士兵之體魄，軍官之氣概，效果大著！當時諸先生對此，莫不極端讚揚。秋後復將章程詳爲删改，規定入軍前二年爲初級，訓練以制式，及戰鬥基本動作爲主。第三年爲高級，訓練以教人之方，指揮之法，軍官之動作爲主。初級二年畢業，高級一年畢業。又聘教練一員，專授兵棋演習，每星期兩次；每年春秋野外演習兩次；並置備帳幕，背包，水壺，飯袋，軍刀，子彈帶等，器用大備，隊員之興趣益濃。本軍創辦之始，輿論即有謂北大提倡「武化」，斯時成績顯著，此論愈盛。

早操訓話

至十六年夏，因故停止○溯此五年之中，受訓練之隊員，計達一千餘名：初級畢業者四期，高級畢業者三期，皆成績斐然○且多三年之中，未嘗曠課一次者，志趨堅定，操行良好，深堪嘉許○蔡先生十四年六月間予雄遠書云『學生軍若繼續推廣，不於未成熟之時期中受挫折，則一二年後，必爲吾國救亡之靈葯，願久持之！』蔡先生旣具有此種卓絕之見地，故十七年任大學院院長時，在全國教育代表大會中，提出高中以上各大學，應添加軍事訓練爲必修科，全場一致通過，誠以任重致遠之青年，非予以嚴格之軍事訓練，

野　外　演　習　（三）

不足以鍛鍊身體，養成紀律化與堅忍耐勞之精神，且於讀書之補助，生產之發達，國勢之强盛，民族之獨立，更有莫大之關係焉。十八年春，本校復校成功，同時恢復學生軍，志願入伍者，凡三百餘人，遂編爲三隊。因定製服裝，遷延日久，成立已近考期，祇由雄遠舉行一度之檢閱，訓話而已。秋後始從事於根本上之嚴格訓練。本校三十一週年紀念會，全軍擔任糾察，維持秩序，分班巡察，輪流警戒，時大雪紛飛，狂風怒吼，氣候酷寒，隊員於風雪凛冽之中，而身着單薄之服裝，手持冰凉之鐵槍，輪班守衛大門及二門者，亙兩小時之久，精神抖擻，曾不稍露畏寒懼冷之狀；且該次紀念會，規模宏大，若各隊員不具有熱誠與犧牲之精神，到處維持，恐會場秩序，實難井然。吾人可知此種顯然之效果，誠非偶然者，若無平日嚴格的訓練，不克臻此也。十九年春，教務處佈告，軍事訓練爲三四年級必修科，於是連同原有之隊員，至是已不下六百餘名，編爲四大隊，並將其中成績較優有志深造者，編爲幹部一隊，與從前學生軍高級之性質相似，而較爲嚴厲。去年前半年，各隊迭次在黃寺實彈射擊，參觀駐平各軍，及美國使舘之海軍陸戰隊，並聯合女師大，輔大，中法等校，野外演習，選幹部之精幹者，任班排連長，成績頗佳；各大隊之成績，亦大致可觀。至秋後將訓練大綱及各項細則擬妥，由教務處公佈施行，所有學術科，均按訓練總監部，與教育部所協定之教育方案施行，並利用課餘，講授沙盤兵棋：關於行軍之序列，攻擊，防禦，兵力之配備各種戰壕之構築，凡操場不易演習，黑板不能表示之處，均利用沙土及各種模型指出之。本年春，訓練偏重於器械體操，刺槍，拳術，及旗信號，通信法，手榴彈拋擲法等，頗有相當成績。查軍事教育，漸已瀰漫全國，溯其起源，實以本校爲嚆矢，望本屆畢業同學，本此精神，努力推廣，由學校而及於社會；倘全國青年，皆具有强壯之身體，與良好之品質，必能充實國力，鞏固國防，發揚我民族獨立之精神也，同學勉之！二十年五月一日白雄遠於北大軍事訓練部。

本屆畢業同學

姓名	別號	年歲	籍貫	學系	永久通信處
丁百山	曉峰	二七	河北東鹿	英文	東鹿舊城轉南張村
方定一	子誠	二六	陝西褒城	史學	陝西褒城教育局轉
尹文德	子來	二九	雲南騰衝	政治	雲南騰衝五保街正茂興
尹彤墀	雯青	二九	河北棗强	經濟	河北棗强縣城內後街
王克仁	春沐	二五	吉林吉林	國文	吉長鐵路下九台站達天德
王國銓	衡生	二七	江西崇仁	國文	江西臨川秋溪街
王鑑藻	士甄	二九	河北天津	史學	東安門外錫拉胡同十二號
王立箴	銘堂	二五	河北濮陽	經濟	河北濮陽東街復盛永號
王德芳		二六	湖北崇陽	經濟	湖北省銀行
王詩敏	佑銘	二八	河南安陽	經濟	河南彰德水冶鎮小北街王宅
王如南		二八	湖北黃梅	教育	黃梅縣大河舖王家楓樹
王懷環	可倫	二六	河北成安	教育	成安縣永聚號
王冠英	豪卿	二九	山東樂陵	教育	山東樂陵縣盧家店
王友凡		二三	遼寧撫順	教育	遼寧千金寨新市街東巨川
王履巆	象山	二八	河北武淸	教育	交道口大經廠三十四號
王蔭梓	宗喬	二二	河北任邱	英文	任邱縣太平莊
王傳禮	仲和	二一	安徽巢縣	英文	安徽巢縣朝陽門
王日新	鏡銘	二七	河北磁縣	政治	河北磁縣岳城鎮
王洪棨	蒲甌	二四	四川萬縣	政治	萬縣武陵
王甯華		二八	吉林吉林	政治	吉林省城朝陽門外福升棧
王煥斗	星南	二七	山東德縣	法律	山東德縣線市街
王肇嘉		二六	江蘇寶應	經濟	東城乾面胡同三號

姓名	別號	年歲	籍貫	學系	永久通信處
王鴻裁	亞錚	二九	吉林伊通	國文	吉林新開門外鴻勝東東胡同王宅
王斌	憲之	三七	山西滎河	哲學	山西滎河縣王顯鎮滎順台轉賢胡村
文藝陶		二七	四川巴縣	史學	巴縣走馬場
田應震	旭東	二七	河北博野	國文	河北博野小店鎮轉西田村
申慶桂		二五	河北固安	史學	
孔慶咸		二七	四川長壽	英文	四川長壽雙龍場郵局轉
石原皋	鳴九	二七	安徽績溪	生物	績溪縣旺川村
甘師禹		二八	雲南鹽豐	英文	雲南鹽豐觀音井
朱德明	志輝	二七	江蘇銅山	政治	徐州青山泉義泰烟店
朱庭翌		二六	河北正定	哲學	正定城內北街路東
朱德武	迪慧	二五	河北天津	法律	天津鼓樓西歐家胡同九號
江銳	之銳	二八	湖南益陽	教育	湖南益陽蘭溪王益興號
李品衣	正之	二九	四川隆昌	政治	四川隆昌圓香街十九號
李燗之	燗支	二六	四川簡陽	政治	成都東丁字街二十七號
李夏雲		二八	四川青神	政治	四川青神南街均泰恆轉
李雲山	蓬菴	二八	吉林伊通	法律	南滿路大屯站德合興
李秀楏	小山	二七	遼甯莊河	英文	遼寧莊河縣大孤山德盛永
李福雙	慧修	二八	河北束鹿	經濟	束鹿縣南小陳村
李賢誠		二六	四川犍爲	地質	四川犍爲縣五通橋花鹽街通順隆
李恭任	仁軒	二八	山東曹縣	數學	山東曹縣青堌集芝蘭煙店轉曹匝集
李樂俅	仲弁	二七	江西瑞金	教育	江西瑞金聚懋昌轉
李鍾灝		二三	廣東南海	教育	廣州長樂馬路七號
李崇金	立元	三二	河北玉田	國文	玉田鴉鴻橋謙和號

姓名	別號	年歲	籍貫	學系	永久通信處
李光緯	地文	三〇	湖北長陽	法律	湖北長陽厚浪沱
李玉嶺	冰川	三〇	河北交河	英文	河北交河城南盧橋
李昌明	挺生	三六	浙江永康	國文	浙江永康城內
李相殷		二七	朝鮮咸鏡南道	哲學	朝鮮咸鏡南道定平郡春柳面禾洞
李　完	元卿	二六	雲南宜良	教育	雲南宜良可保村轉湯池街
何家驥		二二	江蘇江陰	經濟	江蘇江陰南街
余紹彰		二六	四川巴縣	英文	四川巴縣蔡家場
余勳熚	仲岑	二八	四川金堂	英文	成都支機石街四十三號
余錫椵	又蓀	二四	四川涪陵	哲學	四川涪陵縣珍溪鎮
余國屏	少雲	三〇	廣東台山	政治	廣東台山荻海太平路岐元堂
吳英荃	晉泉	二五	江西臨川	政治	南昌繫馬樁二十三號周道熊君轉
吳祖剛		二四	江蘇武進	法律	西四小院胡同一號
吳　秀		二九	吉林賓縣	數學	吉林濱江縣東蜚克圖恒大昌
呂如玶		二七	雲南玉溪	英文	雲南玉溪中和鄉
呂仰周		二七	河北天津	國文	天津河東十字街東勝興茶食舖
呂慶鐸		二五	浙江紹興	史學	西城南太常寺三號
杜廣洙	雲廬	二六	山東東平	經濟	山東東平王樹德堂
杜逢辰	暉庭	二九	山東招遠	經濟	山東招遠杜家集
杜宏遠		二六	河南杞縣	數學	河北杞縣北街
沈仲章		二六	浙江吳興	哲學	蘇州閶門打鐵弄岫雲里
周佩衡		二六	浙江紹興	政治	前墨河胡同四號
周世香	桂翰	二八	河南溫縣	國文	河南溫縣番田鎮轉雙流村
周光頤		二五	湖北武昌	史學	

姓名	別號	年歲	籍貫	學系	永久通信處
周光湯		二三	湖北武昌	政治	
房勷	勉齋	二七	河北定興	英文	定興縣東江村轉西江村
和春煦	曉民	二七	河北蠡縣	英文	河北蠡縣小陳鎮天泰店轉
金福佑	湛之	二六	四川廣安	國文	四川廣安縣大東街
孟際豐	樹堂	二三	山西五台	教育	山西五台東冶鎮陽白村
林伯雅		二五	廣東中山	經濟	廣東中山東鎮杭邊西江里
胡伯素	麟絨	二四	湖南攸縣	地質	
胡榮桂	子尊	三〇	陝西沔縣	國文	陝西南鄭北街二十五號柏衡山轉
姜萃儉	樸亭	二八	山東單縣	哲學	山東單縣城內
姜信	尹孚	二八	四川瀘縣	政治	四川富順懷德鎮荆秀亭轉
紀清漪		二七	黑省綏化	政治	黑龍江惠民胡同三號
施忠義		二六	浙江金華	史學	金華廣潤布號轉含鄉
易峻	靜明	二六	湖南湘鄉	法律	湖南湘鄉潭市大坪二畝衝
宮天民		二五	吉林依蘭	經濟	吉林省立第五中學轉
徐才熾	汝昌	二八	湖南桃源	經濟	湖南桃源漆市呂培元堂轉
徐培蓮	翠亭	二八	山西五台	國文	山西五台東冶鎮崇興永轉
徐寶梯	徐步	二九	山東諸城	政治	山東高密昌城鎮郵局
徐萬軍	樹幟	二六	河南新野	政治	開封法院街一百十一號
徐伯訏	孟思	二三	浙江慈谿	哲學	甯波慈東洪塘鎮竺楊
徐迪光	旭卿	二八	浙江蘭谿	法律	蘭谿游埠仁壽堂藥號轉孟塘
徐權	佐經	三二	江西上饒	英文	上饒城外牌樓底
孫永顯	俊揚	二八	山東泰安	英文	山東泰安范家莊轉孫家埠東
孫靜淵		二五	山東博山	政治	博山縣稅務街德昶號

姓名	別號	年歲	籍貫	學系	永久通信處
孫鳳樓	慕韓	二七	河北唐縣	法律	河北唐縣東街崇記號
孫博	杰曾	二四	廣東梅縣	政治	汕頭梅縣仁根藥房轉
高昌運	子轂	二三	江蘇無錫	英文	無錫歡喜巷二號
高鳳朝	瑞軒	二六	山東夏津	英文	山東夏津縣城東李官屯郵局交高莊
高秉然	文青	二七	山東臨邑	教育	山東臨邑建設局轉
高振西	化白	二五	河南汜水	地質	河南汜水教育局轉
高立	正方	二七	安徽舒城	教育	安徽舒城日新大布行
馬立勛	竹銘	二六	山東淄川	英文	山東淄川裕升棧
馬飛鵬	雲程	三〇	陝西米脂	教育	陝西米脂教育局
馬志龍	超倫	二九	吉林伊通	國文	吉林伊通小孤山街通順德
馬澍之	惠農	二八	河北定縣	政治	平漢路清風店裕成厚轉
師茂材	楚生	二八	雲南綏江	史學	雲南綏江正街樹生藥室
倪中立	卓然	二六	遼寧莊河	英文	莊河城子㽬東順盛
郝景盛	健	二七	河北正定	生物	河北正定奎光號轉西柏棠村
唐慶英		二六	浙江蘭谿	數學	浙江蘭谿西街
秦道堉	余田	二八	山東歷城	法律	濟南後營坊中間
夏次叔	振銓	二六	湖南湘潭	政治	湖南龍山晏複昌號轉夏植桂堂
張光勛	淑銘	二四	河北肥鄉	政治	河北肥鄉天台山
張矩準	璱人	三〇	浙江平湖	法律	平湖新倉
張樹齡	椿年	二八	河北高陽	法律	高陽季朗雲本宅
張鳳瀛	僊舟	二八	河北蠡縣	生物	高陽留史鎮天和泰轉東五夫村
張秉禮	宗周	二五	山東福山	英文	西城大木倉十三號
張清澍	仲時	二七	吉林德惠	法律	吉林德惠永豐源轉公興東

姓名	別號	年歲	籍貫	學系	永久通信處
張明示	民石	二四	四川內江	物理	四川內江東興場太和祥轉
張文通	貫一	二四	河北任邱	英文	任邱縣鄚州榮昌號
張玉佩	孟蘭	二九	山西忻縣	國文	山西忻縣聚德昌號
張蘭堂	畹九	二八	山東陽信	教育	山東陽信勞家店潘家
張崇年	墉泉	二六	河北獻縣	物理	闢才胡同南半壁街十六號
張守正	莊伯	二五	河北天律	法律	東城大佛寺東街七號
張世銓	叙三	三二	河北定興	教育	河北定興東關
張　紳	君文	二五	浙江永嘉	政治	温州南大街張仁豐綢莊
張天民	次先	二六	山東益都	經濟	山東青州北關天成號
崔金詔	任卿	二八	河北衡水	經濟	河北衡水縣石家莊
崔心泰	維嶽	二六	河北晉縣	教育	晉縣城內同益成轉
崔　璘	瑞初	二六	湖南益陽	物理	湖南益陽魏公廟巷內楊碧記轉
莊紀澤	紹曾	二九	山東莒縣	國文	山東莒縣大店鎮
陳天祿	受全	二四	江蘇江甯	法律	遼甯大南關大什街東五號
陳清祿	荷芝	二五	河北深澤	數學	河北深澤南關義源興
陳其才	哲生	二九	河北定縣	國文	定縣邢邑村
陳和律	和祿	二六	四川巴縣	英文	重慶新豐街求新公司轉
郭新檠	小耕	二五	湖北宜昌	數學	宜昌鴉鵲嶺
郭東霖	雨蒼	二九	黑省景星	化學	黑龍江泰來縣塔子城永增祥
郭亮才	喆卿	二七	湖南益陽	政治	湖南益陽二堡芝春藥號轉
郭登鼇	敖山	二七	貴州思南	政治	貴州思南塘頭
許　森	敏修	二七	四川蓬安	國文	四川蓬安楊家場
許蕙芬	馨然	二五	河北武强	國文	武强成春酒店轉

姓名	別號	年歲	籍貫	學系	永久通信處
梁建章	漢廷	二五	山東禹城	經濟	山東禹城縣西街梁宅
章志杰	達敷	二八	江西南昌	哲學	南昌上諭亭正泰號轉
莫運乾	鎮	二八	湖南益陽	化學	湖南益陽桃花江鎮徐順和堂轉
黃德筠	斐生	二四	福建長汀	教育	厦門汀州司前街楊金興號轉
黃鈞培	桂燊	二八	廣東羅定	政治	廣州市仁濟大街同益行
彭樹鑫		二七	四川越巂	政治	四川越巂城內南街
彭勳武	履岑	二五	四川榮昌	政治	四川榮昌峯高舖兆榴山房
覃念聰	毅武	二四	湖北長陽	法律	湖北長陽縣廟沱
婁德墉	少石	二七	吉林敦化	法律	吉林敦化東關婁宅
單紹良	哲明	二五	湖南湘陰	史學	長沙寶南街含光女校單雲階轉
賀仲蓮		二三	河北許昌	哲學	河南許昌朝陽寺街二號
溫錫增		二四	河北定興	哲學	定興縣辛告村
馮　稻	幼農	二六	陝西咸陽	哲學	陝西咸陽西大街豐盛裕
勞　榦	貞犧	二五	湖南長沙	史學	
楊雋之	仲西	二九	遼寧桓仁	國文	遼寧桓仁義順和
楊愼修	修我	二五	四川彭縣	哲學	四川彭縣東街三十號
楊緒吉	靄宸	二八	山東單縣	國文	山東單縣縣署東道北楊宅
楊守智	若愚	二七	河北房山	史學	平漢支路沱里轉東莊村
楊華雲	麗生	二五	山東坡武	史學	山東城武縣東二十里馮莊
楊　鋁	鋒青	二八	河北青縣	法律	河北興濟木門店後董景
賈國永		三二	湖南石門	法律	石門縣城王文次轉
解溫涵		二六	安徽合肥	教育	合肥桃溪鎮轉解四維堂
雷振鋆	季鈞	二七	河北冀縣	法律	河北冀縣謝家莊

姓名	別號	年歲	籍貫	學系	永久通信處
鄒湘	希孟	二五	湖南長沙	教育	長沙銅官春源坊轉
趙榮璇		二七	安徽太湖	國文	絨線胡同七十二號
趙啓雍	孟涵	二七	湖南衡山	國文	湖南湘潭白果郵轉
趙春庚	乾一	二七	吉林吉林	國文	吉林江沿李家胡同趙宅
趙景賢	希三	二六	河北深縣	國文	河北深縣東街悅來銀號轉
趙守勤	稚爲	二八	山東單縣	史學	山東單縣西門內鴻順和號
趙家楨	幹廷	二八	山西交城	哲學	交城廣興昌轉
趙隆文	普巨	二四	遼寧瀋陽	政治	
廖源泉		二六	廣東潮安	法律	汕頭元興成
翟佩琦	潤如	二六	河北雄縣	法律	覇縣史各莊德元號
蒲敏政	幾道	二八	甘肅伏羌	教育	伏羌北門口源順德轉
齊爾恂	仲和	二六	河北昌黎	政治	昌黎北張各莊
管竹	竹君	二五	湖南常德	數學	湖南常德牛鼻灘管萃豐轉
魯琨	志輝	二三	湖北孝感	史學	十二條辛寺胡同十四號
魯文	子凡	二八	湖北孝感	政治	湖北孝感新添舖
魯昌文	質彬	二七	湖北鄂城	經濟	武昌梁子街葉開泰轉
劉琛興	貞一	二八	河北博野	法律	安國西伯章轉蠡村
劉培栽	雲卿	二八	山東黃縣	法律	山東黃縣北馬隆興號轉
劉光堃	靜翕	二八	河北慶雲	英文	河北慶雲石佛寺高小轉
劉韶華	春園	二七	陝西吳堡	哲學	山西磧口鎮同陞永號轉
劉官謣		二九	河北棗强	史學	德州西棗强縣崔母鎮東張平樓村
劉紹宗	述彭	二七	河北灤縣	化學	唐山市玉興恒
劉玉田	蘭谷	二五	山東泰安	經濟	山東泰安城內關帝廟街

姓名	別號	年歲	籍貫	學系	永久通信處
劉國平		二五	福建閩侯	國文	福州城內東街一六二
劉振岳	旭東	二六	河北蠡縣	國文	清苑縣大莊鎮轉古靈山村
劉麒	明超	二四	四川瀘縣	英文	四川瀘縣鈕子街新才門
劉序功	銘九	二五	山東壽光	英文	山東壽光城西陽河莊
樊懷義	仲方	二八	四川簡陽	數學	四川簡陽龍泉寺同春堂轉
樊富民	惠遠	二六	河南內黃	化學	河南彰德楚旺鎮福慶德轉
蔣良棟	伯杬	二五	湖南長沙	經濟	長沙上碧湘街二十七號
蔣經邦	宇全	二六	江蘇江陰	國文	江蘇江陰城西大街
潘鍾祥	瑞生	二六	河南汲縣	地質	河南汲縣德南街高小對門
鄧海籌	毓添	二五	廣東開平	政治	廣東開平護龍墟均昌隆
鄭遠瑜		二六	四川巴縣	英文	重慶神仙口三號
蕭璋	仲珪	二五	四川三台	國文	西四兵馬司二十二號
謝興堯	揖唐	二四	四川射洪	史學	四川綿陽南街
謝汝昌		二八	安徽青陽	政治	安徽大通謝貽豐號
戴鴻佐	稷先	二八	四川長壽	政治	四川長壽西門戴氏祠
戴匡平	源初	三〇	湖南衡陽	史學	湖南衡陽紅螺廟協成酒店
薛星奎		二八	四川雲陽	哲學	四川雲陽縣集義生
薛兆旺	盛齋	二三	山東陽穀	物理	山東東昌南胡樓轉薛寨
繆玉源		二八	江蘇東台	數學	江蘇如臯角斜
縱精琦	止韓	二九	江蘇蕭縣	法律	江蘇蕭縣王寨
龍雲	曙星	二七	湖南寶慶	政治	湖南武岡西城
韓易田		二七	湖南博野	國文	博野縣北楊村交西許村
魏華灼	棨錠	二七	湖南寶慶	英文	寶慶郵局轉

姓名	別號	年歲	籍貫	學系	永久通信處
顏長毓	秀三	二九	湖南湘鄉	教育	長沙司馬里二十七號
藍端祿		二七	貴州貴陽	經濟	貴陽圓通寺五八號
羅彬	銳生	二七	四川敘永	政治	四川敘永雙牌坊永坤乾
蘇道桀		二四	廣東番禺	數學	廣州花地山村龍灣社蕆林園
龔良健	勵堪	二六	四川瀘縣	政治	四川瀘縣南極水市上

二十年級畢業同學錄籌備委員會委員

編　輯　部

高昌運
（主任兼文書）

胡伯素（兼文書）　郝景盛

繆玉源　樊富民

事　務　部

楊慎修
（主任）

徐才熾　余紹彰

交　際　部

郭亮才
（主任）

莊紀澤　王國銓

楊錕

攝　影　部

張明示
（主任）

王懷璟　薛星奎

劉官諤　戴匡平

二十年級畢業同學錄籌備委員會

編　　後

編完了，從新翻開一看，內容大貧乏了。那裏是畢業同學錄，簡直是「人頭彙錄」！

但在北大，這「人頭彙錄」式的畢業同學錄，自然也有他的作用。北大的學生專講個性發展，養成了一種散漫的學生生活，在本屆畢業的二百同學中，彼此不相識的，我敢說在半數以上。在路上相遇時，便恐甲不知與乙他同級，乙不信甲是他同學。這本同學錄的功用，最少能使本屆的畢業同學們彼此有個外貌的認識。

雖然畢業是可喜可賀的事，另一方面，也可說是無可慶幸的事。學生是一般社會所認最有希望的人，他們的性格是純潔的，思想是前進的。畢業後，無相當職業的，不用說人家輕視他，便是自己的奮發進取的勇氣，也因而日漸消磨了。至於有職業的人，往往不到一二年，受了環境的影響，玷汚了純潔的性格，腐化了前進的思想。

同學們，渺渺茫茫的前途，誰都不敢預言。希望這本畢業同學錄能常常使我們回憶着學生時代的生活，不論在成功或失敗的當兒，激發我們的勇氣，鼓勵我們的前進，保持我們的純潔，防止我們的腐化！

編者受了同學的囑託，結果只出得一本「人頭彙錄」，非常抱歉。但是環境，經濟，時間，都不許有內容的擴充，沒奈何，祇可因陋就簡了。

關於照像方面，我們很感謝唐寶圖，林志梟，及蔡昆輝三君，供給我們不少的材料；尤其是唐君費了兩整天，爲我們攝取校景。

最後，因爲本刊無目錄和例言，編者須附帶聲：—

教員的肖像，以交像片或銅版者爲限；有幾位教員，送來的銅板太小，爲求整齊起見，不得不把他們印在稍後

畢業同學的像片，分系後再以姓氏的筆畫多少定先後；附錄內的同學錄，僅以姓氏的筆畫多少爲序，以便檢查。

學術團體，因像片未收齊，僅刊登了幾個學會的合影。

本刊原擬闢學生生活欄，因時間太促，收集材料不多，只選出三五片，補印空白。

編者。二十年五月。